GUIDE DES SECRETS DE L'ANTIQUAIRE

DANS LA MEME COLLECTION
AUX EDITIONS STOCK

RAYMOND DUMAY

Le Guide du vin
Le Guide des vins de pays
De la Gastronomie française
Guide du gastronome en Espagne

GEORGES W. ROUCAYROL

Le Livre des chiens

PIERRE BERLOQUIN

Le Livre des jeux

CLAUDE MASSOT, MICHELE LAMBERT

Le Guide des sports d'hiver

JEHANNE JEAN-CHARLES

Le Livre des chats

A PARAITRE :

MAURICE PASQUELOT

Tout avec des fruits

Michel Doussy

GUIDE DES SECRETS DE L'ANTIQUAIRE

Préface
de
Maître Maurice Rheims

Stock

TABLE DES ILLUSTRATIONS

A mon père ouvrier d'art
A mon fils qui lui ressemble

Préface
de
Maurice Rheims

Le livre de Michel Doussy échappe à la critique littéraire et artistique. Cocasse, tout autant que gai, il ressemble à ces ouvrages de documentation qui parurent depuis que le Florentin Cenino Cenini, pour tromper l'ennui – on l'avait incarcéré à la prison pour dettes – composa, à la fin du XVe siècle, un traité sur la technique picturale et la restauration des tableaux.

L'entreprise de Michel Doussy – il compte parmi ses ascendants des artisans, compagnons du Tour de France – se présente très simplement, d'une manière presque naïve, comme si après avoir été chargé de restaurer les objets du Facteur Cheval, il avait décidé de se faire éducateur. Les spécialistes souriront peut-être à l'idée de voir traiter en quelques pages, de la manière de réparer un meuble, de traiter ses placages et ses chevilles, de restaurer le bois doré. De même les collectionneurs de bronzes, les amateurs de bijoux ou de céramiques de la Renaissance prendront de haut un auteur qui, en quelques courts chapitres, prétend traiter de la taille du cristal de roche et de la façon de raccommoder faïences et porcelaines.

Il n'empêche que l'ouvrage est bien documenté. Michel Doussy connaît son sujet et ses recettes aisément applicables redonneront aux bibelots un petit air de fête. Voilà qui encouragera de jeunes amateurs souvent dotés d'un budget réduit à se lancer à la découverte, au hasard des routes nationales et des visites chez les petits antiquaires, de ces objets, source de beauté et de joie. Malheureusement, la faible valeur de nombre de ces pièces ne permet souvent pas à leur possesseur de les confier à des spécialistes. Munis de cet ouvrage, ils apprendront – comme une famille qui a adopté un enfant – à les soigner, à les traiter, à les préserver des maladies qui frappent le bois, le bronze. L'amateur aura le plaisir, tout en faisant l'économie d'une réparation onéreuse, de mieux connaître son objet, de projeter en lui l'influx de sa passion.

Enfin, il est à espérer que ce livre suscitera peut-être quelques vocations de restaurateurs en objets d'art, métier passionnant qui demande des années d'apprentissage, mais qui est fort justement l'une des professions manuelles les mieux rémunérées. Les spécialistes demandent fort cher et les mensualités d'un excellent ouvrier restaurateur égalent souvent celles d'un haut fonctionnaire.

La partie «pédagogique» de cet ouvrage est importante. L'auteur qui connaît la recette consistant à enseigner en amusant, saute allégrement d'un sujet à l'autre, et à la faveur d'un apparent et savant désordre, réussit à captiver l'attention du lecteur. Ambition que des spécialistes chevronnés n'arrivent peut-être pas si aisément à réaliser.

MAURICE RHEIMS

AVANT-PROPOS

Il y a des lignées d'antiquaires, comme il y a eu des lignées d'ébénistes ou de peintres... Est-ce à dire que des dons particuliers aient pu franchir les générations ? Nous sommes persuadés, quant à nous, que la transmission de techniques, de connaissances, et, bien sûr, de « secrets » a beaucoup aidé les descendants des vrais créateurs. Mais, que devient l'art dans cette démarche ? Celui qui démêlera ce que l'art doit à la technique et ce que la technique doit à l'art nous donnera en même temps la réponse que nous cherchons.

Pourquoi mêler les antiquaires aux ébénistes, aux peintres, aux artistes ? Tout simplement parce que c'est à eux que tout aboutit. Les matérialisations de l'art, mais aussi la connaissance profonde des techniques... de toutes. Comment leur reprocher d'être jaloux de leur savoir ? La familiarité avec les meubles et objets anciens impose une somme d'observations, d'expériences, soutenues par la culture la plus authentique. Une accumulation de connaissances suppose un allié : le temps. Donc des prédécesseurs.

S'il est des antiquaires qui ne doivent qu'à eux seuls ce qu'ils savent, peuvent-ils affirmer n'avoir jamais ressenti l'absence d'un initiateur ? Quelle masse d'erreurs, de tâtonnements ne leur aurait-il pas évité !

C'est en songeant à cela que j'ai entrepris cet ouvrage. En le rédigeant, mon imagination me plaçait en présence d'un de ces cabinets espagnols ou hollandais. Le panneau ouvert : une multitude de tiroirs s'offraient à moi... tous vides... Dans chacun, il fallait déposer quelques parcelles de connaissance, et cela selon mon propre savoir, mes affinités, mes informations, puis vérifier le tout, au contact de spécialistes qualifiés.

Le manuscrit arbitrairement achevé — il fallait bien l'offrir au public un jour ou l'autre — le meuble à tiroirs imaginaire est resté ouvert, avec ses casiers plus ou moins occupés, et quelques-uns, vides... Qu'importe, il faut un début à tout, et si j'ai conscience que jamais, aucun tiroir ne sera définitivement complet, je puis placer un peu de fierté de n'avoir pas pour autant renoncé à les emplir...

Cela ne sera pas du goût de tout le monde.

Un antiquaire connu m'a raconté la leçon que lui donnait son père : « lorsqu'un client entre, disait-il, serre lui la main en silence... car, vois-tu, dans notre métier, lorsqu'on a dit « bonjour » on en a déjà trop dit... »

Ce goût du secret, du mystère, a pendant des décennies, peut-être des siècles, garanti la prospérité d'une profession, limitée à quelques élites. Aujourd'hui, « l'antiquité » est descendue dans la rue... On recense 3 000 antiquaires et brocanteurs à Paris, 7 000 environ en Province, et la clientèle s'est tout autant démocratisée, élargie, diversifiée. Les « jeunes Turcs » ne misent plus sur l'ignorance, au contraire. Ils préfèrent une clientèle éduquée qui comprend ce qu'on lui offre et accepte d'en payer le prix. Aussi est-il bien temps de rompre le « secret »...

Si nous voyons une profession se développer, on assiste à la mort sans phrase d'une autre, celle de restaurateur d'objets anciens... Marc Roy, le créateur du Guide Emer, bible des antiquaires et des « chineurs », affirme que les plus jeunes restaurateurs ont dépassé 60 ans et que la majorité d'entre eux gravitent entre 70 et 85 ans... Plus grave encore : ils sont seuls, sans apprentis, sans successeurs. Chaque fois que l'un disparaît, un irremplaçable capital de connaissances s'abolit. Pourtant, quelques spécialistes ont entrepris une démarche essentielle, codifier scientifiquement la restauration d'objets d'art. Le plus compétent est sans doute André France-

Lanord, créateur du Laboratoire de recherches archéologiques du Musée Lorrain de Nancy. Cet homme a redonné forme au cratère de Vix, sauvé les chevaux de Venise, réussi l'invraisemblable reconstitution du Pacatien de Vienne (Isère) et de la vêture et des bijoux de la reine mérovingienne, Arnegonde, qui gisait depuis le VIe siècle sous le pavage de Saint-Denis. Lui, a conscience que sans un échange d'informations entre les restaurateurs, seront perdu en peu d'années un nombre incalculable de documents du passé... définitivement.

A son avis, cet échange d'informations doit s'accomplir systématiquement, chaque intervention donnant lieu à une fiche explicative qui suivra l'objet dans ses déplacements, mais aussi dans le temps... Ainsi, ce qui disparaîtra avec certains grands spécialistes, ce ne sera plus que quelques merveilleux tours de main, leurs techniques demeureront. Mais, parviendra-t-on à persuader certains d'entre eux de la nécessité de communiquer leur savoir ? Parviendra-t-on, parallèlement, à éduquer suffisamment le public pour qu'il pratique lui-même quelques indispensables sauvetages qu'il n'aurait pas toujours les moyens de confier à des spécialistes ?... Ne vaut-il pas mieux un objet mal réparé que pas réparé du tout ?

Ce livre tente de définir les limites de ces interventions et de prévenir bien des erreurs. Il est des usages — peu scientifiques — que nous n'avons pas cru devoir récuser. Ils sont bien souvent efficaces et sans danger. Il en est de pittoresques, ou apparemment extravagants dont un examen sérieux et raisonné n'a pas renié l'empirisme. Il a fallu un faussaire (van Mergereen) pour savoir que Veermer peignait ses toiles à l'huile de Lilas, des altérations sur « le Moulin de la Galette » pour s'apercevoir que Renoir n'avait pas su préparer ses fonds, que le plafond peint par Chagall pour l'Opéra de Paris se décollait systématiquement, pour découvrir que la peinture de Jules Lepneveu, son prédécesseur, qui lui servait de support, était à base de cire d'abeille pour résister aux émanations du gaz d'éclairage du grand lustre...

Croyez-vous que notre époque puisse admettre longtemps de découvrir les « secrets » de l'art par hasard ou par nécessité ?

L'ambition du « Guide des Secrets de l'Antiquaire » est de tenter de combler cette lacune et d'ouvrir un dialogue entre ceux qui savent et ceux qui cherchent...

PREMIERE PARTIE

L'AMBRE

LES TROUBLANTES VERTUS DE L'AMBRE...

L'ambre n'est pas autre chose que de la résine de conifères fossilisés. En grande faveur en Orient, en Extrême-Orient et en Islam, l'*êlektron* des Grecs a son origine en mer Baltique. On sait avec certitude que, dès les premiers âges de l'humanité, l'ambre servait de monnaie d'échange et, bien entendu, de parure. Une croyance encore très répandue, même en France, lui prête des vertus bactéricides et préventives pour toutes sortes de troubles et de maladies. Des colliers de fragments d'ambre brut enfilés sur un ruban de soie sont mis au cou des nouveau-nés et des jeunes enfants car, paraît-il, les percées dentaires s'effectuent sans larmes. Jusqu'à la fin de ses jours, Sacha Guitry porta ostensiblement un collier de grosses perles d'ambre ; il confia souvent à ses proches sa conviction de bénéficier d'un regain de force grâce aux vertus de ce collier, d'ailleurs fort long et volumineux. Cela pour souligner le caractère des croyances qui s'attachent à l'ambre.

L'Extrême-Orient a surtout taillé des sujets de son panthéon philosophico-religieux dans des blocs d'ambre et en commercialise toujours via Hong Kong...

A ce propos, une sévère mise en garde doit être exprimée aux amateurs : l'ambre n'est pratiquement jamais d'une pureté parfaite ; nous l'avons dit, il s'agit d'exsudations résineuses de conifères géants disparus dans les bouleversements géologiques du tertiaire. Comme telles, des débris végétaux, des centaines d'espèces d'insectes fossiles sont pris dans la masse de l'ambre... Il est permis de s'étonner de voir des statues, parfois de 0,50 m de haut, d'une transparence et d'une pureté absolue, l'examen le plus scrupuleux ne pouvant déceler la moindre impureté... On essaiera peut-être de vous représenter la valeur considérable de cette pièce eu égard précisément à sa pureté « exceptionnelle » ; gardez-vous d'être trop confiant, là encore les matières plastiques tendent à se substituer à la matière précieuse.

D'ailleurs, lorsqu'on est au fait des techniques de moulage des résines synthétiques, rien ne s'oppose à ce que l'on y incorpore des insectes ou des fragments de végétaux ; mais, jusqu'ici, par chance, les faussaires n'ont pas tenté l'expérience...

Plus courante, et tout aussi discutable, est une pratique que les Chinois ont merveilleusement mise au point : la fusion de l'ambre. A partir de débris sans grande valeur, ils obtiennent des blocs très volumineux et parfaitement épurés. Dans certains cas, ils moulent directement les sujets décoratifs qu'ils se contentent de retoucher avec habileté.

Reconnaître l'ambre ?

L'ambre provient en général des rivages méridionaux de la Baltique. On en trouve aussi, en faible quantité, en Espagne, en Italie, en Sicile, en Syrie, en Pologne et en Russie d'Europe. Seule, l'analyse chimique permet des différenciations formelles, et encore... On constate que l'ambre baltique présente une plus forte proportion d'acide succinique que les autres.

On reconnaît depuis la plus haute antiquité deux sortes d'ambre : le *clair,* de couleur de miel ou cireux (l'*êlektron* des Grecs), et le *foncé,* brun rougeâtre, comparable au caramel (*suali ternicum*). Cela ne donne aucune indication de provenance, ils se trouvent dans les mêmes gisements.

Pour savoir si l'on est bien en présence d'ambre véritable et non de contrefaçon, il y a d'abord le contrôle de cette mystérieuse (pour les anciens) vertu magnétique qui a toujours étonné les observateurs et a donné à notre langage moderne le nom de l' « électricité » (d'*êlektron*). On frotte l'ambre avec un chiffon sec de laine, et l'on s'aperçoit alors que les turbulences de l'électricité statique attirent les poussières ou des fragments de papier.

Certes, quelques matières plastiques présentent la même propriété, mais si vous sentez l'ambre après l'avoir frotté, vous percevez nettement une odeur balsamique assez proche de celle de la résine de pin.

Réparer l'ambre

Quelle que soit la forme de l'objet à réparer, simple perle ou statuette, une méthode très simple assure une réussite parfaite. Elle peut sembler surprenante, elle n'en est pas moins efficace. Badigeonnez les fragments avec de la soude caustique (ou de la potasse : lessive de soude ou potassium), serrez les pièces à réunir avec des bracelets en caoutchouc, du ruban adhésif ou un poids, et laissez ainsi vingt-quatre heures environ. La soudure se fera d'elle-même...

Le *nettoyage* de l'ambre est des plus simples. C'est à l'alcool que vous devez le confier. Si possible par immersion s'il s'agit d'une pièce très encrassée, comme le sont les fume-cigarette, par exemple. L'alcool sèche pratiquement sans traces. S'il subsistait un léger dépôt blanc, frotter la pièce d'ambre avec une peau de chamois.

RENOVER L'AMBRE

L'ambre peut devenir opaque sous l'effet de divers facteurs dont le temps et le manque d'entretien, l'exposition à l'humidité ne sont pas les moindres. Certains objets très anciens provenant de fouilles ont généralement subi des altérations et n'offrent plus qu'un aspect terne et mort.

Voici le moyen de régénérer l'ambre et de lui redonner toute sa transparence.

✶ Ne lavez surtout pas ces objets. Brossez-les s'ils sont poussiéreux.

✶ Avant de les traiter, assurez-vous qu'ils soient bien secs. Au besoin, laissez-les quelques jours dans une pièce chauffée (attention : ne les exposez pas à la chaleur, contentez-vous de les conserver dans une atmosphère chaude et surtout sèche).

Dans un récipient, préparez le mélange suivant :
– 4 parties d'essence de térébenthine rectifiée ;
– 1 partie d'alcool à 96°.

Suspendez l'objet *au-dessus* de ce liquide et fermez *hermétiquement* le récipient. Au bout de vingt-quatre heures, *l'ambre a retrouvé sa transparence.*

Une pièce véritablement de haute ancienneté devra être protégée et « nourrie ». Pour cela, il faut se procurer de la gomme Damar. Il s'agit d'une résine naturelle dure (on en trouve dans les commerces de fournitures pour ébénistes). On mélange 1 partie de gomme Damar pulvérisée à 3 parties de térébenthine ; on ajoute 2 % de cire d'abeille pure, à froid. Ce mélange donne une essence qui va servir de base à une cascade de dilutions dont vous allez suivre le détail.

Cette essence de Damar sera étendue à nouveau de térébenthine, puis modifiée, pour chaque traitement dont nous donnons les modalités ci-dessous, par diminution des proportions de térébenthine de 5 parties à chaque fois, ce qui vous donnera successivement 15 parties de térébenthine, 10, puis 5... La proportion finale sera fixée à 3 parties.

Vous allez entreprendre un traitement qui va durer longtemps mais dont le résultat sera spectaculaire. Chaque fois, l'objet sera trempé complètement pendant deux heures, puis séché pendant trois jours, toujours dans une atmosphère chaude et sèche, cela quatre à cinq fois, en respectant toujours le délai de séchage. Dans le dernier bain (3 parties de térébenthine), prévoyez encore 3 à 4 séjours, assortis du même délai de séchage.

On le voit, il s'agit d'un traitement simple mais qui s'applique sur une période de près d'un mois. Songez qu'il présente un intérêt bien supérieur aux désagréments qu'il provoque, car il peut sauver des pièces de grande valeur.

Après une période assez longue (quinze jours minimum) pendant laquelle l'objet peut être remis en exposition, vous pouvez le polir légèrement avec une peau de chamois souple.

A noter que l'ambre peut très bien se protéger par une couche de vernis cellulosique, lequel sera parfaitement invisible. Le vernissage ne doit en principe s'appliquer qu'à des objets déjà régénérés.

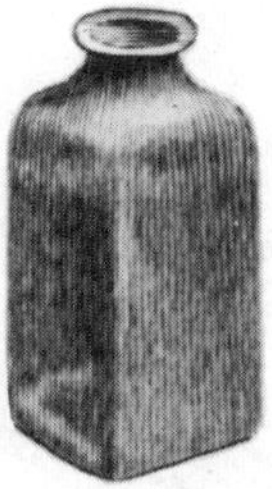

DEUXIEME PARTIE

L'ARGENT

fig. 1.
N°. 2.
a
b
c
e

LORSQUE L'ARGENT FAIT LE BONHEUR...

L'Egypte antique a considéré l'argent comme un métal bien plus précieux que l'or, et cela dès 3500 avant Jésus-Christ. Il valait alors deux fois son poids d'or fin. Bien que l'on ne connaisse pas de mine cuprifère en Egypte, on arrivait à l'extraire de l'or natif de Nubie qui en contenait de 9,7 à 24 %. En réalité, cette « séparation » des deux métaux était fort incomplète et l'une des trompettes de guerre en « argent » trouvées dans le mausolée de Tout Ankh Amon peut être considérée comme en « or blanc [1] ».

Au début du IIIe millénaire, l'argent tiré des mines d'Anatolie a probablement supplanté l'or du tout proche Orient. Les sites archéologiques d'Ur et de Suse ont livré quelques pièces d'orfèvrerie mais, contrairement à celle de l'or, l'oxydation de l'argent aboutit à une destruction grave qui altère profondément les objets de fouille.

En Europe, deux mille ans avant Jésus-Christ, on a eu la connaissance de l'argent comme métal précieux, mais la rareté des filons argentifères a vite obligé les métallurgistes à chercher à isoler ce métal du plomb qui en contient toujours en quantité variable. Six siècles avant Jésus-Christ, les Grecs parvinrent à généraliser le procédé et en tirèrent la première monnaie officielle.

1. Or à forte proportion d'argent.

Est-ce sur la côte péruvienne, quelque cinq cents ans avant Jésus-Christ ou sur les hauts plateaux colombiens qu'est née la métallurgie de l'argent, sur le continent américain ? On est réduit à ces suppositions, car les civilisations précolombiennes n'ont pas fait grand cas de ce métal qu'elles ne savaient peut-être pas isoler. Il faut en arriver aux Incas et vers notre XIIIe siècle pour trouver un grand nombre d'objets usuels, ornementaux ou précieux, en alliage d'argent et de cuivre. Il n'en demeure pas moins que les principaux gisements argentifères du monde sont en Amérique centrale et du Sud. Les conquistadores, faute de trouver l'Eldorado, et après avoir pillé l'or des indigènes, voulurent bien se contenter de l'argent qu'ils expédiaient en gros lingots par les fameux galions. Son abondance le fit alors consacrer aux objets les plus usuels, au moins chez les « possédants » de l'époque. Jusqu'alors, l'or régnait sur les tables huppées. L'inventaire de la succession du roi Charles V fait état de sept douzaines de grands plats d'or et mentionne à la suite cent trente-huit plats d'argent comme menu fretin.

Une caravelle faisant voile vers l'Eldorado.

Les Espagnols vulgarisèrent littéralement ce métal dans toute l'Europe à la suite de Charles Quint. Ce fut le début de l'« argenterie », dans le sens moderne du mot.

Pourtant, depuis des siècles déjà, les grands pays occidentaux, la France, l'Angleterre principalement, ont cherché à garantir par des contrôles stricts le titre de l'argent, c'est-à-dire sa pureté. Dès le XIIIe siècle, dans ces deux pays, apparaissent des « guildes » ou des « jurandes » dont les poinçons font autorité. Mais l'argent devient monnaie et l'autorité, fût-elle royale, impériale ou républicaine, s'est toujours protégée jalousement des contrefacteurs. Tous les pouvoirs qui se sont succédé depuis Charles V ont défini les normes d'affinage de l'argent et procédé à son contrôle. Henri III, le premier semble-t-il, créa un impôt sur les métaux précieux en 1579, le « droit de remède ». On peut sourire de cette désignation, mais il s'agissait bien de guérir ces métaux d'une fâcheuse tendance à valoir moins cher que la monnaie d'Etat, qui se dépréciait régulièrement (déjà !). Louis XIV, après les revers de la fin de son règne, doubla les droits alors en usage (3 sous par once d'orfèvrerie – 1 once = 31 grammes). En 1723, ce droit atteint 10 sous 6 deniers par once d'argent... La Révolution balaie toutes contraintes. L'argent devient libre... Libre surtout d'être falsifié, et le contrôle est vite rétabli : le 18 brumaire, an VI (9 novembre 1797), avec, bien entendu, quelques taxes...

Les poinçons de « recense » officiels sont changés en 1838. On donne quatre mois et demi aux particuliers pour venir faire apposer gratuitement les nouvelles marques à côté des anciennes. C'est l'avènement des poinçons actuels.

Cette officialité du commerce de l'argent facilite et complique à la fois la connaissance de l'objet ancien et du métal. En effet, la minutie des règlements en usage (l'emplacement des marques est défini selon le type de l'objet), la parfaite connaissance des poinçons, bigornes, marques ou contremarques depuis l'origine de ces réglementations permettent de situer sans contestation possible l'époque, la provenance et le titre d'un objet. Par ailleurs, l'immense diversité de ces marques, leur langage, leur origine (chaque pays a les siennes) condamnent le véritable amateur, comme le professionnel le plus entraîné, à se référer à d'excellents ouvrages spécialisés, où tous ces poinçons et règlements sont classés et commentés[1].

«La collation préparée dans un jardin», gravure d'après une peinture de Gillot.

Reconnaître l'argent

Nous l'avons vu, les symboles de la garantie officielle sont les poinçons qui définissent le titre, c'est-à-dire la teneur en argent pur de l'objet ainsi marqué. Pourtant, dans le commerce de l'objet d'art ancien, un certain nombre de pièces peuvent avoir échappé au contrôle officiel. Par ailleurs, dans la boutique d'un brocanteur ou d'un antiquaire, un examen superficiel ou l'absence de documen-

1. TARDY : *Les Poinçons de garantie internationaux pour l'argent*, « Annuaires d'horlogerie-bijouterie », 18, rue des Volontaires, Paris.

tation peuvent vous faire douter de la nature même du métal dont l'apparence oxydée ou salie n'est pas convaincante.

Dans ces cas-là, vous n'aurez guère la ressource de vous livrer à des tests à base de réactions chimiques, à moins que vous n'emportiez un « nécessaire » lors de vos recherches !

Les « chineurs » très entraînés se fient à deux moyens très empiriques. Le premier, c'est à la « main »... le poids d'un objet. L'argent, comme tous les métaux, a son poids spécifique. Les spécialistes prétendent reconnaître l'argent par simple appréciation manuelle de ce poids. C'est bien possible, mais peut-on parvenir à cette virtuosité dont l'instinct fait partie intégrante ?

Le second, c'est l'odeur. Voilà qui est plus accessible à l'amateur. L'argent frotté vivement avec un chiffon de laine (l'extrémité de la manche d'une veste) ou avec la paume de la main (éventuellement avec un peu de salive) dégage une odeur très caractéristique. Il vous est facile d'apprécier et de classer cette odeur dans votre mémoire olfactive (une des plus fidèles qui soient) en vous entraînant chez vous, sur un objet indiscutablement en argent.

Le nettoyage de l'argent

L'atmosphère des villes altère très vite l'argent par l'hydrogène sulfuré qu'elle contient. Les œufs ont la particularité de noircir l'argent, les choux également, par la présence de soufre dans ces aliments. Mais, pour spectaculaire que soit l'oxydation de ce métal, elle n'est jamais profonde ni tenace.

Les pâtes à polir vendues dans le commerce, indifféremment pour les cuivres, l'argent, l'aluminium ou l'étain, sont un peu trop abrasives pour que nous puissions en recommander l'usage courant.

Pourtant, elles vous rendront les meilleurs services sur des pièces qui ont passé de longues périodes sans entretien, soumises à des émanations nocives, ou très altérées. Nous aimerions persuader les amateurs d'argenterie que les plus beaux brillants s'obtiennent souvent par des méthodes infiniment plus douces :

1) L'eau savonneuse, tiède, bien moussante, peut aisément nettoyer un objet d'argent simplement noirci par l'usage. Un peu de lessive Saint-Marc dans de l'eau très chaude aboutira au même résultat sans aucun risque pour le métal.

Après un bon rinçage (à l'eau chaude), un vigoureux polissage à la peau de chamois apportera le brillant recherché.

2) L'alcool est un parfait nettoyant pour les métaux précieux. En le combinant avec quelques pincées de blanc d'Espagne, il vous donnera une mixture simple et économique pour raviver l'éclat d'un argent terni, même légèrement rayé (ce qui arrive fréquement avec certains ustensiles ménagers et les bijoux, bracelets ou bagues, qui sont heurtés fréquemment dans les gestes de la vie courante).

3) Le cyanure de potassium dissout les oxydes de l'argent, mais sa haute toxicité l'exclut de l'usage courant.

4) Les objets de fouilles en argent sont très rares et leur entretien relève toujours du «cas d'espèce». On les considère d'abord comme documents et leur aspect n'a qu'une importance relative. Seules les pièces de monnaie sont généralement nettoyées en profondeur pour apparaître dans tout leur éclat dans les collections numismatiques. Pour obtenir ce résultat sur des pièces très souillées, il faut user de vitriol en dilution dans l'eau : 1 partie d'acide pour 10 parties d'eau (verser l'acide sur l'eau et non le contraire). Tremper les objets dans cette solution pendant quelques minutes en contrôlant son action.

5) Quelques objets indiscutablement d'argent présentent parfois des traces de vert-de-gris... Cela, bien entendu, après un long abandon dans une atmosphère saturée de vapeur oxydante ou un séjour dans la terre (pour des objets perdus). La raison de

cette particularité est très naturelle : l'argent contient presque toujours un certain pourcentage de cuivre en alliage, ce qui lui confère des qualités mécaniques (dureté) que ne possède pas l'argent pur.

La méthode qui aboutira à une élimination complète du cuivre superficiel est un peu brutale, mais très simple à contrôler.

L'objet sera chauffé au rouge (attention, le point de fusion de l'argent est de 960°, n'usez pas d'un

Les « argenteurs » dans leur atelier. Gravure tirée de l'Encyclopédie de Diderot.

chalumeau puissant, mais contentez-vous de la flamme du gaz de ville ou, mieux, celle d'un barbecue). Quel que soit le moyen employé, l'objet noircira rapidement, la chaleur ayant oxydé le cuivre. Faites alors *bouillir* l'objet dans la solution d'acide sulfurique (vitriol) dont nous avons précisé les proportions pour les pièces de monnaie (1 partie d'acide pour 10 parties d'eau). Le cuivre disparaîtra et l'argent pur restera seul à la surface de l'objet, qu'il vous restera à polir à la peau de chamois et au blanc d'Espagne.

Pour les amateurs de recettes populaires

Voici quelques procédés de «bonne femme», à la fois parfaitement efficaces et suffisamment pittoresques pour que vous soyez tenté d'en faire l'expérience :

L'ocre rouge en poudre.

Le simple «ocre» des peintres en bâtiments, aggloméré avec un peu de savon ou d'huile, donne une pâte à polir très douce pour l'entretien courant.

L'os de seiche.

Si vous passez vos vacances au bord de la mer, ramassez les os de seiche que la marée dépose sur la grève. Les oiseaux en cage en raffolent, mais ce n'est pas pour leur donner à picorer que nous vous conseillons de les recueillir... Vous allez les broyer finement (c'est facile) et vous en servir pour polir votre argenterie. C'est surprenant.

Monnaies phéniciennes (Musée du Bardo).

Le lait aigre

... ou plus exactement le «petit-lait», redonne sans effort son brillant initial à un objet d'argent un peu négligé. Trempez quelques minutes l'objet dans le petit lait, ne rincez pas, mais laissez sécher et frottez avec un chiffon ou une peau de chamois.

Et si vous l'aimez patiné ?

En effet, le noircissement de l'argent, soigneusement contrôlé, peut accentuer par contraste un relief ou une ciselure. Les professionnels usent d'un liquide essentiellement composé d'alcool et d'antimoine. L'argent ainsi traité noircit et il suffit de frotter les parties en relief avec un polisseur du commerce ou un peu de ponce «soie» pour obtenir les effets d'ombre et de lumière que recherchent certains amateurs.

Méthode très simple également : exposer votre argenterie à de la vapeur de soufre. Il noircira très vite. A défaut, un rapide trempage dans de l'eau de Javel pure (chauffez l'objet préalablement) aboutira au même résultat.

Soupière en argent du XVIIIe siècle (Musée des arts décoratifs).

TROISIEME PARTIE

LE BOIS

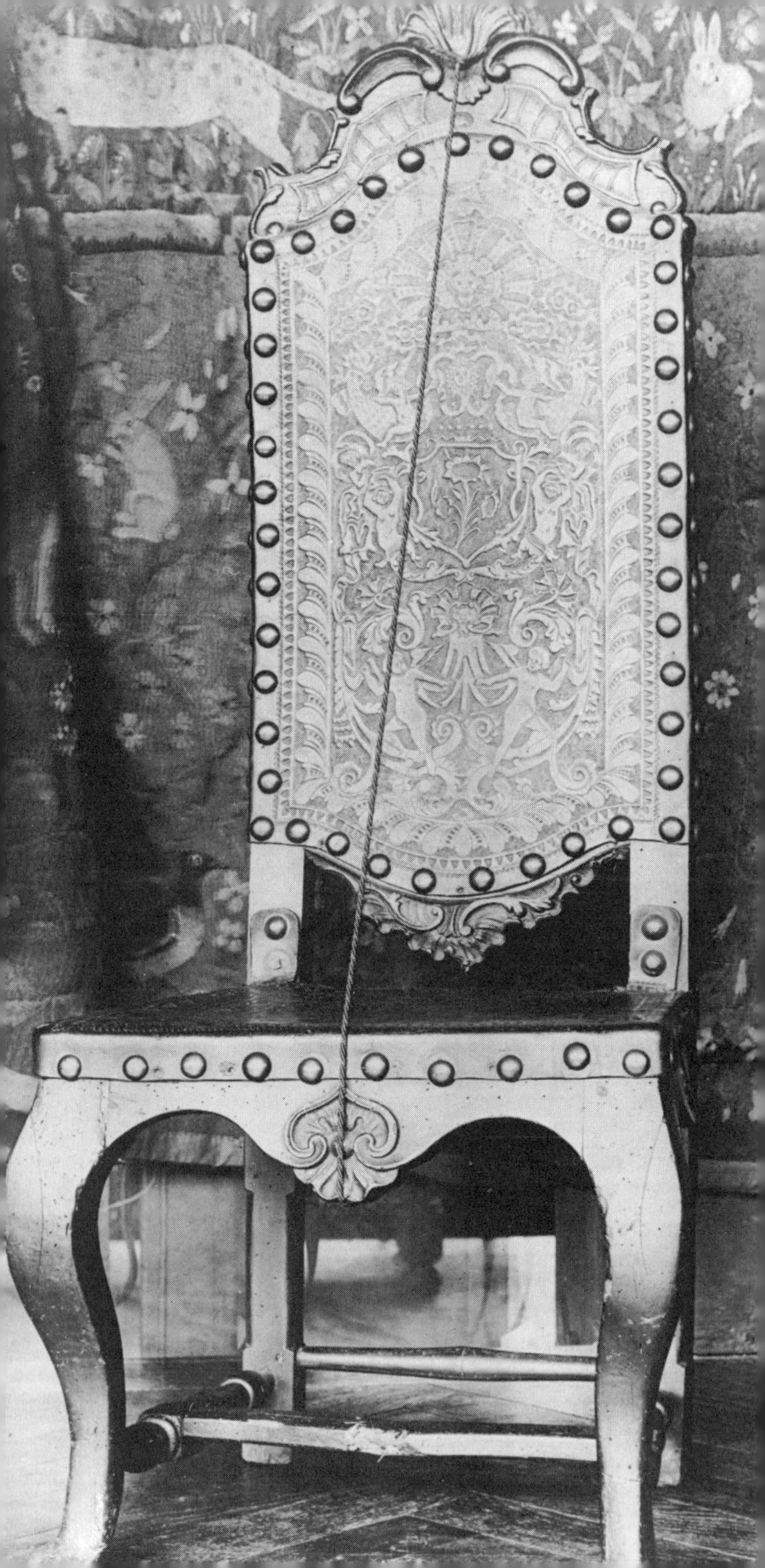

LE LANGAGE DES CHEVILLES...

Les amateurs d'ancien qui ne doutent pas de leurs connaissances ne manquent jamais de passer un doigt distrait sur l'imperceptible saillie d'une cheville ou de retourner un siège pour regarder l'état de la ceinture et, bien entendu, du chevillage... gage d'ancienneté. Bien souvent, quelqu'un les a devancés et a prévu les étapes de cet examen... Cet homme, c'est l'antiquaire. On « cheville » à tour de bras dans les arrière-boutiques, car le public ayant découvert un critère absolu d'ancienneté, on ne veut pas le décevoir. On plantera des chevilles n'importe où, et un jour l'on s'apercevra tristement que ce « critère absolu » ne signifie plus rien. Pourtant, l'évolution du chevillage dans l'art du meuble représente une pierre de touche d'un intérêt très particulier. D'ailleurs, je tiens à préciser que le chevillage n'est pas une fin en soi, c'est la fixation d'un ajustage et, pour ne pas spécialiser abusivement ce chapitre, nous tenterons de préciser l'évolution de l'ajustage, puisque aussi bien, l'abandon de la cheville comme moyen de fixation est aussi un critère utile.

Le Moyen Age

Il faut bien commencer par là, bien que les meubles de cette époque (assez vague) n'encombrent pas les antiquaires. Disons que dans le meuble gothique, du début à la fin et même à la Renaissance, la cheville était utilisée *comme clou*. On la trouve, bien entendu, pour maintenir un tenon dans une mortaise, mais aussi pour fixer les traverses sous les dessus de coffre. Pour relier un plateau de table à la ceinture du piètement. Beaucoup de motifs sculptés sont rapportés par ce moyen sur le corps du meuble... ; ils sont littéralement cloués par une cheville. Lorsqu'un panneau est composé de deux ou trois parties, ne cherchez pas de rainure, ni d'emboîtement, vous trouverez là encore des chevilles, quelquefois même enfoncées de biais.

Au XVIIe siècle, on perfectionnera un peu le procédé (qui donnait toute satisfaction). Pour les plateaux de table ou le dessus de coffres, et pour toutes les pièces d'ébénisterie nécessitant la juxtaposition de plusieurs planches, on use de « pigeons ». Il s'agit d'une fine pièce de bois que l'on placera dans deux mortaises ménagées dans l'épaisseur des planches, cette « languette » étant chevillée à travers le plateau ainsi obtenu. On voit parfois sur des tables un chevillage généralement en rond, chevauchant la ligne d'un joint. Ne l'observez pas avec perplexité, il ne s'agit pas d'une marque cabalistique, c'est un « pigeon ».

Utilisation des pigeons sur un coffre.

La forme de la « cheville clou » s'impose de par sa fonction. Elle est longue et fine, taillée en pointe, et se renfle à la tête. Elle est généralement de la même essence que l'ensemble du meuble. Comme il y a peu de chances que vous soyez appelé à démonter un meuble pour regarder la forme des chevilles, ces considérations sont un peu académiques. Toutefois, il n'est pas exclu qu'elles puissent avoir « lâché » et que vous soyez en mesure de vérifier nos indications et désormais, vos connaissances. Sachez pourtant que ces chevilles étaient obtenues à partir de sections carrées et que les « têtes » apparentes gardent à peu près cette forme.

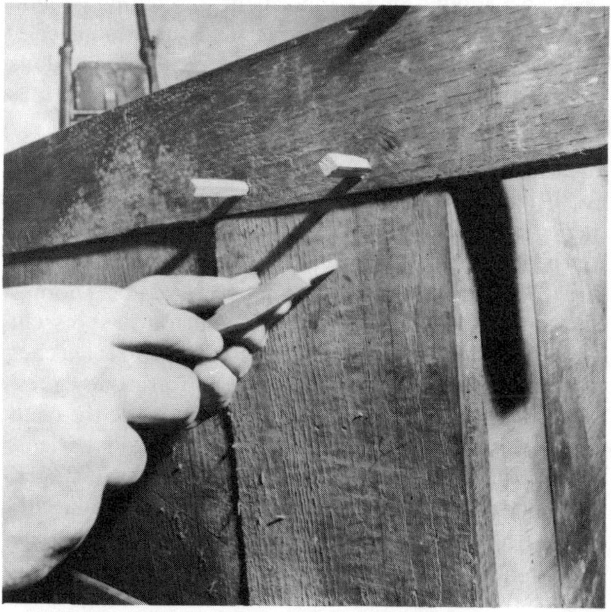

Le rechevillage d'un coffre : le ciseau à bois permet de donner à la cheville la dimension souhaitée.

Avec le XVIIIe siècle, l'ébénisterie se raffine et se perfectionne. On use fréquemment de la queue d'aronde, et apparaît l'« assemblage d'onglet » (on situe son invention au XVIe siècle, mais il devient courant beaucoup plus tard). La marqueterie se répand sous

Louis XIV, les meubles dorés aussi. Ainsi, le chevillage est masqué par le placage, ou sous l' « assiette » de la dorure. On voit poindre le déclin de la cheville, considérée comme nécessité technique, mais inesthétique. Pourtant tout le XVIIIe siècle ne saura s'en passer. Le meuble populaire ne s'en cachera pas. L'ébénisterie de cour tentera, en revanche, de la dissimuler par des sculptures (surtout dans le siège), sous le placage alors triomphant ou, nouveauté, sous des laques.

On n'hésite pas à envoyer des carcasses de commodes ou de semainiers jusqu'en Chine pour les confier aux soins des artistes extrême-orientaux. Les frères Martin, en 1748, inventèrent un procédé : on disait à l'époque qu'ils réalisaient des vernis « façon de Chine ». Aujourd'hui, les vernis Martin sont célèbres. Toutes ces initiatives décoratives allaient dans le sens d'un raffinement croissant, à la fois des formes et des techniques.

Le style Louis XVI est l'aboutissement de cette évolution par son élégance et sa mesure. Parallèlement, se développe en Angleterre une école d'ébénistes dont le premier grand créateur fut Chippendale, mais dont les continuateurs, Robert Adam, Thomas Sheraton, George Hepplewhite surtout, subissent l'influence des stylistes français. Leurs recherches s'orientent vers une légèreté de dessin presque excessive, à tel point que les ajustages courants ne trouvent plus leur place dans ces dossiers de fauteuils aériens, ces chaises filiformes... Sheraton affine les ajustages, évite presque systématiquement de recourir à la cheville ; il use de tourillons collés, il perfectionne d'ailleurs l'art du collage par l'emploi du « rabot à dent », alors tout nouveau. Ce rabot, dont le fer pratique une série de stries triangulaires, multiplie par deux ou trois la surface portante des pièces à mettre en présence, ce qui augmente d'autant la tenue du collage.

Pour offrir une comparaison et éclairer cet aspect un peu technique, disons que ce rabot trace des sillons réguliers dans le bois, dans lesquels s'imbrique la partie à coller, également préparée par le même rabot.

Le XIXe siècle va sonner le glas de la cheville. Le style Empire l'escamote sous des placages d'acajou. Lorsqu'il la tolère, elle doit être petite, très régulière, presque cylindrique. Elle va disparaître progressivement, mais inexorablement. Pourtant, sous Louis-Philippe, même plus tard, au Second Empire, on l'accepte si elle ne se voit pas. C'est ainsi qu'on la retrouve dans les bois des sièges entièrement tapissés et fréquemment dans les ceintures des chaises et des fauteuils, mais seulement lorsque cette partie est recouverte, donc invisible. Pour la solidité des dossiers, des accoudoirs, on fait confiance à la colle, la fameuse « colle forte » (voir chapitre des colles), colle d'os que l'on tenait chaude au bain-marie dans tous les ateliers.

En menuiserie d'art, on use d'un excellent palliatif, le coinçage. Un coin de bois enfoncé dans un trait de scie pratiqué dans le tenon produisait une extension latérale, rendant définitivement solidaires les deux parties de l'ajustage.

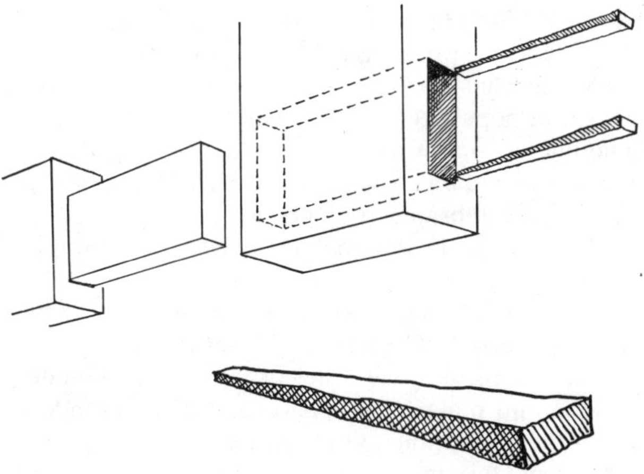

Dans la deuxième partie du XIXe siècle, l'ébénisterie évolue vers une perfection technique qui la dessèche et étouffe sous l'académisme toutes les tentatives de création. On imite le Louis XVI, le gothique, sans, hélas ! se contenter de les copier... On accumule et l'on mélange les partis pris décoratifs, les difficultés. Le « métier » triomphe ; il devient une fin en soi, il n'est plus au service de l'art.

Les meubles de qualité deviennent des « chefs-d'œuvre » au sens compagnonnique du mot, c'est-à-dire une occasion de démontrer sur une seule pièce tout son savoir, sans poser le principe esthétique. La virtuosité remplace la nuance... et c'est l'industrialisation de l'ébénisterie avec ses conséquences.

Le tourillon remplace presque totalement le vieil assemblage « tenon-mortaise », car il est plus facile, donc plus rapide, de percer un trou rond à la mèche que de mortaiser. On visse, car c'est plus facile qu'entailler. Le placage n'est plus un ornement, mais une économie. Le bois, matériau noble, ne sera plus qu'un décor de théâtre sur des coulisses lépreuses. C'est le règne du Henri II des concierges !

La réaction qui viendra plus tard, en 1900, avec Louis Majorelle, ne durera que vingt ans à peine (1889-1909). Il fut admiré et raillé : un bureau décoré de nénuphars, présenté à l'Exposition universelle de 1900, lui vaut la Légion d'honneur, mais son style est défini populairement en des termes peu flatteurs : « nouille », « jarretière », « métro », « anguille » et même « rastaquouère »... L'industrie le laissera à ses rêves ; elle fabrique toujours avec le même succès du Henri II et du Pompadour, n'ayant que faire des novateurs. C'est pour cela que l'estampille « Majorelle » a rejoint, dans le panthéon des grands maîtres, les Jacob, Boulle, Cressent ou Riesener...

Car les formes végétales, souples, du « modern style » sont, malgré les apparences, d'une grande rigueur de conception... On y retrouve les assemblages classiques, fortement épaulés pour soutenir les élancements et les porte-à-faux d'un dessin très libre. Un beau meuble n'est jamais mal fait, bien qu'un meuble bien fait ne soit pas nécessairement beau. Nous avons pu suivre dans ces quelques aperçus de l'histoire de l'ébénisterie vue à travers un détail technique, la cheville et l'ajustage, l'évolution d'un art. Un matériau, quel qu'il soit, possède sa logique propre qui impose naturellement ses techniques d'utilisation liées aux étapes historiques de l'évolution parallèle de l'outillage.

Un meuble se regarde, puis s'examine. Sans être spécialement compétent, on peut concevoir :

– que les traces de sciage régulières de la scie à ruban moderne ont de quoi éveiller des doutes sur un meuble Louis XIII, pourtant par ailleurs bien chevillé (parfois de frais !) ;

– que le léger friselis que laisse sur le bois le rabotage à la machine ne peut que signaler un faux récent ou une restauration grossière ;

– qu'une tête de cheville plus claire que la teinte d'ensemble du meuble dénote un chevillage postérieur, donc une fraude ;

– que des chevilles, même bien patinées, ne prouvent rien sur un meuble qui dénote, par ailleurs, une construction industrielle (panneaux de fond en contreplaqué, éléments vissés, sculptures rapportées, etc.) ;

– que les placages trop minces signalent toujours le travail « à l'économie » de la grande série ;

– que des clous non forgés ou des vis n'ont rien à faire dans un meuble authentique et soigné ;

– enfin, pour clore cette énumération qui pourrait indéfiniment s'allonger, disons qu'un contrôle des dimensions d'un meuble donne souvent l'éveil à l'observation intelligente. En effet, jusqu'au XIXe siècle, on a mesuré en pieds (0,33 m) ou en pouces (27,07 mm). Les mesures d'un meuble sont tributaires de ces unités et non du système métrique...

POUR DECAPER UN MEUBLE RUSTIQUE...

Sur la route de vos vacances, vous avez eu le coup de foudre pour un meuble rustique découvert chez un brocanteur sympathique. Son prix a été convenu, vous l'avez acheté sans trop vous attarder sur les détails. En effet, il était bien sale. «Je l'ai trouvé dans un poulailler...» a raconté le marchand.

A l'examen, vous avez constaté qu'il avait été peint d'une de ces couleurs marron foncé dont les peintres de campagne ont le secret, les vers avaient profondément attaqué la traverse du bas et l'extrémité des pieds. Enfin, ce que vous aviez pris pour de la patine n'était qu'une épaisse crasse rendue luisante par un long usage. Peut-être avez-vous été déçu. Pourquoi ? Un meuble ou un objet peuvent être morts ou vivants selon l'intérêt qu'on leur porte. Combien de fois avez-vous remarqué qu'un objet qui ne payait pas de mine à l'étalage d'un brocanteur prenait chez vous, à sa place, une valeur décuplée ?

Nettoyer d'abord !

L'opération préliminaire à tout décapage est le nettoyage. Vous ne saurez vraiment la nature de ce que vous désirez éliminer, peinture, vernis, sans accomplir ce travail.

Usez de lessive Saint-Marc et d'eau chaude (concentration : 50 grammes par litre — 50 grammes = 1 poignée).

Voici le matériel qui sera nécessaire à un décapage sérieux : un paquet de lessive pour nettoyer, du « potassium » ou lessive de soude pour décaper, une brosse de chiendent, une brosse métallique pour les ferrures, serrures, pentures, etc., un couteau à mastiquer pour les fonds de sculptures, les rainures, etc.

La lessive bien diluée sera passée avec une éponge de façon à humecter la surface à nettoyer dans son ensemble. Vous laissez agir quelques secondes et vous recommencez avec une plus grande abondance de liquide. Si vous êtes en présence de sculptures encrassées, l'éponge sera inopérante. Vous ferez appel à la brosse de chiendent qui, vous allez le voir, remplira plusieurs usages au cours de votre travail.

Il est essentiel que la lessive puisse « mordre ». Ce résultat ne s'obtient que par un contact prolongé. Humectez un linge épais, serpillière, vieux molleton, et plaquez-le contre le meuble, le temps que les principes actifs de la lessive puissent agir. Un procédé très courant consiste à préparer une colle de pâte (farine délayée dans de l'eau dans laquelle vous avez fait dissoudre une forte concentration de lessive). Cette pâte se collera sur les parties verticales et permettra ainsi à la lessive d'agir aussi longuement que vous le souhaitez.

Décapez avec prudence

Le décapage au potassium est très spectaculaire mais *dangereux* pour les yeux et les peaux sensibles. Ne négligez pas certaines précautions. Tout d'abord, soyez soigneux. Ne versez pas de quantités trop grandes de décapant. Vous pouvez vous munir de lunettes, de gants en plastique (le caoutchouc ne résiste pas longtemps à la potasse). Si vous en avez la possibilité, installez-vous dehors pour travailler et à proximité d'un poste d'eau. Le potassium doit être dilué dans de l'eau chaude. La proportion est fonction de la tenue de la peinture (essayez deux verres de potassium par litre d'eau). Une abondante mousse signale toujours le «travail» du potassium. Ne rincez pas à mesure, laissez agir. Pour les sculptures, il est nécessaire de pouvoir les décaper horizontalement, pour que le produit puisse pénétrer dans tous les détails (en conséquence, couchez le meuble). Là où la brosse de chiendent sera inopérante (épaisseur de peinture, par exemple), le couteau à mastiquer sera nécessaire.

Il est possible que certains droguistes n'aient pas de potassium; vous y suppléerez avantageusement avec un simple «déboucheur» de lavabo. Ces produits se présentent généralement en cristaux plus ou moins volumineux; vous en saupoudrez votre pièce à décaper — à sec — en prenant soin d'en bien garnir toute la surface. Cela accompli, vous allez verser de l'eau très chaude sur ces cristaux. Munissez-vous d'un arrosoir à pomme fine pour que le jet n'entraîne pas les cristaux. Un fort bouillonnement se produit instantanément et, au rinçage, vous constaterez que la peinture a totalement disparu.

Nous vous renouvelons nos mises en garde. Ces produits sont puissants, efficaces, mais ne doivent pas se manier avec désinvolture. Des projections peuvent être dangereuses. Ne laissez pas les enfants ou les animaux familiers s'approcher de vous pendant ces opérations de décapage.

Après ces divers traitements, un rinçage abondant est absolument nécessaire. Si vous négligez cette précaution, le potassium «ressort» sous forme de minuscules cristaux à la surface du bois. Le jet d'un tuyau d'arrosage vous permet d'atteindre les moindres détails.

Ne laissez pas encore sécher votre meuble! Vous allez accomplir une très importante opération. Le potassium, comme d'ailleurs d'autres produits, l'ammoniaque notamment, provoque, au contact du bois, des réactions chimiques qui entraînent le noircissement du chêne, entre autres, ou du châtaignier, et fait rougir le cerisier. *Il convient d'éclaircir le bois dénaturé par le potassium.* Est-ce bien utile? Sans aucun doute. Si vous ciriez votre meuble à ce stade du décapage, vous obtiendriez une teinte gris-noir, triste et sans reflet. Donc, pas d'hésitation, éclaircissons. Comment? Nous avons le choix. On vend dans les magasins spécialisés dans la fourniture aux ébénistes de l'eau oxygénée à 120 volumes – c'est un puissant décolorant (attention aux doigts et aux vêtements) – ou, plus classiquement, des «sels d'oseille» ou acide oxalique. Ce produit se présente sous forme de minuscules cristaux formant une poudre blanche. Saupoudrez sur le meuble humide, les sels d'oseille agissent presque immédiatement. Pour faciliter leur dissolution, et la pénétration dans le bois des substances actives, verser dessus de l'eau chaude, avec une bouilloire.

Quelques minutes plus tard, vous rincez abondamment. C'est terminé. Le bois a retrouvé sa couleur naturelle. Le meuble peut sécher (vous aurez profité de l'occasion pour nettoyer l'intérieur, tiroirs et étagères).

A noter que parmi les «trucs» d'ébéniste pour éclaircir le bois figure l'emploi de l'acide chlorhydrique, qui communique un assez beau reflet doré au chêne.

PLAIDOYER POUR L'EBENISTERIE FINE...

Les meubles d'ébénisterie fine, marquetés ou laqués, n'ont pas toujours échappé au traitement expéditif des amateurs de peinture ou d'« améliorations »... Les causes en sont multiples, parfois incroyables; aussi, il n'est jamais mauvais pour un amateur d'ancien de ne pas s'arrêter à un simple coup d'œil désabusé sur un meuble dont la forme élégante a surpris, mais dont l'aspect général décourage l'examen. J'ai pu voir une authentique table Louis XV, d'une pureté remarquable, servir de banc à laver à une blanchisseuse de campagne... Pour que le plateau penche, elle avait amputé deux pieds et cloué un liteau de bois pour tenir son savon... le tout était soigneusement peint en blanc, « pour faire propre » !

D'ailleurs, ce souci de soi-disant « propreté » est un des plus grands ennemis des meubles « mal aimés ».

Il est certain que les réfrigérateurs, cuisinières à gaz ou électriques et les machines à laver qui ont envahi les cuisines de campagne depuis quelques années coexistent mal avec les meubles traditionnels. Ceux-ci se retrouvent alors dans le poulailler. Parfois ils sont habilement échangés contre des éléments de Formica par des marchands de meubles ambulants – qui connaissent à merveille le secret de ce genre de transaction. Ou, tout simplement, ils reçoivent une bonne couche de laque, complétée de poignées et de ferrures « modernes », et ainsi gardent leur place, grâce à leur utilité. Ils sont déshonorés, mais cela n'est pas irrémédiable.

Parmi les autres causes qui aboutissent à des solutions extravagantes, il y a les injures du temps. Des fragments de marqueterie décollés et perdus, une fente, une laque écaillée, rayée, des traces de brûlures déterminent des réparations abusives et, la plupart du temps, le choix de la solution «camouflage». Camouflage par la peinture, bien entendu! qui dans bien des cas peut revêtir des aspects qui se veulent raffinés. Faux bois, faux marbre, etc.

Cette redoutable peinture noire!

Dans ce panorama des fautes de goût ou des méfaits de l'ignorance, on ne peut omettre les aberrations de la mode. Le règne de Louis-Philippe, bourgeois et compassé, a vu l'avènement des meubles foncés. Comme l'ébène est un bois cher, on a jugé que l'apparence suffisait... On a alors tout repeint en noir avec, précisons-le, une peinture d'une telle qualité qu'elle ne s'est jamais altérée et demeure, après plus d'un siècle, toujours aussi brillante et solide sur les meubles de cette époque.

D'ailleurs, on ne s'est pas arrêté à la production des ébénistes «louis-philippards», on a consciencieusement barbouillé les meubles des époques antérieures (curieusement, assez peu l'Empire, style déjà empreint de solennité, et en acajou sombre).

Le Louis XVI a payé un lourd tribu à ce noircissage général. Combien de sièges, de commodes, de guéridons charmants, endeuillés sans rémission! Les familles «bien-pensantes» avaient même trouvé une justification morale à cette véritable agression contre l'ébénisterie de la fin du XVIIIe siècle : on prétendait que les meubles devaient porter le deuil du « Roi Martyr » ! On n'en exigeait pas autant du souverain régnant, fils de Philippe Egalité qui vota la mort de Louis XVI.

Cette peinture noire fait aujourd'hui le désespoir de beaucoup d'amateurs d'ancien — principalement lorsqu'ils la rencontrent sur des meubles qui, selon la définition des antiquaires, ne sont pas «nés comme ça»!

Pour décaper le noir « Louis-Philippe »

Nous avons éprouvé souvent la ténacité de ce revêtement au point que nous avons demandé une analyse à un laboratoire technique.

Nous avons appris ainsi qu'il s'agit non d'une peinture, mais d'un *vernis-laque* dont l'aspect brillant a été obtenu par des procédés décrits dans le chapitre « Vernis au tampon ».

Comme tel, il est parfois sensible à l'alcool (assez peu), mais surtout aux décapants acétoniques (contenant de l'acétone).

Ces décapants existent couramment dans le commerce. Ils se passent au pinceau, mais exigent presque toujours un rinçage. Est-ce toujours possible ?

Si vous tentez la dangereuse expérience de décaper un siège, par exemple, en essayant de préserver sa garniture, tout rinçage est exclu. Il faut procéder par grattage ; et, nous allons le voir, c'est finalement la solution qui s'impose dans bien des cas, bien qu'elle soit longue et minutieuse.

Si vous employez un grattoir d'ébéniste pour enlever de la peinture ou du vernis, il est probable qu'il sera vite encrassé, donc désaffûté. Redonner un « fil » impeccable à un grattoir exige un tour de main peu répandu chez l'amateur. De surcroît, la lame large et plate de l'outil classique est inopérante dans les rainures, gorges, sculptures et autres motifs galbés d'un meuble, surtout s'il s'agit d'un siège. Les lames de rasoir sont trop souples, cassantes et toujours dangereuses. C'est aux débris de verre à vitre que vous ferez appel. Apparemment, il s'agit d'une solution qui semble trop « bricolage ». Nous affirmons le contraire. Les antiquaires, les ébénistes l'utilisent couramment.

Souvenez-vous, à l'école primaire, le raclage annuel des pupitres... Graffiti et taches d'encre ne résistent pas à ces grattoirs improvisés !

Pour être assuré d'effectuer un travail propre, ne pas rayer le bois, vous changerez fréquemment vos fragments de verre dès qu'ils seront encrassés. Vous ne devez exercer qu'une pression infime. Vous constaterez, très vite, que la peinture saute très facilement sous un certain angle d'attaque. C'est un tour de main qui s'acquiert en quelques minutes. Le seul risque que vous fait courir cette méthode, c'est d'éprouver la fameuse « crampe de l'écrivain », car le verre se tient entre deux doigts et, à la longue, la fatigue se signale à sa façon.

Ce raclage accompli, vous poncerez finement au papier de verre abrasif le plus fin possible, pour égaliser parfaitement votre travail. Evitez de trop insister sur des marqueteries, vous pourriez les percer, surtout si elles sont décollées ou cloquées (voir le chapitre « Réparations des marqueteries »).

Ensuite, vous userez de laine d'acier (ou « paille d'armurier »). Vous en trouverez en rouleau dans les quincailleries spécialisées dans la fourniture aux ébénistes. A défaut, les tampons à récurer sont suffisants. Ils redonnent un poli parfait, surtout aux courbes et moulures.

L'histoire du « gris Trianon »...

Le Grand Trianon remplaça, en 1687, un petit pavillon sans étage de cinq baies de façade en faïence bleu et blanc dénommé à tort le « Trianon de porcelaine ».

Louis XIV surveilla lui-même la construction de ce palais de pierre et de marbre « dans le goût italien », avec des toits plats bordés de balustres. Il voulait échapper de temps en temps aux salles trop vastes et majestueuses du château. Ses architectes, Mansart, puis le beau-frère de ce dernier, Robert de Cotte, s'employèrent à satisfaire son goût sous la conduite de Louvois qui cumulait la charge de surintendant des Bâtiments et de Premier ministre.

Le roi visitait fréquemment le chantier. Un jour, il fit remarquer au ministre la disproportion légère, mais bien réelle, d'une fenêtre. Louvois savait résister au roi et, parfois, s'entêtait sans raison, et il ne voulut pas admettre la remarque, soutenant que la fenêtre lui semblait conforme.

Le roi se saisit d'une toise, prouva le bien-fondé de son observation et eut des mots très sévères pour son ministre... Saint-Simon raconte alors qu'« entrant dans ses bureaux, Louvois réunit ses familiers et leur fit part de sa disgrâce : " J'ai perdu la confiance du roi, leur dit-il, au comble de l'accablement, et je ne suis plus 'l'homme nécessaire' du royaume. – Redevenez-le, lui souffla un conseiller. Déclarez une guerre ! " » Quelques jours plus tard débutait la guerre contre la ligue d'Augsbourg...

Ce conflit eut des conséquences funestes sur le Trésor royal et les finitions du Grand Trianon furent parfois menées « à l'économie ». Les boiseries préparées pour recevoir les dorures restèrent à l'état d'ébauche, c'est-à-dire recouvertes d'un enduit de fond qui se préparait vraisemblablement avec de la céruse, du « blanc de Meudon » (une sorte de plâtre d'une finesse extrême) et... de la cendre tamisée. Le mélange de céruse et de cendre, très blanc à l'origine, s'altéra progressivement avec le temps pour donner ce gris clair légèrement bleuté que la postérité dénomma « gris Trianon » et associa au style Louis XVI qui en fit, d'ailleurs, une grande consommation.

LE PLACAGE ET LA MARQUETERIE...

Le placage consiste à recouvrir d'une fine épaisseur de bois précieux une armature d'essence plus grossière.

La marqueterie désigne les compositions décoratives ou ornementales qui s'insèrent dans ce placage.

Ces définitions ne sont pas inutiles, car on a parfois tendance à considérer les deux termes comme des synonymes.

Il n'est pas question, ici, de traiter de cette technique compliquée, exigeant un matériel spécialisé, un tour de main qui ne peut s'acquérir qu'au contact de bons maîtres et à l'issue d'une longue expérience.

Notre propos vise à vous offrir la possibilité de réparer les altérations les plus fréquentes qui déparent les meubles ou les objets que l'on aime. Mais est-il trop ambitieux de vouloir vous initier à l'évolution d'un art et vous donner les moyens d'en reconnaître les étapes ?

Depuis que l'homme a travaillé le bois avec d'autres soucis que les nécessités immédiates, il a su l'orner d'incrustations d'os, d'ivoire, de corne et, bien entendu, d'autres bois qu'il apprit très vite à différencier qualitativement. Il s'agissait presque toujours de plaquettes de formes diverses qui s'inséraient dans une entaille de même forme, pratiquée dans l'épaisseur du support.

On prête abusivement à André-Charles Boulle l'invention de la marqueterie et du placage. C'est

Commode marquetée au chiffre de Marie-Antoinette (Musée du Louvre).

inexact. Dès le XVIe siècle, et probablement avant, les Italiens s'étaient occasionnellement familiarisés avec ce procédé. Sous Louis XIII, on plaque d'ébène et d'ivoire les «cabinets» dont la mode nous venait d'Italie et d'Espagne. Pourtant, c'est l'illustre ébéniste français qui lui donna son essor. Paradoxalement, André-Charles Boulle ne fit pratiquement pas de marqueterie de bois ; il usa principalement du laiton et de l'écaille, parfois d'étain. On prétend, quelques exemples l'illustrent, que Boulle fabriquait toujours deux meubles semblables, dont l'un présentait en écaille ce que l'autre présentait en laiton. Cela mérite une explication : la découpe d'un motif s'effectuait en une seule fois. La plaque de laiton doublée d'une épaisseur d'écaille. Il était facile ainsi d'insérer l'une dans l'autre les deux matières découpées ensemble, donc parfaitement complémentaires. Mais, comme les chutes reproduisaient exactement le même motif inversé, les éléments d'un autre meuble étaient ainsi tout prêts.

Après Boulle, on assiste à un retour du meuble massif, mais pas pour longtemps. La Compagnie des Indes, sous la Régence de Philippe d'Orléans (1715-1723), introduisit en France des bois nouveaux, satinés, colorés ; les ébénistes comprirent instantanément le parti qu'ils pouvaient en tirer, Charles Cressent parmi les premiers. Ce dernier semble d'ailleurs être le créateur de la « commode » telle qu'on la connaît. Avant lui, il s'agissait plus ou moins d'extrapolation du coffre. Ce que l'on peut affirmer, c'est qu'il allégea les formes en usage, éleva le piètement de ces meubles en l'affinant et traça, pour la première fois, ces traverses dites « en arbalette » qui donnent au style Régence et Louis XV une partie de leur personnalité.

Observons une pause dans cet historique succinct pour tenter d'expliquer ce qu'était le placage et la marqueterie à cette époque.

Le bois de placage s'obtient par deux procédés : le *tranchage et le déroulage.*

Le premier consiste à soulever en travers du tronc une mince pellicule de bois. C'est, pour risquer une comparaison, une fine planche de quelques dizièmes de millimètre d'épaisseur et d'une largeur limitée à celle de l'arbre.

Le second, comme son nom le suggère, consiste à « dérouler » ou plutôt à « peler » un tronc entier que l'on fera tourner sur lui-même et la largeur du placage ainsi obtenu sera fonction de la circonférence du tronc. C'est la méthode actuelle pratiquée couramment par l'industrie.

Au XVIIIe siècle, seul le *tranchage* est pratiqué. Selon toute évidence, le bois précieux était scié en plaques aussi minces que le permettait la précision d'un travail essentiellement manuel. On peut risquer une évaluation : on devait pouvoir obtenir des planchettes de placage, brutes, de 2 millimètres d'épaisseur (le placage actuel est souvent de 4/10 de millimètre). Après dressage au rabot, ponçage, la finesse du placage atteignait 1,5 millimètre environ. C'est pour cette raison purement technique que les meubles véritablement d'époque XVIIIe ont toujours des placages épais, même bien plus tard, sous l'Empire, où le procédé a évolué, on ne savait user de placage aussi fin que ceux qui trahissent l'ère industrielle.

Au XVIIIe siècle, ce qui détermine et impose une recherche de finesse dans les placages, c'est le galbe. Coller sur des surfaces courbes ou concaves des pièces de bois trop raides n'est guère recommandé. Aussi, travaille-t-on dans ce sens, mais on descend rarement en dessous de 12/10 de millimètre.

Peut-être les ébénistes d'alors n'osent-ils pas aller plus loin ? Sans doute par respect du matériau plus que par impossibilité technique. Car, en fait, par ponçage, ils pouvaient aboutir à un échantillonnage bien inférieur.

Donc, insistons sur ce point, le placage du XVIIIe siècle *est relativement épais.* C'est un critère d'appréciation très important pour l'amateur.

Voyons ensuite les principes de mise en œuvre de la marqueterie. Nous l'avons vu, Charles Boulle

Marqueterie aux instruments de musique (Musée des arts décoratifs).

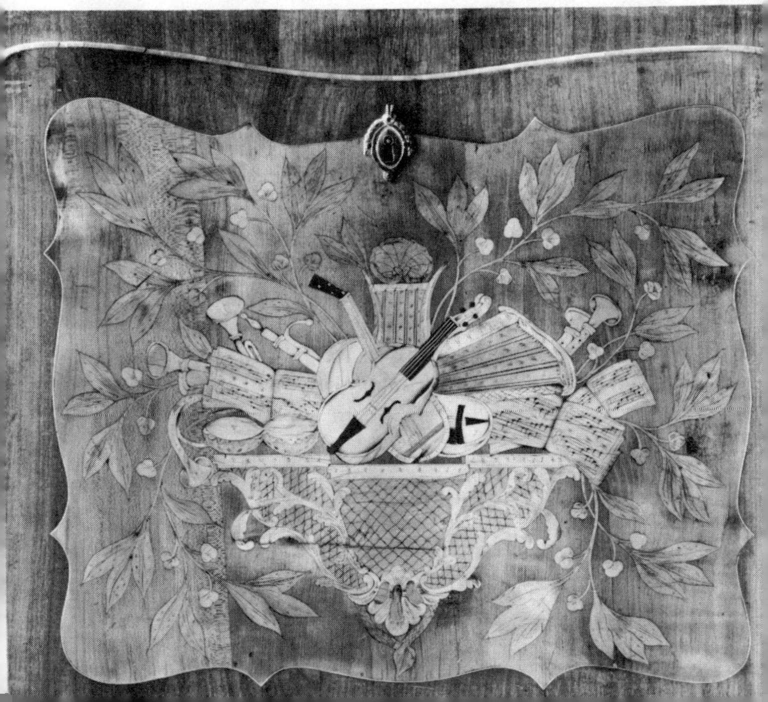

obtenait dans une même découpe fond et motifs. Ce n'est plus le cas. On réserve dans le fond les emplacements des motifs qui sont réalisés à part. Cela est également d'une importance extrême, car on peut aisément distinguer et différencier le travail du XVIIIe siècle de celui du siècle dernier, où un matériel perfectionné permit de reprendre la technique initiale de Ch. Boulle et de l'appliquer au placage du bois.

En effet, des irrégularités légères mais bien décelables caractérisent la marqueterie du XVIIIe. Les joints sont plus marqués, de légères traces de ciseau accusent des retouches, une asymétrie des motifs est presque de règle.

Ces détails, qui ne semblent pas en faveur des ébénistes du passé, donnent au contraire une vie surprenante aux marqueteries de cette époque. On y reconnaît à tout instant la main de l'homme. La perfection d'une marqueterie Napoléon III, par exemple, la rend parfaitement désincarnée et d'une froideur sans esprit que ne relève nullement la vivacité plus grande des tons de bois (spécialement bien choisis, pourtant).

Là, il convient de se poser une question qui a plus d'importance qu'il n'y paraît pour la compréhension des formes et des intentions des vrais créateurs. Pourquoi toute initiative humaine serait-elle perfectionniste ? Savoir si la technique est un moyen, une fin ou accessoire ne nous avancerait guère. Les grands créateurs ont inventé les techniques qui pouvaient servir leur imagination ; on n'a pas souvent vu la démarche inverse ! On peut entendre, à l'occasion, chez des restaurateurs de grand métier, une réflexion goguenarde au sujet d'ébénistes de jadis. « Ils n'avaient pas la mystique du fil à plomb ! » ce qui est vrai, encore que le fil à plomb ne soit guère usité en ébénisterie et qu'il soit difficile d'en juger objectivement sur des meubles qui ont traversé le temps et ont pu subir des modifications par le jeu des bois, le retrait, l'usure, etc. Pourtant, c'est une autre réflexion qui m'a donné la bonne réponse,

Secrétaire du début du XVIIIe siècle. La marqueterie « illustre » la fonction du meuble.

celle d'un vieil artisan qui exécutait devant moi un travail de précision. Comme je constatais qu'il se référait assez peu à son plan, je lui en fis part. « Je le sais bien, me dit-il sans s'interrompre, le plan, c'est du dessin, tout plat. Ce qui compte avant tout, dans l'exécution d'un meuble d'art, *c'est de contenter l'œil* » ! N'est-ce pas là le vrai perfectionnisme ? Sans cela, sur quel critère baser l'amour et la recherche du beau ?

HEURS ET MALHEURS DE LA MARQUETERIE...

Réparations des « cloches »

On dénomme « cloches » ces boursouflures plus ou moins étendues qui gonflent la surface du placage. Elles sont dues principalement à l'humidité, ou à une insuffisance du collage.

Le parti pris le plus simple consiste à tenter de réchauffer la colle qui subsiste sous la cloche et de presser suffisamment pour que le placage y adhère à nouveau. Comment ? En utilisant un fer électrique comme il en existe dans tous les foyers. Mais soyez circonspects. Si votre fer possède un thermostat de réglage, mettez la molette sur la position « soie » ; sinon, évaluez à peu près sa température, elle n'a pas besoin d'être élevée. Protégez le vernis avec un carton, par exemple, et repassez lentement en insistant sur la cloche. A un moment, vous aurez la sensation que se produit une adhérence légère, signe que la colle s'est ramollie. Laissez alors refroidir le fer ; au besoin, remplacez-le par une masse métallique lourde et évidemment plane. Quelques heures de séchage ne sont pas superflues. Un échec est toujours possible, surtout si, à l'origine, la cloche est provoquée par une insuffisance de colle. Dans ce cas précis, il faut inciser la cloche avec une lame de rasoir ou un ciseau parfaitement affûté. Prenez soin de pratiquer cette opération *dans le sens du bois* et non en travers. C'est la seule façon de procéder pour que votre intervention soit invisible par la suite. Par cette fente, vous allez introduire de la colle. Il est préférable d'employer la colle dont usaient les ébénistes de jadis, la colle d'os, qui fond normalement au bain-marie. La bonne façon pour obtenir un travail efficace consiste à appuyer sur un côté de la cloche ce qui rendra béant le côté libre et à y verser la colle. Vous répétez l'opération en sens inverse. Cela terminé, vous lissez avec le doigt de manière à provoquer l'évacuation du trop-plein de colle que vous essuyez soigneusement. Il ne vous reste qu'à mettre la cloche sous presse.

Attention ! La cale que vous allez employer risque d'adhérer au placage, si un reste de colle ressort par la fente, lors de la mise sous presse. Intercalez un papier de soie. Il sera facile ensuite de l'enlever avec un racloir fin ou une lame de rasoir.

La colle vinylique, pourquoi pas ?

On ne trouve plus couramment de colle d'os et les ébénistes modernes utilisent les colles vinyliques dont les qualités sont en tout point supérieures. Deux méthodes vous sont offertes. La première, nous venons de l'étudier ; vous remplacez tout simplement la colle d'os par de la colle vinylique et vous mettez sous presse.

La seconde est très astucieuse et permet d'obtenir un résultat sans outillage particulier et surtout immédiatement contrôlable.

Vous faites pénétrer la colle comme nous l'avons dit précédemment et vous évacuez l'excès, vous laissez sécher ainsi une vingtaine de minutes. Passé ce stade, vous posez sur la cloque un papier de soie et vous repassez avec un fer également réglé sur la position « soie ». Appuyez fortement, le temps nécessaire à ce que se manifeste une adhérence. A ce moment, vous pouvez couper l'alimentation de votre fer, il refroidira en même temps que la colle qui aura, alors, parfaitement adhéré, sans qu'une mise sous presse soit nécessaire.

Et la colle au néoprène ?...

L'industrie moderne propose une colle spécifique pour le traitement des placages. Il s'agit de la colle au néoprène (voir le chapitre des « Colles ») ou « colle contact ». Comme son nom le laisse supposer, il suffit d'un simple contact entre deux parties enduites de cette colle pour que l'adhérence soit parfaite et toutes opérations de serrage inutiles. Pourtant, les ébénistes semblent réticents à son égard. Est-ce par esprit traditionaliste ? Quoi qu'il en soit, la « colle contact » peut rendre d'inestimables services aux professionnels comme à l'amateur, à la condition expresse que soit respecté son principe d'utilisation du *double encollage.* Les deux parties à coller – placage et support – sont recouvertes séparément d'une couche mince et régulière (usez d'une raclette). Vous laissez sécher suffisamment pour qu'à la pression du doigt la colle ne « poisse plus ». A ce stade, vous appliquez les deux parties l'une contre l'autre et vous lissez avec une cale à bois, la panne du marteau ou tout instrument lisse et plat. Vous devez ainsi réaliser un placage impeccable.

Une mise en garde s'impose : il ne faut pas essayer de déplacer un placage ainsi collé. C'est pratiquement impossible. Dans l'hypothèse où vous y parviendriez, cela compromettrait un collage ultérieur.

Une méthode à tenter... mais qui présente des garanties bien aléatoires, c'est le procédé dit « à la cale de liège ». Il s'agit de frotter avec vigueur et régularité l'emplacement d'une cloche, à l'aide d'une cale à poncer en liège. L'échauffement qui se produit peut aboutir à un résultat positif. Avantage principal : le vernis du meuble n'a rien à craindre de la cale en liège.

Les craquelures

Un placage qui présente des craquelures fines n'est pas justiciable de réparations. C'est l'indice d'un grand âge. Dans l'hypothèse où vous auriez à remplacer un morceau de placage détérioré, vous pouvez être amené à le vieillir pour que son aspect ne tranche pas avec le reste du meuble. Nous pouvons vous donner quelques conseils pour y parvenir, mais ce sera à vous de déterminer celui dont les effets seront les plus proches du résultat à atteindre.

Avant collage, mouillez abondamment le morceau de placage de remplacement. Puis séchez-le au fer à repasser très chaud. Il peut se produire alors de légères craquelures et un brunissement.

Le sable très chaud a toujours été utilisé en ébénisterie. Soit pour patiner des fonds de sculpture, soit pour ombrer la marqueterie. Vous pouvez plonger votre pièce (avec l'aide d'une pince à épiler, par exemple) dans du sable fortement chauffé, dans une casserole mise sur la flamme de gaz. Ne négligez jamais de mouiller votre placage, cela lui évitera de brûler. Laissez-le en contact avec le sable juste le temps nécessaire.

Enfin, le bouche-porage (voir vernis au tampon) du placage, opération — rappelons-le — qui consiste à boucher les pores du bois avant de le vernir, ne se fera pas entièrement à la ponce, matière neutre, mais fera intervenir la terre d'ombre, qui marquera le fin réseau des rayons médullaires du bois.

Remplacer un morceau manquant

Il n'y a que des cas d'espèces. Un morceau manquant, ce n'est pratiquement jamais une simple pièce de puzzle que l'on aurait perdue. C'est parfois un trou provoqué par l'usure plus ou moins régulière du placage, en quel cas cela devient la « perce », en terme de métier. C'est un décollage qui a mal tourné. Un jour, le chiffon à poussière a emporté l'éclat. On l'a conservé, puis perdu. C'est l'accident, un choc qui a enfoncé le bois, un véritable accroc. C'est une brûlure de cigarette ou d'un objet trop chaud, c'est... l'impondérable et souvent l'inattendu.

Nous allons essayer de remédier au plus grand nombre de ces cas particuliers.

Gravure populaire représentant des menuisiers au travail.

La « perce »

Sans doute commence-t-on par le plus délicat. Après plusieurs ponçages et revernissages, le placage s'est usé, très irrégulièrement d'ailleurs, et lorsqu'il se perce, c'est le plus souvent au niveau d'une irrégularité légère, d'une cloche que l'on a oublié de traiter.

Mettre une simple pièce est irréalisable, car un placage neuf au maximum de son épaisseur originelle constituerait ni plus ni moins une bosse, pratiquement impossible à ramener au niveau de l'ensemble du placage. Voici la solution «professionnelle».

Elle exige du soin, de l'habileté, mais, à notre connaissance, c'est la seule valable. Vous décollez le placage (voir décollage) sur un périmètre deux ou trois fois supérieur à celui de la perce. Vous égalisez un peu les bords de celle-ci, non pas pour donner une forme régulière, mais de façon à supprimer le bois trop fin. Vous fendez dans le sens du fil du bois l'emplacement ainsi décollé et préparé, comme pour réparer une cloche (voir le chapitre «cloche»). Vous glisserez dans la fente une pièce légèrement plus grande que la «perce», morceau que vous aurez choisi dans un placage dont le veinage et la qualité seront le plus approchants de ceux du meuble à réparer.

Centrez bien votre pièce au milieu du trou (avec l'aide d'une aiguille, par exemple) et tracez au crayon les contours approximatifs de la « perce ».

Retirez cette pièce ainsi tracée et amincissez-la en partant du contour de crayon vers le bord extérieur, cela avec un ciseau à bois bien affûté, du papier abrasif, une lime fine, etc.

Vous mettez la pièce en place avec de la colle dont vous chassez soigneusement l'excès et mettez sous presse. Un bon « truc » d'ébéniste qui permet de compenser les différences d'épaisseur : intercalez entre la pièce replaquée et une cale en bois bien plane deux ou trois épaisseurs de caoutchouc de chambre à air. La pression sera constante et répartie avec « doigté ».

Après séchage, poncez soigneusement pour rattraper ces épaisseurs différentes et redonner à l'emplacement de la réparation une planéité parfaite.

Attention ! Au moment de placer définitivement la pièce, contrôlez bien le sens du fil du bois. Une pièce « en travers » serait hideuse...

Les « perces » de la loupe

La loupe d'ormeau, de thuya ou d'autres essences peut offrir des effets de placage intéressants. Les meubles de la première Restauration (celle de Louis XVIII) en sont un exemple frappant. Vous savez ce qu'est une « loupe » ? Sans doute avez-vous remarqué sur des arbres des excroissances rondes et rugueuses : c'est cela. Au tranchage, ces excroissances présentent des fibres contrariées, frisées, moirées, dont le caractère décoratif peut se soutenir. Malheureusement, dans le placage de la loupe, on ne peut tabler sur un « fil » de bois. Outre que ce fil va dans n'importe quel sens, il se remarque fréquemment des trous dont l'origine peut résider dans la présence de nœuds minuscules, de départs de branches avortées, de cicatrices, etc.

La « perce » de la loupe est presque toujours un de ces petits trous dont nous venons d'évoquer l'origine. Même à la fabrication du meuble, l'ébéniste ou le vernisseur a presque à coup sûr déjà rebouché de ces « perces » un peu particulières. Faites comme lui. Il a sûrement usé de gomme laque. La *gomme laque* se trouve facilement dans les maisons spécialisées, en plaquettes comparables à des billes de chocolat. La gamme de teintes est assez vaste pour que vous puissiez choisir celle qui correspond au travail à accomplir. Son aspect, à l'achat, est celui qu'elle aura après vernissage ; donc, ne vous inquiétez pas de l'aspect qu'elle pourra prendre pendant sa mise en œuvre.

Relativement dure, la gomme laque fond à la chaleur. Le secret d'un bon rebouchage tient à quelques principes simples. Ne jamais fondre la gomme laque avec une flamme, mais à l'aide d'un fer chaud.

Eviter d'amener la gomme laque à ébullition avec un outil trop chaud, des bulles subsisteraient dans votre rebouchage, créant soit des points de faiblesse, soit révélant des trous en cours de ponçage.

Prévoir toujours un excès de gomme laque, car elle se rétracte légèrement en refroidissant. Cet excès sera enlevé – après durcissement – au ciseau à bois, puis affleuré impeccablement par ponçage.

Un morceau manquant

Dans ce cas, le parti à prendre est toujours le même – il relève de la marqueterie. Si le morceau est régulier, vous le reproduisez aussi exactement que possible. S'il est irrégulier, cherchez à lui donner une forme logique, mais si possible toujours en sifflet, s'il s'agit d'une réparation sur un panneau uni (dessus de commode, de table, devant de tiroir, etc.). Sinon, tentez d'utiliser les limites du motif, d'un veinage bien marqué. Votre goût guidera la forme à donner à votre réparation pour tenter de la rendre « invisible ».

Pour obtenir cette forme idéale, vous aurez nécessairement du vieux placage à enlever. Selon l'importance de la réparation, vous userez du ciseau à bois ou d'une scie à dents très fines (si vous possédez une scie à placage, tant mieux, sinon, la scie dite «dos droit» est parfaite). Pour guider la scie, vous pouvez placer une règle le long de la coupe à effectuer et la maintenir avec deux presses. Ne sciez pas au-delà du placage. Un trait de scie dans le support créerait une zone de faiblesse très exactement sur le joint, ce qui n'est pas souhaitable. Ce support sera bien nettoyé des traces de colle ancienne. Puis vous relèverez le «patron» de l'emplacement à replaquer. Un carton rigide et peu épais vous sera nécessaire, car il figurera très exactement le placage à remplacer (demandez de la *carte de Lyon* chez un relieur, c'est un carton très rigide de 7/10 de millimètre d'épaisseur, parfait pour ce travail). Votre carton impeccablement ajusté servira de modèle. Avant de scier le placage, essayez avec le «patron» de carton de trouver l'angle le plus favorable pour marier *les veines et le fil du bois* avec l'ensemble du meuble.

Le placage sera scié à plat et devra être maintenu bien plan, en le serrant, au besoin, entre deux épaisseurs de contre-plaqué.

Une méthode en tout point excellente consiste à appliquer le placage directement sur la réparation à envisager avant d'en avoir égalisé les contours. Et l'on scie les deux parties à la fois. On est ainsi assuré qu'après avoir nettoyé les bavures irrégulières du vieux placage — la pièce coïncidera à la perfection (toutefois, cela n'est possible que lorsqu'il n'y a pas d'angle à insérer dans le placage, en quel cas les traits de scie se chevaucheraient à leur intersection).

Le principe du «patron» de carton rendra les plus grands services pour relever le profil de pièces manquantes dans des motifs de marqueterie.

Le principe du collage est le même que dans les études précédentes. A noter cependant que, sous une pièce importante, l'excès de colle peut être catastrophique et déterminer des épaisseurs inacceptables. Aussi est-il recommandé de commencer à mettre un placage sous presse par son centre pour que la colle puisse glisser et s'évacuer par les bords.

Important : l'épaisseur du placage

Le placage brut que vous trouverez couramment dans le commerce a peu de chances de correspondre à l'épaisseur de celui que vous avez à remplacer. Nous l'avons vu au début de ce chapitre, les placages et marqueteries anciens étaient nettement plus épais que les placages actuels. Cet irritant problème ne doit pas vous décourager. Les ébénistes professionnels l'éprouvent et sont tout aussi désarmés. Dans certains ateliers, spécialisés dans la restauration de meubles de grande valeur, on garde la moindre chute de placage comme une matière précieuse pour s'apercevoir le plus souvent, au moment de s'en servir, qu'elle n'est jamais de la taille ou du veinage qui convient.

Voici deux expédients qui vous permettront de résoudre la difficulté :

1) *Si la différence est minime,* 1, 2 ou 3/10 de millimètre : avant de coller le placage, intercalez sur le support une feuille de papier très imbibée de colle. Laissez-la sécher avant d'appliquer votre placage selon les méthodes déjà décrites. L'épaisseur du papier choisi en conséquence rattrapera la différence. Cette réparation sera très solide malgré tout, si la colle a bien pénétré le papier, liant ainsi ses fibres entre elles.

2) *Si la différence est importante,* superposez deux épaisseurs de placage, tout simplement. Cette initiative fera peut-être hurler les puristes, mais vous n'avez pas d'autre possibilité. De surcroît, vous pouvez, par ce moyen, aboutir à une précision parfaite car, dans les placages modernes, on trouve plusieurs échantillonnages du 4/10 au 6/10 de millimètre. La combinaison de ces épaisseurs résoudra le problème.

Un placage enfoncé

Le grand responsable sera toujours un choc et, le plus souvent, la rencontre d'un objet pointu : le coin d'un autre meuble, d'une caisse manipulée étourdiment par des déménageurs, d'un marbre, d'un angle de mur, etc. C'est une réparation ennuyeuse ; il n'y a pas de remède universel. Observons les dégâts : le choc est minime, en apparence seul le placage a souffert. On dit qu'il est « mâché ». Vous pouvez « récupérer » sa planéité à la vapeur, qui regonflera les fibres du bois et leur fera reprendre leur place. Prenez une pattemouille pas trop grande, juste suffisante pour couvrir le dégât. Appliquez un fer à repasser très chaud, de façon qu'il y ait un grand dégagement de vapeur. Mais n'insistez pas trop longtemps. Le but de l'opération est de pénétrer *superficiellement* le bois, sans atteindre la colle qui est dessous ni fondre gravement le vernis. Recommencez l'opération « pattemouille » plusieurs fois consécutives. Vous verrez « revenir » le bois. Il séchera alors en reprenant sa forme antérieure.

Plus grave, l'effet d'un choc très violent qui a déterminé non seulement l'enfoncement du placage, mais celui du support. Vous constatez alors nettement que le placage est littéralement cassé là où il a dû plier. Avec un outil très fin, vous allez décoller ce placage, le ramener en arrière. Pour cela, vous serez sans doute obligé de le fendre. *Faites-le dans le sens du bois.* Vous récupérerez soigneusement les morceaux s'ils vous semblent utilisables. Le support porte une marque profonde, car il est en bois tendre, sapin, peuplier, etc., ce qui est fréquemment le cas dans les meubles plaqués.

La solution la plus simple consiste à boucher ce trou avec du bois synthétique que l'on trouve facilement en boîte de fer ou même, depuis peu, en tube. Ce bois synthétique, qui se présente en pâte très malléable, doit sécher parfaitement avant d'être recouvert avec l'ancien placage. En effet, les solvants de ces produits sont, selon les fabricants, l'alcool ou l'acétone. Une totale évaporation est nécessaire si l'on ne veut pas encourir de déboires avec les colles qui seront employées ultérieurement. Vous appliquez ces pâtes de bois avec une spatule, comme vous le feriez avec du mastic. Après séchage, si vous constatez des fentes ou des retraits, complétez avec un peu de pâte et attendez à nouveau le temps nécessaire au durcissement. Vous pourrez, par la suite, poncer, râper, travailler cette pâte comme du bois.

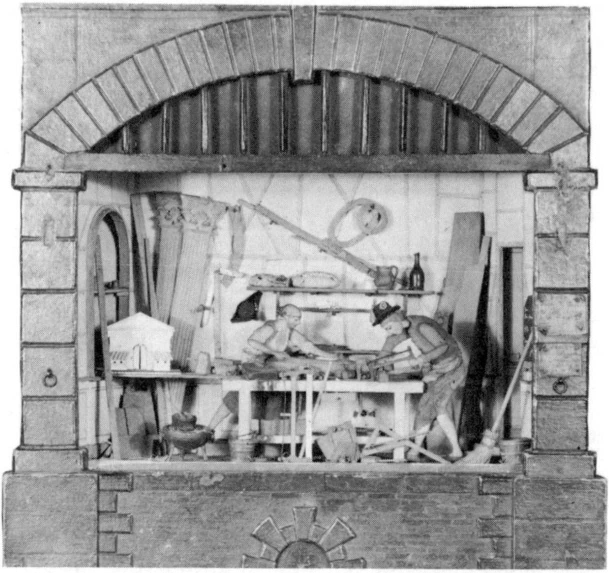

Automate de l'époque révolutionnaire : un atelier de menuiserie.

Méthode plus expéditive, l'emploi de gomme laque. Nous avons vu précédemment comment employer cette substance : avec un fer chaud et jamais au contact direct avec la flamme. Vous replacerez ensuite le placage sur ce nouveau support parfaitement «rattrapé», selon les méthodes que nous avons abondamment décrites. Il est probable qu'un ponçage et un revernissage s'imposeront alors.

Un support fendu

Il est bien possible que ce genre de dégât impose une réparation hors de la compétence et des moyens de l'amateur le plus doué. Pour ne pas limiter cette étude, expliquons brièvement qu'il est nécessaire de décoller l'ensemble du placage qui recouvre le panneau fendu. Un examen des causes qui ont déterminé cette fente est nécessaire et implique une connaissance approfondie du bois, d'autant que le placage qui a partiellement cédé a, malgré tout, limité le jeu du panneau fendu qui risque alors de continuer à « bouger ». Quel parti prendre alors ? Reboucher la fente avec des « flipots » (fines pièces de bois que l'on enfonce dans les fentes et que l'on colle). Reprendre le panneau par-derrière avec des traverses fines (c'est le procédé du parquetage, surtout employé pour maintenir ou restaurer les peintures sur panneaux de bois). Certains ébénistes n'hésitent pas à entoiler les panneaux fendus avec des sangles collées. Faut-il savoir également si cette fente ne provient pas d'une déformation générale du meuble qu'il serait alors nécessaire de reprendre en totalité.

Il est des cas où il est toujours préférable de faire appel à un spécialiste.

Pour plaquer une partie ronde ou galbée

Vous avez le plus grand intérêt à utiliser la colle « contact », qui vous dispense de serrage lorsque vous êtes confronté à une difficulté telle qu'en présentent les parties rondes ou galbées des meubles. Seul un matériel spécial (et la façon de s'en servir) peut dominer ce genre de problème. Toutefois, voici quelques astuces, d'ailleurs largement utilisées par les professionnels, qui peuvent vous aider.

Le placage « au plâtre »

Non, le plâtre ne vous servira pas d'adhésif, mais à mouler très exactement le profil de la pièce à coller. Vous aurez ainsi une cale en forme qui maintiendra le placage avec une rigoureuse précision. Gâchez votre plâtre normalement (attention, on ne met pas de l'eau sur du plâtre mais, au contraire, on met le plâtre dans l'eau). Lorsque vous sentez que commence la « prise », appliquez-le sur la pièce à reproduire (vous pouvez y mêler de la filasse de plombier pour l'armer et vous permettre de le saisir). Dès qu'il est dur, ce qui intervient en quelques minutes, retirez-le et mettez le moulage ainsi obtenu à sécher.

Le placage au sable.

C'est de loin le plus simple. Vous préparez un sac plat, pas beaucoup plus grand que la pièce à serrer. Vous le remplissez de sable (autrefois, on chauffait ce sable pour ramollir la colle d'os). Vous mettez une cale bien plane par-dessus et vous exercez une pression, soit à l'aide de presses, soit tout simplement avec des poids. Le sable se répand tout autour de la pièce galbée et répartit l'effet du serrage uniformément.

Le placage à la sangle.

C'est un vieux procédé que vous pouvez adopter, notamment pour les parties rondes (certains pieds de meubles, encore qu'ils soient rarement plaqués). Il s'agit très simplement d'un « maillotage » très serré à l'aide d'une sangle tissée. On la mouille un peu, de façon qu'elle s'allonge et devienne très souple. Au serrage, elle se tend et serre fortement. Signalons qu'il existe des sangles en textiles synthétiques munies de tendeurs très puissants.

Décoller un placage

Nous avons vu abondamment comment *coller un placage,* mais nous ne voulons pas éluder une opération qui peut être rendue nécessaire pour certaines réparations : *le décollage.*

Les colles anciennes ne présentent pas de difficulté majeure. Elles réagissent à la chaleur et à l'humidité. On emploiera alors une pattemouille et un fer chaud en prenant le soin de mouiller le linge aussi souvent que nécessaire. Chacun a son secret pour hâter le résultat. Une pincée de bicarbonate ou de lessive dans l'eau est préconisée par les uns. Mélange intime d'eau chaude et d'alcool par d'autres (le fer et la pattemouille sont alors inutiles). Dans tous les cas, le succès est au bout, quelle que soit la recette.

Les colles modernes compliquent les données du problème.

Les colles vinyliques seront ramollies à chaud, avec un fer électrique, sur la position « soie » ou « coton ». Cependant, une aide mécanique est nécessaire. Il faut s'arranger à introduire un outil plat sous ce placage pour le soulever dès que la colle s'altère à la chaleur. Les colles « contact » sont également sensibles à la chaleur, mais surtout aux solvants : acétone, benzine, essence minérale, trichlo, etc.

Le vieillissement « à la chaîne »

Parmi les altérations qu'a pu subir un meuble plaqué, il en est qui signent à coup sûr les contrefaçons, elles qui ne sont là que pour « faire vrai ». Il s'agit de légers coups dont la trace affecte la taille d'un grain de riz. Ils se reconnaissent facilement à leur régularité et à leur coloration plus brune que le reste du meuble. On dit, en jargon de métier, que le bois a été vieilli « à la chaîne ». Cela parce qu'on utilise, chez le faussaire, une chaîne ordinaire dont on fustige le meuble un peu au hasard, mais surtout sur les arêtes vives. On conçoit très bien d'ailleurs que ces traces ovales soient la marque d'un maillon de chaîne. Un peu de bon sens et d'observation éveilleront aisément vos doutes. On obtient un résultat analogue avec le bec plat d'un marteau.

Les filets de cuivre, les cannelures, etc.

Beaucoup de meubles présentent des ornements de cuivre qui soulignent les lignes générales de leur

Remarquez dans le bas de ce coffre les traces évidentes de vieillissement à la chaîne.

architecture. Ce sont les « filets », ou les « cannelures » s'ils épousent le creux en demi-rond d'un pied de table ou de fauteuil ou, parfois, les montants d'une vitrine.

Il est fort irritant de constater qu'avec le temps ces ornementations ont tendance à se décoller et qu'il n'est pas facile de les remettre en place. Encore que cette opération n'impose pas les « acrobaties » de leur remplacement pur et simple, lorsqu'elles ont disparu au hasard du temps ou d'un déménagement.

Plaçons-nous dans la meilleure hypothèse : les ornements sont simplement décollés, ils ne sont ni tordus, ni cassés.

Si vous possédez un fer à souder à tête fine du genre de ceux qu'emploient les électriciens, vous pouvez en user pour chauffer par contact le filet de cuivre, que vous appliquerez fortement dans sa rainure. La colle ainsi réchauffée s'amollira et fixera de nouveau l'ornement en place. Vous pouvez également tenter la même opération avec un marteau fortement chauffé (attention de ne pas brûler le manche).

Si vous ne réussissez pas par ces moyens, essayez de gratter la vieille colle sur le filet à l'aide d'une lime, le filet posé bien à plat sur une surface rectiligne. Le fond de la rainure sera atteint pour sa part avec un ciseau ou un bédane étroit (il en existe à partir de 2 millimètres) et enduisez le tout à la colle « contact ».

Des filets tordus, cassés, étirés devront être remplacés. Ces motifs se vendent au mètre dans les magasins spécialisés. Vous pouvez suivre les indications précédentes pour les fixer mais, dans la plupart des cas, vous devez faire appel à un professionnel compétent. En effet, la pose des filets, cannelures ou doucines de garnitures demande un tour de main que l'on ne peut songer à acquérir sans une longue pratique.

PATINER UN MEUBLE

La patine, comment l'aimez-vous ?

Il est des termes dont l'usage familier dénature le sens. On confond allègrement patine et crasse, c'est un travers dangereux. En effet, la pellicule luisante – pour ne pas dire la croûte – qui confère un charme rustique à un meuble « découvert » dans une bergerie risque d'être décevante dans un appartement urbain. Même un tantinet répugnante, sous une franche lumière. L'enduit opaque passé hâtivement par un brocanteur ignorant n'aura rien de commun avec la discrète et lente maturation du bois qui traverse le temps. D'ailleurs, savez-vous comment vieillissent les bois ? Le chêne ou le noyer peuvent littéralement se dépigmenter avec les siècles. La plupart des meubles gothiques *authentiques* sont d'une pâleur à peine dorée. Le hêtre ne change pratiquement pas de couleur, le cerisier le plus rouge blondira, l'orme ou le châtaignier fonceront légèrement, surtout sur les veines tendres, ainsi que le frêne qui, par ailleurs, sera réfractaire à toutes les modifications de sa couleur initiale. Les résineux, mélèzes, sapin, pin, etc., jauniront lentement, les bois « blancs » comme le peuplier deviendront grisâtres.

Nous sommes bien loin de la « patine » telle qu'on la... passe avec le pinceau !

La patine est une caresse. Ce n'est pas une image mais une réalité tangible et même technique. Caresse pour l'œil qui découvre la ligne réelle du meuble avec son relief renforcé par de subtiles différences, *non de teinte,* mais de lumière. Enfin, caresse au toucher. Aucune fraude, aucun ponçage, aucune usure provoquée ne remplacera le poli d'un long usage. Cela se vérifie si bien qu'un meuble authentique décapé avec des produits puissants, lavé, bien rincé et séché rebrillera instantanément sous votre chiffon sans qu'il soit besoin de le cirer.

C'est la restitution de longues années de soins, de l'entretien soigneux et patient de générations aux dignes vertus ménagères.

Si, dès l'origine, beaucoup de meubles ont subi une « mise en teinte » dans le but de renforcer le décor originel du matériau, ces teintures s'obtenaient par décoction de colorants végétaux et se préparaient donc à l'eau. Elles pénétraient le bois avec discrétion. Rien de comparable avec certaines « sauces » dont les « maquilleurs » professionnels usent avec frénésie. Ensuite, intervenait la cire. La cire d'abeille, naturelle, mordorée qui, à la longue, constituait ce glacis translucide, inimitable.

Pourtant, les circonstances peuvent nous imposer la reconstitution d'une patine disparue par le manque de soins, le séjour d'un meuble aux intempéries, ou pour harmoniser des restaurations avec le caractère général d'un meuble. De multiples produits vous seront proposés et il ne nous appartient pas d'en discuter les qualités. Parfois, ils teintent et cirent en même temps. Ce que nous conseillons ici, c'est de recourir à une méthode naturelle, nous proposant toutefois de remplacer l'effet du temps par une action accélérée.

Cirer à chaud

Votre meuble, mis à nu par un nettoyage ou un décapage total, recevra tout d'abord une couche de cire liquide. Vous pouvez diluer à l'essence de térébenthine une encaustique classique de bonne qualité, ou composer vous-même votre mélange en fondant au bain-marie un pain de cire d'abeille en y incorporant de l'essence de térébenthine en tournant continuellement. La bonne proportion est de 250 grammes de cire pour un litre de térébenthine (attention de ne pas enflammer ce mélange ; gardez à portée de main un couvercle qui étouffera instantanément les flammes).

Cette cire diluée sera passée à l'aide d'un pinceau ordinaire en prenant soin de couvrir tous les détails.

Caquetaire du XVIIIe siècle (Musée des arts décoratifs).

Le but de cette première opération est de nourrir les pores du bois creusés par le lessivage.

Vous laisserez sécher le temps nécessaire. L'absorption est totale. Votre meuble est préparé pour subir la très importante opération du cirage à chaud.

Avec un pain de cire dure, une lampe à souder munie d'un bec plat, d'une brosse de chiendent ou de plumes d'oie, vous êtes prêt à l'action. Vous allez très vite acquérir le tour de main requis.

Votre cire un peu ramollie sera frottée sur le bois, très vivement, mais en appuyant. Vous constaterez alors qu'un peu de matière reste sur le bois à chaque passage... Vous promenez alors la flamme de votre lampe sur ces traces. Le dépôt de cire fond, pénètre profondément le bois, bouche les pores et s'étend. Vous complétez là où la cire manque, toujours en promenant la flamme superficiellement. Bien entendu, on ne doit pas insister sur ce « brûlage », le bois noircirait ou la cire s'enflammerait. L'excès de cire à peine figée sera enlevé par un brossage énergique à la brosse dure. Le résultat est vite spectaculaire. Le séchage de la cire en pain est rapide et la brosse écrase toute irrégularité ; le brillant est instantané. Pour les sculptures ou les moulures, vous ferez appel à un « brunissoir ». N'ayez pas peur des termes techniques, vous improviserez cet outil avec un simple bout de bois dur, taillé en biseau. Vous pourrez ainsi gratter les motifs sans risquer de les abîmer, comme ne manquerait pas de le faire un outil métallique.

La cire a ainsi profondément pénétré et imprégné votre meuble de façon définitive. L'entretien ne vous demandera aucune peine, un essuyage occasionnel au chiffon de laine donnera au bois les reflets les plus vivants.

Certains ébénistes remplacent la lampe à souder par un « repassage » au fer. Cela évite aux imprudents de noircir le bois, mais nous avons constaté que la cire devient trop fluide sous le fer et pénètre totalement le bois, sans remplir correctement les pores en surface. Là encore, c'est une question de doigté.

Un autre procédé très intéressant donne un brillant assez exceptionnel mais, à notre avis, reste un peu artificiel. Il s'agit de passer une couche de vernis copal à l'alcool comme finition, après l'encaustique liquide. La manière de procéder est plus proche du vernissage au tampon que de la patine à l'encaustique.

Les formules d'encaustique «miracle» abondent. Une des plus courantes consiste à mélanger du blanc de baleine ou de la stéarine à de la cire d'abeille ; la parafine aussi est quelquefois usitée. Il ne s'agit là que d'expédients. On trouve aujourd'hui dans le commerce des encaustiques d'une qualité très satisfaisante dont la composition fait le succès de

Portes d'un buffet du XVe siècle.

marques connues. Les très bonnes formules contiennent des cires végétales très dures qui, au séchage, donnent un brillant très solide : c'est le cas de la cire de «carnauba» qui vient d'Amérique du Sud, ou de la cire de feuilles de palmier, etc.

Et le cirage ?

Le cirage employé pour les chaussures a toujours été un précieux auxiliaire de l'ébénisterie, bien que son prix de revient soit élevé. On l'utilise pour donner du relief aux sculptures. Il s'agit bien entendu de cirage teinté. On l'étend avec une brosse fine (les brosses à dents trouvent là une seconde carrière). Après séchage de quelques heures, on frotte superficiellement les motifs à la brosse dure ou au brunissoir, les reliefs s'éclaircissent et les creux restent foncés, car le cirage y reste hors d'atteinte.

D'ailleurs, une célèbre marque de cirage a compris l'intérêt de mettre à la portée des antiquaires et des ébénistes un produit de haute qualité, teinté selon les essences courantes des bois, selon une présentation moins réduite que le cirage à chaussures dont elle se faisait une spécialité. Elle commercialise désormais ses productions sous le nom d'encaustique, en boîtage classique de 500 grammes.

Les procédés mécaniques

Depuis quelques années, on propose avec le matériel électroportatif un accessoire « lustreur », en général en peau de mouton. A l'usage, les résultats sont plutôt décevants, alors que le principe semble excellent pour reproduire en quelques instants l'effet de décennies d'entretien manuel. La raison en est simple : les moteurs de ces engins tournent à 2 500 tours-minute au moins. Ils descendent parfois à 900 tours-minute s'ils sont munis d'un réducteur. A ces vitesses, les cires fondent et sont éliminées par la force centrifuge. Même les vernis classiques ne résistent pas à la chaleur dégagée par le frottement. Il est donc illusoire d'espérer lustrer un meuble par ce moyen. Pourtant, un matériel étudié en conséquence est commercialisé sous le nom de « lustreuse ». Il est basé sur le même principe. La vitesse de rotation est toutefois limitée à 400 ou 500 tours-minute, seuil où la cire s'altère. Les accessoires « lustreurs » sont des brosses plus ou moins dures ou des peaux de mouton. Assez peu connus, et surtout encore trop peu utilisés, existent des disques en une matière directement issue de chiffons à récurer, qui peuvent rendre d'inestimables services. Leur action est très douce mais aussi efficace sur le bois, qu'ils polissent à la perfection, que sur le bronze ou le fer.

Une restauration récente effectuée avec du bois neuf gagnera une patine exemplaire par un traitement à l'aide de ces disques dont le pouvoir abrasif est gradué selon l'effet qu'on en attend. On peut pratiquer un simple nettoyage avec ces disques, qui mettront le bois à nu sans aucune rayure circulaire s'ils sont judicieusement employés à une vitesse de 500 à 1 000 tours-minute.

Les cas particuliers

Tous les bois d'ébénisterie courante, comme le chêne, le noyer, le merisier, sont justifiables du traitement que nous avons décrit. L'acajou également, bien qu'il soit préféré verni.

L'acajou de Cuba, très dense, ne gagnera rien à être ciré à chaud, pas plus que le palissandre de Rio, l'ébène ou le gaïac, bois particulièrement durs, au grain serré, qui n'ont pratiquement pas de pores à boucher.

Le teck, consacré naguère à des meubles exotiques, s'est répandu dans le mobilier courant par le talent des stylistes scandinaves. Ce bois a des exsudations grasses qui le protègent sans qu'il soit nécessaire de l'entretenir avec vigilance. Pourtant, s'il est nécessaire de le nettoyer, usez de trichlo avec un chiffon propre, généreusement imbibé. Après séchage, vous emploierez de l'huile de teck ; c'est un liquide spécial bien préférable dans ce cas à la cire. Vous lustrerez ensuite normalement.

Les résineux

Ils acceptent très bien le cirage à chaud et la sous-couche à l'essence de térébenthine avec laquelle ils ont des affinités qu'il est inutile de préciser. Pourtant, un procédé très ancien, puisqu'il est employé dès le haut Moyen Age, donne des résultats spectaculaires et recommandables à plus d'un titre. La patine à l'*huile de lin*. On l'emploie aussi chaude que possible, et le meuble en est enduit jusqu'au «refus», c'est-à-dire jusqu'au moment où l'huile reste en surface et n'est plus absorbée. On observe un séchage partiel et l'on essuie l'excès. On laisse alors sécher le temps nécessaire. Plusieurs jours, même par temps chaud et sec. C'est le seul inconvénient de l'opération.

Ensuite, on frotte à la brosse ou au chiffon, le brillant est profond et définitif. Avantage considérable, le bois le plus tendre durcit nettement après imprégnation d'huile de lin. On l'utilisera donc avec profit, outre les résineux, sur le peuplier, le tilleul, bois un peu mornes qui y gagneront une ravissante teinte dorée.

LES USAGES LOCAUX

Pour être fondamentalement opposés aux « patines » qui dénaturent le caractère d'une essence — et pour un véritable amateur, il n'en est pas de nobles ou de grossières —, on doit admettre que certains usages locaux ou régionaux ont abouti à des modifications notoires de la nature du bois.

En *Bretagne*, notamment, il est fréquent de trouver des armoires, des lits clos, des coffres en chêne dont la teinte, sans être franchement noire, rappelle le marc de café. Toute tentative d'éclaircissage sera vaine. *A priori*, le chêne breton est très riche en tanin; on le désigne d'ailleurs sous le nom de « chêne noir » et les tonneliers le refusaient pour leur industrie, car il altérait la « robe » des eaux-de-vie. On lui préférait le chêne « blanc » de Dordogne ou du Limousin. Ce point précisé, on peut affirmer que pendant des siècles on a stabilisé les bois par flottage. De quoi s'agissait-il au juste ? Après abattage et écorçage, les troncs d'arbres étaient précipités dans des mares, des étangs et abandonnés pendant une période indéterminée mais fort longue. Il s'agissait vraisemblablement d'un usage venu de Flandre, car les ébénistes flamands ont souvent utilisé des bois ayant longuement séjourné dans l'eau. « Récupéraient-ils » des pièces de bois ayant servi à des ouvrages maritimes ?

Un document est révélateur à ce sujet. Il nous vient de Bourgogne (nous ne sommes loin de la Flandre qu'en apparence, car cette province appartenait à l'empire de Charles le Téméraire); ce sont les

Dessin d'atelier de menuisier. XIVe siècle.

comptes du Père abbé qui commanda la construction de l'hôtel-Dieu de Tonnerre (Yonne). Pour la charpente, le Père abbé justifie ainsi sa dépense. Il dit en substance : « J'ai longuement hésité entre deux lots de bois. Le premier *n'avait que* cinq cents ans de séchage, l'autre six cents ans ! Il était plus cher, mais préférable pour une construction sérieuse. »

On croit rêver ! On a donc utilisé au XVe siècle des bois contemporains de Charlemagne. Les documents d'époque précisent que ce « séchage » n'était en fait qu'une « immersion » si prolongée que le chêne en sortait comme « pétrifié ».

Pour en revenir à la Bretagne, on a largement pratiqué l'immersion des bois, mais avec une variante très importante. On les précipitait dans la mer et on a la certitude absolue qu'on les envasait profondément. Ce procédé a traversé le temps. On a toujours su que le bois ne pourrissait que lorsqu'il se trouvait à l'air. Sous l'eau ou dans la vase, il perd sa sève et se pénètre de sels minéraux, il connaît alors une transformation qui s'apparente à la pétrification. Beaucoup de meubles bretons sont taillés dans des bois ayant séjourné dans la mer. Nous avons pu voir récemment un vieil ébéniste enterrer dans le sable de la grève toutes les pièces d'un meuble qu'il venait de débiter, et il nous a confié que ce séjour durerait un an environ. Est-ce si surprenant ?

Un « secret » d'ébéniste révèle que lorsqu'on se trouve dans l'obligation d'utiliser un bois neuf dans la restauration d'un meuble ancien, on est absolument assuré qu'il ne « travaillera » pas si l'on prend la précaution de le tremper pendant huit jours dans de la saumure. Sans doute est-il nécessaire de le rincer abondamment ensuite pour ne pas voir remonter à sa surface des cristallisations intempestives.

On reconnaît facilement ces bois flottés à quelques particularités. La principale, nous l'avons vu, et c'est l'objet de ce chapitre, est leur couleur foncée. Les oxydes contenus dans l'eau, les exsudations de tanin concourent à teinter fortement le chêne, jusqu'au cœur. Ensuite, il est rare que ces bois soient attaqués par les vrillettes et autres prédateurs. Tout au plus, se seront-ils installés dans des veines tendres ou dans l'aubier, s'il en subsiste, ce qui est rare. Enfin, test absolu pour l'ébéniste, le rabot ne soulève pas de copeaux, le fer enlève une poussière de fibres courtes et brisées.

Au pays basque, il n'est pas rare de trouver des coffres extrêmement sombres. En les ouvrant, on constate que le bois — généralement de châtaignier — est resté naturel à l'intérieur. Un examen attentif révèle rapidement la présence d'un enduit épais, très résistant, sur les faces visibles du meuble. La tradition prétend qu'il s'agit d'un enduit de sang de bœuf. L'analyse a confirmé la légende. D'ailleurs, la peinture au sérum de sang de bœuf a été étudiée par un savant espagnol, le docteur Carbonell. Présentée comme une découverte sensationnelle pour l'époque (à la fin du XVIIIe siècle), on a badigeonné alors tous les édifices publics de Madrid, ainsi que l'extérieur du palais royal, avec une « peinture rappelant la pierre, obtenue, selon le procédé du docteur Carbonell, en mêlant de la chaux à peine éteinte à du sérum de sang de bœuf». Sans aucun doute, dans les campagnes, avait-on depuis longtemps utilisé le sang comme peinture, sans dissocier ses constituants. Nous connaissons des meubles très antérieurs aux communications du docteur Carbonell, revêtus de cet enduit qui a la particularité de noircir avec le temps, mais surtout de résister aux intempéries et de se polir comme un vernis.

Rappelons que le sang de bœuf mêlé à de la sciure de bois, puis pressé dans de petits moules, donnait des statuettes dont la matière rappelait l'ébène.

En *Vendée,* en *Loire-Atlantique* et tout spécialement dans la *Brière*, la tradition est la même. L'on peut voir au musée du château d'Anne de Bretagne, à Nantes, plusieurs reconstitutions d'intérieurs régionaux où figurent en bonne place des meubles peints au sang de bœuf.

PLUS DE BOIS TACHE

Le meuble le plus précieux peut être déshonoré par la plus banale des négligences : un verre humide, encrier renversé, parfum, corps gras, cigarette, etc. La tache reste comme un reproche, vous oubliez le meuble et ne voyez plus qu'elle. Rien n'est irrémédiable et vous pouvez venir à bout des traces les plus tenaces.

L'humidité

Rond de verre ou de bouteille, vase de fleurs mal essuyé laissent une trace blanche sur les meubles cirés. Ce n'est jamais très grave, du moins lorsque ce contact n'a pas été prolongé. Laissez bien sécher la tache, puis imbibez le meuble d'essence de térébenthine et cirez. En cas d'échec, sur les bois clairs notamment, frottez la trace avec une noisette de beurre, et cela jusqu'à pénétration complète.

Sur les meubles teintés, l'humidité a enlevé le pigment. Vous n'avez que la ressource de teinter à nouveau. Si cela vous effraie, essayez, avec une éponge bien humectée d'eau additionnée d'un peu de lessive Saint-Marc (une à deux cuillères à café par litre), d'humidifier toute la surface du meuble; une dilution légère de la teinture restante peut égaliser la tache.

L'alcool

Il provient de verres inconsidérément posés sur votre meuble, mais aussi d'une projection de parfum, d'une bouteille renversée, d'un médicament, etc. L'alcool laisse une trace sur les meubles cirés, comparable à celle de l'humidité, et sera justiciable du même traitement. Mais le dégât est nettement plus grave sur les meubles vernis, car l'alcool dissout la plupart des vernis courants. Un ponçage léger au papier abrasif « carrosserie » n° 400 égalisera l'emplacement de la tache et vous devez procéder à un revernissage (voir le chapitre « Vernis au tampon »).

La tache grasse

En marque superficielle ou imprégnation profonde, les corps gras végétaux, minéraux ou animaux posent parfois des problèmes irritants. En principe, l'essence minérale peut en avoir raison, la benzine, le trichlo également ; l'essence à briquet très raffinée réussit lorsque tout a échoué ; l'éther est très efficace mais pas pour une empreinte profonde, il est trop volatil.

Le défaut des solvants est d'altérer la colle et de décoller les placages mais, sur des bois massifs, ils font merveille.

Autre procédé très efficace qui a le mérite d'être sans danger pour la marqueterie et le placage, l'emploi du talc. En bonne épaisseur sur la tache, il sera chauffé très doucement avec un fer à repasser protégé par plusieurs épaisseurs de papier de soie. Le talc absorbera le gras, le papier également. On recommencera avec du talc et du papier propre jusqu'à disparition de la tache. On peut utiliser de la terre de Sommières au lieu de talc.

Il arrive parfois qu'un meuble « sauvé » d'un mauvais sort ait servi d'établi et que les taches grasses qu'il porte soient dues au cambouis. Les procédés que nous venons de décrire sont parfaitement efficaces, mais en deuxième temps seulement. En premier lieu, vous devez rendre la souillure moins adhérente en la ramollissant, précisément avec de l'huile ou un corps gras propre que vous ferez pénétrer en frottant. Il est possible, d'ailleurs, que le cambouis proprement dit cède à l'action de ces corps gras, que vous enlèverez ensuite comme nous l'avons expliqué.

L'encre

Les recettes abondent pour éliminer les taches d'encre sur les meubles, et cela démontre bien que le problème est mal résolu. Nous en sommes aujourd'hui au même point qu'il y a cent ans. A cette différence près que l'encre n'est plus d'un emploi courant, même pour nos écoliers.

Aussi sommes-nous plus souvent confrontés avec des taches d'encre très anciennes sur des meubles ayant servi d'écritoire, tables, secrétaires, etc., qu'avec des taches récentes.

Voici quelques méthodes parfaitement efficaces mais qui peuvent être mises en échec par des compositions particulières. Aussi pouvez-vous être amené à les appliquer successivement.

Une tache récente

Lavage à l'eau pure, puis application de jus de citron.

Une tache ancienne

Ponçage superficiel pour éliminer les corps étrangers et mettre véritablement le bois à nu. Versez de l'acide sulfurique sur un coton posé sur la tache (pour éviter les coulures) et contrôlez l'effet obtenu au bout de deux ou trois minutes. Si un résultat tangible se manifeste, c'est la bonne méthode. Recommencez avec un coton propre. Il est peu de taches rebelles à l'acide sulfurique qui a l'avantage de ne pas abîmer le bois.

Les acides oxaliques (sels d'oseille) étendus d'eau chaude sont également très efficaces, ainsi que l'acide muriatique des ménagères.

La composition des encres anciennes faisait appel à la noix de galle, au sulfate de fer, au sulfate de cuivre et à la décoction du bois de campêche. Lorsque la plume métallique a remplacé la plume d'oie, on a supprimé le sulfate de cuivre, qui attaque le fer, mais la recette est restée la même dans ses grandes lignes. On peut aisément atteindre ces divers composants avec des acides courants.

L'encre rouge est souvent plus rebelle. Son origine est essentiellement végétale : bois du Brésil infusé dans du vinaigre, garance, indigo... (du XVIIIe siècle au XIXe siècle), avec de l'alun et de la gomme arabique. L'acide oxalique semble tout indiqué, mais bien dilué dans de l'eau chaude. L'acide muriatique peut y suppléer, toujours très étendu d'eau, en y ajoutant quelques gouttes d'eau oxygénée. Il est possible de voir virer au sombre, même au noir, une encre rouge ancienne, mais ne vous inquiétez pas et poursuivez le traitement, il agit.

Si un droguiste « à l'ancienne » ou un pharmacien complaisant peut vous délivrer de l'hypochlorate de potasse, vous en userez comme des différents produits que nous avons énumérés, très étendu d'eau chaude.

Rabot (Musée des Arts et Traditions populaires).

Le vin

Le vin, ainsi que les jus de fruits, peut imprégner le bois avec une ténacité particulière. Consolons-nous, il est rare que la souillure soit profonde. Raclez ou poncez superficiellement, puis usez d'acide muriatique étendu d'eau tiède. Versez sur la tache déjà humectée d'acide quelques gouttes d'eau oxygénée.

Les vapeurs de soufre décomposeront facilement les pigments du vin et ceux de n'importe quel jus ou suc végétal. Il est toutefois difficile d'exposer un meuble à ces vapeurs. Voici comment procéder. Dans une soucoupe, posée à côté de la tache et isolée du meuble par un carton épais pour prévenir les brûlures possibles, faites consumer des fragments de mèche soufrée, telle qu'en vendent les droguistes pour assainir les barriques. Les vapeurs s'élèveront très droit; coiffez alors votre soucoupe d'un cornet de papier ou, mieux encore, d'une cloche à fromage. La vapeur emplira complètement ce couvercle et baignera parfaitement la surface du meuble.

Le sang

Là encore, nous sommes en présence d'une cause de tache plus fréquente qu'on ne l'imagine. Certains stigmates inidentifiables, sur des meubles qui « ont souffert », n'ont pas d'autre origine. Principalement les meubles de campagne.

Le sang cède facilement à l'eau oxygénée ordinaire. Si la tache persiste, demandez à votre pharmacien du thiosulfate de soude en dilution à 5 %. Vous tamponnerez la tache, qui ne doit pas résister.

Les brûlures

Ce ne sont pas des taches, mais des agressions mécaniques. Aucun produit chimique ou naturel ne peut décolorer un bois bruni par l'oubli d'un fer à repasser ou d'un mégot. Seul un raclage ou un ponçage profond peuvent atténuer ou supprimer ces traces.

UNE TECHNIQUE DELICATE : LE VERNISSAGE AU TAMPON

Vernir un meuble de bois blanc pour lui conférer un éclat précieux et durable ou rénover les éraflures d'une véritable commode de style imposent des connaissances de base auxquelles s'ajoute l'indispensable tour de main des artisans de jadis.

Pourtant, les produits modernes tendent toujours à faciliter la tâche du professionnel comme de l'amateur. On peut affirmer que le vernissage au tampon est désormais à la portée de tous, avec toutefois une réserve : il n'y a pas de technique unique et polyvalente. Chaque cas doit être nettement différencié, étudié et abordé avec la solution correspondante. C'est ce que nous nous proposons de faire ici.

Petit panorama des vernis courants

Il faut connaître les différentes qualités de vernis traditionnels comme les plus modernes. Cela pour savoir exactement comment les appliquer et surtout dans quel cas. Une étude rapide des différents vernis vous permettra de guider votre choix.

Les vernis gras

Nous les signalons pour mémoire, car ils ne s'appliquent pas au tampon. Ils sont composés de gommes « copal » (sorte de gomme laque) cuites, mélangées à de l'huile de lin ou à des huiles exotiques. Leur composition les rend très longs à sécher, mais le résultat est généralement excellent si l'on prend la peine d'attendre entre les couches un séchage absolu. A noter qu'ils ne s'étendent pas à l'alcool, mais à l'essence de térébenthine (le white-spirit à la rigueur, mais ne jamais mélanger white-spirit et térébenthine).

Ces vernis « gras » peuvent offrir des sous-couches solides pour une « finition » au tampon, mais est-il souhaitable de mélanger les techniques ? Dans tous les cas, il est essentiel, pour la tenue des vernis « gras », que la surface à recouvrir soit parfaitement dégraissée ; un rinçage à l'essence ou au trichlo ne sera jamais inutile. Un ponçage soigneux à la poudre de ponce entre les couches – léger sur la première, plus vigoureux sur la seconde – pourra aboutir à une parfaite similitude d'aspect avec le vernis au tampon.

Les vernis cellulosiques

Sans doute les plus courants. Ils sont à base de gomme laque, de cellulose, le tout dissous dans l'alcool. Leur transparence est remarquable et leur facilité d'application les fait préférer à d'autres pour le vernissage au tampon proprement dit. Ils sont très durs. Une seule contre-indication : les bois dont vous n'êtes pas sûr de la parfaite siccité.

Ajoutons que le vernis cellulosique sèche extrêmement vite, ce qui peut presque permettre le vernissage complet d'un meuble sans longues interruptions entre les couches.

Les vernis glycérophtaliques

Très solides, ont l'inconvénient d'exiger un temps de séchage assez long qui les garantit mal des poussières. Pourtant, leurs qualités sont indiscutables. Ils n'entrent pas dans la catégorie des vernis au tampon, mais ils sont tellement répandus qu'il est impossible de les exclure de cette étude. On les passe à la brosse et, comme ils se présentent généralement sous un aspect assez épais, il est bon de « tirer » convenablement les couches et de « croiser » pour éviter les coulures ou l'épaisseur. Un bon ponçage au papier abrasif entre les couches est indispensable. A noter que l'on peut user de papier « carrosserie », qui s'utilise mouillé.

Les vernis « plastiques »

Ils sont appelés au plus grand avenir, qu'ils soient épikotes ou polyesters ou polyuréthanes, urée-formol, phénoliques, etc. Ils sont généralement à deux composants : un vernis plastique et un catalyseur désigné sous le nom de « durcisseur ».

Les seuls vernis « plastiques » qui puissent nous intéresser ici sont les vernis polyesters. En effet, ils bouleversent les techniques traditionnelles du vernissage des meubles. Leurs qualités, tant sur le plan esthétique que mécanique, dépassent tout ce que l'on connaît. Enfin, ils n'imposent pas les préparations classiques des fonds, ponçages, bouchage des pores, etc. Ils s'appliquent au pistolet et, sans doute, c'est en cela qu'ils échappent un peu au domaine de l'amateur pur. Pour réussir un travail parfait, faut-il disposer d'un matériel sérieux, être entraîné au « tour de main » très délicat qu'exige le pistolet et, enfin, pouvoir s'assurer d'un local exempt de poussière.

Et le vernis au tampon ?

Ce rapide exposé sur les vernis classiques nous a fait atteindre le principal intéressé : le vernis au tampon, pilier de l'ébénisterie traditionnelle.

La composition de base est des plus simples. Ce sont des gommes exotiques, gommes copal, gommes laques, etc., dissoutes dans l'alcool. Chaque fabricant, bien sûr, ajoute quelque substance qui « améliore » le mélange initial. Attention, procurez-vous de l'alcool dit « à vernir », que l'on trouve dans les commerces spécialisés. Il est préférable à l'alcool à brûler que l'on trouve chez tous les droguistes, bien qu'à défaut vous emploierez ce dernier sans inconvénient grave (on reproche à l'alcool à brûler les substances qui ont servi à le dénaturer, parfois nuisibles au vernis ; mais ne soyez pas inquiet, il est des coquetteries de professionnel qui sont sans objet et se rattachent davantage à une noble tradition qu'à des réalités modernes.)

Qu'est-ce que le vernissage « au tampon » ?

On peut dire schématiquement qu'il s'agit d'une technique de vernissage où un tampon de textile remplace le pinceau.

Mais cette explication, on va le voir, est très insuffisante.

En réalité, le tampon remplit divers offices qu'aucun pinceau ne pourrait assumer. Il sert, en quelque sorte, de « réservoir » à vernis permettant de traiter toute une surface sans recharge. Il régularise le débit du vernis pour supprimer cette hantise des vernisseurs, les épaisseurs et les coulures. Il est un prolongement très direct de la main et ne trahit aucune subtilité du geste. Il assure dans ses fibres un mélange permanent des composants du vernis. Enfin, il ne sert pas seulement à vernir, mais à polir les surfaces, à combler les pores du bois, à l'aide de poudre de ponce que ses fibres retiendront lorsqu'elle sera en excès, ou, au contraire, laissera sur place lorsque ce sera utile.

Apprenons à fabriquer un tampon

Dans tous les cas, il sera de la forme et de la taille d'un bel œuf. Tout au plus, ferez-vous légèrement varier son volume en proportion du format de votre main.

En réalité, deux tampons vous seront nécessaires.

Le premier, assez grossier, servira au bouche-porage. Une toile de jute emplie de charpie de tissus divers fera parfaitement l'affaire. L'important, dans tous les cas, c'est d'utiliser des tissus propres et qui ne déteignent pas. Attention ! et nous insistons sur ce point : *l'alcool qui imbibera votre tampon peut dissoudre des teintures et tacher gravement le bois.*

Le second devra être plus fin, très souple. Le jersey de coton est idéal, mais en aucun cas ne doit être neuf, car il « pelucherait ». Les lambeaux de tricot de corps, les sous-vêtements en jersey (non alvéolé) font prime. Nous nous excusons de ces détails, mais ils ont leur valeur.

Ces tampons seront emplis d'autres lambeaux de tissus très absorbants, mais restant élastiques, comme du tricot de laine, voire de la laine en vrac. Il existe dans le commerce de la « mèche de coton » propre à remplir les tampons. L'enveloppe extérieure d'un tampon de la taille d'un œuf ne nécessite pas plus de 12 à 15 centimètres de tissu au carré. Vous prévoirez le double de ces mesures pour superposer au moins deux épaisseurs car, pour travailler constamment avec un tampon propre, serez-vous appelé à retourner le tissu, à changer sa surface de frottement.

Il est donc utile qu'il soit assez grand.

Les opérations préliminaires

On ne doit jamais tenter de vernir un bois dont la surface n'est pas d'un poli parfait. Tout commencera par un ponçage très soigneux en usant successivement du papier abrasif de plus en plus fin, et cela dans le sens du fil du bois. Ce poli étant obtenu, dépoussiérez convenablement la pièce que vous venez de poncer et placez-la près d'une source de lumière naturelle, fenêtre ou porte vitrée, de façon à contrôler le travail que vous allez entreprendre en vision frisante. Autre point important : travaillez dans une pièce chauffée (15 à 16 degrés sont suffisants).

Au-delà (20 degrés), l'alcool s'évapore trop vite.

Le bouche-porage

La plupart des bois ont de très fines veines creuses que l'on dénomme très justement « pores ». Il s'agit d'ailleurs des canaux médullaires où circule la sève de l'arbre. Selon les essences, ces « pores » sont plus ou moins marqués. Il est essentiel de les boucher. En peinture, on enduit. Pour vernir, il est impossible de recourir au même procédé, puisque le but de l'opération est justement de faire ressortir la beauté décorative du bois. Aussi, on va employer de la poudre de pierre ponce. Dans les commerces spécialisés, on trouve cette poudre à des prix modiques mais, selon la finesse de votre travail, vous pouvez être appelé à la tamiser avec une étamine.

L'alcool va servir de véhicule à cette poudre. Vous en imbibez votre tampon sans excès. Trempez-le dans la poudre de ponce et enduisez avec ce mélange la surface de votre travail avec des mouvements circulaires courts pour commencer, puis d'une plus grande amplitude, pour couvrir le maximum de surface à chaque geste. Ainsi, vous effectuerez des passages *dans tous les sens du bois*. En conséquence, pour ne pas «lever le pore», n'appuyez pas sur votre tampon, le «remplissage» que vous effectuerez ne doit pas aboutir à une nouvelle abrasion. Secouez votre tampon lorsqu'il s'encrasse, évitez la formation d'une pâte.

Ne « forcez » pas sur l'alcool non plus ; en trop grande quantité, il imbiberait le bois, décollerait le placage (s'il y a lieu), provoquerait un gonflement puis un retrait au séchage, préjudiciable au parfait poli de votre ouvrage. Pour obtenir une bonne tenue de ce remplissage à la ponce, il est bon d'ajouter quelques gouttes de vernis sur votre tampon lorsque vous avez acquis la maîtrise de votre geste. Attention ! pas trop ! Le vernissage au tampon est un *art de mesure*.

En lumière frisante, vous contrôlerez le résultat de votre travail. Vous remarquerez à un moment que le « remplissage » est satisfaisant : vous avez devant vous une surface unie. Arrêtez-vous quelques minutes, laissez sécher. Après un temps plus ou moins long, vous verrez qu'il s'est produit un retrait ; les pores réapparaissent légèrement. Vous allez compléter le bouchage, mais vous pouvez déjà doser votre vernis plus généreusement.

Nous vous conseillons vivement de ne pas « vernir en continu », bien que l'évaporation de l'alcool donne l'impression d'un séchage immédiat. Avec un peu de patience, vous verrez que votre vernis travaille, il « tire », disent les spécialistes. La belle glace que vous croyez avoir obtenue n'est plus si parfaite, un temps de séchage de quelques heures est nécessaire.

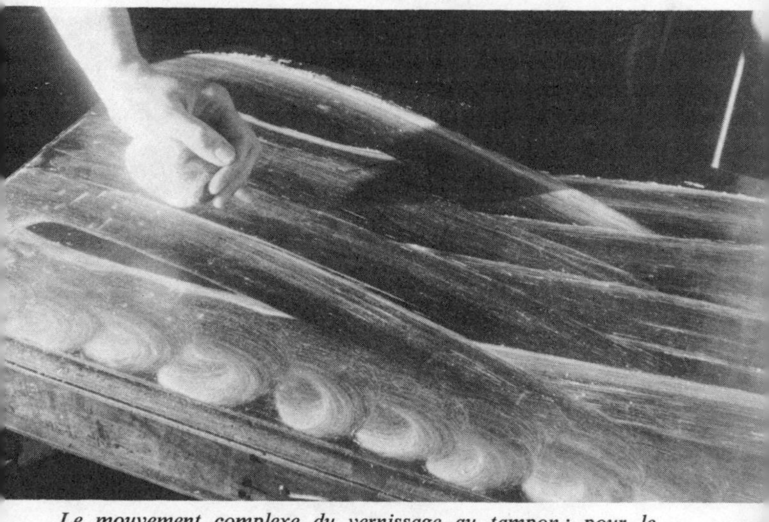

Le mouvement complexe du vernissage au tampon: pour le remplissage, des ronds plus ou moins serrés, pour le vernissage, des 8 allongés, sans appuyer.

Le vernissage s'effectue à l'aide d'un mélange constant de 50 % de vernis et 50 % d'alcool. Il est exclu que vous envisagiez de composer vous-même vos vernis, comme le font les ébénistes de tradition, mais, dans la diversité des marques qui vous sont proposées, il est essentiel d'être guidé par quelqu'un de compétent. Il suffit de préciser le genre de bois que l'on a à traiter, l'effet que l'on désire obtenir pour que l'on vous propose le produit spécifique.

Vous pouvez préparer votre mélange dans une bouteille que vous agiterez vigoureusement chaque fois que vous aurez à humecter votre tampon. Votre tampon ainsi imbibé – toujours sans excès – sera passé en faisant des huit plus ou moins allongés. Surveillez à la lumière qu'il passe bien partout, sans laisser d'épaisseurs ni de coulures. Ayez la main légère. Le tampon ne doit jamais être souillé par des corps étrangers, poussières, excès de ponce, etc. ; retournez la toile extérieure pour avoir un tampon propre.

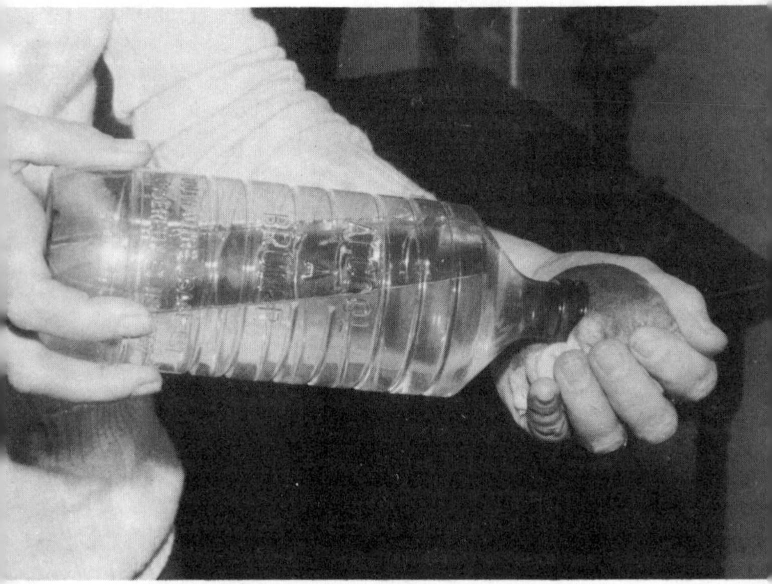

Le tampon peut être «rafraîchi» à l'alcool dès qu'il devient un peu collant.

Chaque passage du tampon laisse une fine pellicule de vernis dilué ; l'évaporation de l'alcool offre presque instantanément une surface sèche. Vous pouvez ainsi, en plusieurs passes, augmenter nettement cette première pellicule. Mais arrêtez-vous à temps pour laisser sécher véritablement votre vernis en profondeur.

Vous constaterez alors des défauts plus ou moins nets, embus, épaisseurs, légère rugosité, etc. Vous devez pratiquer alors un « bufflage », c'est-à-dire un ponçage-polissage. Les méthodes diffèrent, mais la plus simple consiste à utiliser du papier abrasif type carrosserie, à l'eau. Le plus fin que vous pourrez trouver (400), un peu d'huile de vaseline remplaçant l'eau. Vous pouvez user d'une cale à poncer, mais qu'elle ne soit pas trop souple, car vous pouvez être amené à rattraper des épaisseurs, donc à « dresser » la surface en cours de vernissage, ce que vous ne pouvez obtenir avec une cale de liège, par exemple. Préférez une cale en bois, aux angles rabattus.

Avant de reprendre les opérations de vernissage, nettoyez soigneusement votre pièce pour que ne subsiste pas de poussières et d'huile. Un essuyage rigoureux peut suffire, mais un lustrage avec une peau de chamois ou une éponge *naturelle* ne sera pas superflu.

Le vernissage reprendra comme précédemment. Vous pouvez repratiquer un « bufflage » après cette seconde couche, si nécessaire. Nous vous conseillons, pour obtenir un beau travail, de laisser bien sécher chaque fois votre travail.

Enfin, pour terminer, vous pourrez, si vous êtes assez sûr de vous, pratiquer l' « éclaircissage » après vingt-quatre heures de séchage.

Il s'agit d'une opération très simple mais qui exige un tour de main délicat. Avec un tampon rigoureusement propre, en toile très fine, seulement imbibé d'alcool (il existe des alcools dits « à éclaircir »), vous allez faire un ultime passage sur votre travail très rapidement, légèrement, en décrivant des huit, puis des passages en long pour finir. L'éclaircissage a pour but de donner un glacis final. En effet, l'alcool pur ne doit pas avoir le temps de dissoudre et de ramollir le vernis sec, mais de le « recouvrir » en surface pour qu'au séchage il se tende uniformément sans laisser subsister la moindre trace du passage du tampon. Après un bon séchage, vous pouvez pratiquer un lustrage à la peau de chamois, au besoin en l'humectant d'un peu de « popote » que vous aurez évité de remuer pour que le fond, composé d'abrasifs légers, ne soit pas mélangé au liquide rénovant.

Une méthode accélérée

Les produits modernes tendent toujours à supprimer des opérations fastidieuses ou exigeant une technique éprouvée. Le bouche-porage à la ponce, qui est la clé d'un vernissage parfait, peut être remplacé par l'application d'un « fond dur », ou même d'un « bouche-pores liquide », pour employer les termes usités dans le commerce. Ce premier travail sera suivi d'un ponçage soigneux et le résultat sera relativement sastisfaisant. Ajoutons que ces produits s'améliorent sans cesse et qu'ils remplaceront à court terme les procédés traditionnels. Sur un « fond dur », le vernissage peut s'effectuer avec succès, aussi bien au tampon qu'au pinceau, mais dans ce cas avec des vernis glycérophtaliques qui ont la propriété de « gonfler », c'est-à-dire que leur plasticité fluide les fait s'étaler d'eux-mêmes et qu'ils ne se rétractent presque pas au séchage.

Petits conseils et gros problèmes

Vernis teinté ou bois teinté ?

La principale qualité d'un vernis est d'être transparent, donc autant que possible incolore. Les vernis plus ou moins ambrés doivent être utilisés avec circonspection. Il est de très loin préférable de teinter le bois à la nuance souhaitée avant de vernir. Pour cela, vous disposez de *teintures à l'eau ou à l'alcool.*

Les *premières* font appel à des colorants végétaux ou minéraux naturels ou à l'aniline (produit chimique extrait du goudron), qui sont dissous dans l'eau. *Si la nuance choisie peut être obtenue avec un colorant naturel,* brou de noix, extrait de cassel, campêche, etc., vous êtes absolument sûr de l'inaltérabilité de vos teintures. Les couleurs à l'aniline sont dans certains cas sensibles aux ultraviolets.

Les *secondes* se préparent à l'alcool et elles sont généralement d'origine chimique (aniline).

La *teinture à l'eau* exige un temps de séchage relatif et a le défaut de « lever le pore ». Ainsi, vous devez poncer *après* la mise en teinte, au risque de modifier la couleur. Vous avez toutefois la ressource de recommencer la teinture. Le ponçage après teinture a l'avantage, en revanche, de faire ressortir le veinage du bois.

La *teinture à l'alcool* sèche presque instantanément ; ainsi, vous n'êtes pas tenu d'attendre très longtemps avant de vernir. Seul subsiste le risque de voir se modifier la teinte initiale si le meuble est exposé au soleil, par exemple.

Empressons-nous de dire que l'industrie des colorants s'améliore sans cesse et certains produits portent sur leur boîtage la mention « stable à la lumière ».

Un vernis rayé

Il convient de circonscrire la partie abîmée. Tout dépend de la gravité de l'atteinte. Pour une simple éraflure, poncer légèrement pour uniformiser et essayez de détremper l'ancien vernis avec de l'alcool pur. Si le vernis se dissout et devient collant, étendez-le avec le tampon, en ajoutant un peu de vernis. Procédez exactement comme pour un vernissage ordinaire, sans trop charger les limites de la partie poncée. Poncez légèrement entre les couches.

Nettoyer le vernis

Les produits abondent, mais peu sont efficaces et sans danger. La fameuse « popote » des antiquaires n'est pas détrônée. Il suffit d'en frotter le vernis avec un linge doux et de bien l'essuyer ensuite. Le résultat est généralement remarquable.

Sur un vernis ciré : il arrive que des meubles anciennement vernis aient reçu plusieurs couches d'encaustique au cours des temps. Un nettoyage à l'essence enlèvera ces épaisseurs inutiles.

Pour rénover un vernis fatigué : sans forcément être rayé ni écaillé, un vernis peut avoir perdu son brillant à la suite d'un long usage. Un tampon imbibé de vernis et d'alcool redonnera l'éclat perdu.

APPRENEZ A DEMONTER UNE ARMOIRE

Avez-vous déjà déménagé ? Parmi vos meubles de famille, il y a bien entendu l'imposante armoire de grand-maman. Vous savez bien qu'il est impossible de la déplacer : son volume et son poids la condamnent à l'immobilité. Pourtant, vous êtes bien décidé à lui conserver une place de choix dans votre nouvel appartement. Qu'à cela ne tienne ! Nous allons la démonter, ce n'est pas si difficile !

Faites-vous aider. Les pièces que vous allez démonter ne seront pas très lourdes, mais encombrantes. Il convient, pour commencer, d'enlever tout ce qui peut l'être sans difficulté ni intervention particulière.

Généralement, la corniche s'emboîte tout simplement, sans ajustage ni système de blocage. Dans la plupart des cas, le dessus de l'armoire y est fixé. Donc, en soulevant la corniche, c'est exactement comme si vous souleviez le couvercle d'une boîte. Dans certains cas, les portes sont montées sur des pivots invisibles que les ébénistes nomment des « briquets ». Ce sont de petites pièces métalliques fixées au moyen de vis sur le chant des portes et des traverses, haut et bas. Il suffit d'en *démonter un seul* pour enlever les portes, celui du haut.

Dévissez les deux ou trois vis qui le tiennent et basculez la porte de manière à faire glisser cette pièce métallique dans sa rainure. Au remontage, vous aurez à accomplir l'opération inverse en tenant compte que le « briquet » devra être présenté en premier et que le vissage n'interviendra qu'en dernier lieu, la porte en place. A noter que les trous existants seront pour vous les meilleurs guides.

Pour les charnières apparentes, pas de problème. Les portes bien ouvertes à angle droit seront soumises à une poussée de bas en haut qui les dégagera de leurs gonds.

Les portes enlevées, videz l'armoire de ses étagères. Si elles semblent coincées, un bon coup du plat de la main sur un côté les dégagera. Une étagère s'enlève toujours en levant un côté, juqu'à ce que l'autre côté se libère de son tasseau.

Nous voici arrivés aux opérations sérieuses et délicates : *le déchevillage.* Attention : pour poursuivre notre comparaison avec une boîte, disons que chaque élément d'une armoire forme un tout : 1) le dessus, 2) les portes (que nous avons déjà enlevées), 3) les côtés et 4) le fond. Ces éléments ne seront en aucun cas *déchevillés*, mais seulement ce qui les relie entre eux : *a*) les traverses « haut » et « bas » de la façade, et *b*) les traverses du fond, également « haut » et « bas », auxquelles s'ajoutent une à deux traverses de renfort au milieu. Généralement, à raison de deux chevilles par assemblage, ce sont huit chevilles en façade qui seront enlevées et huit à seize chevilles pour le fond.

Il est essentiel que vous disposiez d'un chasse-clou long de 10 à 15 centimètres minimum, d'un diamètre à peine inférieur à celui des chevilles, soit environ de 5 à 6 millimètres.

Les menuisiers et les ébénistes emploient couramment un simple clou à charpente aux dimensions indiquées ci-dessus, dont la pointe a été sciée.

Vous allez chasser les chevilles de *l'intérieur vers l'extérieur*. Parfois les chevilles dépassent à l'intérieur d'un meuble. Frappez à petits coups secs bien dans leur axe. Cela pour les débloquer. Ensuite, vous utiliserez le chasse-clou avec un marteau pour les dégager complètement.

En pratique, il est rare que *toutes* les chevilles obéissent aux sollicitations du chasse-clou. Certaines seront absolument réfractaires, d'autres casseront dans leur logement. En conséquence, il vous faudra changer de méthode : enlever la cheville par perçage. Le principe est simple. Vous percez un trou au centre de la cheville avec une mèche à son diamètre exact. Elle disparaît donc en sciure, laissant libre son logement.

Les mèches à bois classiques de 8 millimètres (diamètre courant des chevilles) ont une mauvaise pénétration dans le bois « de bout », c'est-à-dire dans le sens de la fibre (comme c'est le cas en perçant la tête d'une cheville). De plus, un centrage défectueux peut laisser en place un fragment de bois qu'il sera difficile d'extraire. Usez d'une mèche-gouge. C'est un outil simple qui travaille très différemment des autres mèches : le centrage est automatiquement réalisé par appui sur les parois du trou existant et le moindre morceau de cheville sera enlevé. Peu connues, ces mèches sont destinées spécialement à ce travail. On s'en procure facilement dans les quincailleries bien approvisionnées [1].

Les chevilles enlevées, vous démonterez tout d'abord un côté en commençant par le haut. Vous utiliserez un maillet de bois, à défaut un marteau, et une cale en bois pour éviter les mâchures sur l'armoire. Vous frapperez simultanément sur tous les points à démonter.

Les premiers éléments dégagés seront les traverses du haut. Il convient de les maintenir pour qu'elles ne tombent pas brutalement au démontage, au risque d'une cassure du tenon restant en place, par l'effet de levier qui ne manquerait pas de se produire. Ce conseil est surtout valable pour la traverse de devant, celle de derrière étant maintenue par les panneaux du fond. Continuez par les traverses du bas.

L'armoire va perdre un de ses côtés, ne la laissez pas basculer. Donc, avant d'enlever le côté, calez l'armoire par en dessous, soit avec des « Bottin », un petit tabouret, etc. Cette précaution est essentielle.

Le fond, en deux parties, cédera sans difficulté. Ce sera l'ultime étape de ce démontage. Un ciseau à froid assez long vous servira de levier pour dégager ses éléments. Bonne précaution : faites une marque à la craie ou au crayon pour repérer le sens du montage. Ce n'est jamais inutile. Rien n'est plus irritant que de s'apercevoir soudain au remontage que les trous de chevillage ne tombent pas en face, et cela, bien entendu, lorsque tout est fini !

1. Si vous préférez travailler avec une perceuse électrique, renoncez à la mèche-gouge. Utilisez tout d'abord un foret d'un diamètre *très inférieur* au travail à accomplir. Percez un avant-trou de 3 millimètres à 3,5 millimètres dans l'axe de la cheville, puis en deuxième temps seulement avec une mèche du diamètre exact (attention : les petites perceuses ont des mandrins pour ouverture maximale de 6 millimètres).

Le remontage suivra en sens inverse les étapes de ce démontage. Dans tous les cas, vous aurez à remplacer les chevilles. Dans le commerce, on trouve de bonnes chevilles en chêne vendues au poids. Leur défaut est d'être *à quatre pans*. Autrement dit, à section carrée, ce qui, pour un meuble soigné, est un peu élémentaire. Sans vous livrer à un travail trop important, contentez-vous d'abattre les angles de la cheville au ciseau à bois. Cette opération les amènera donc à ***huit pans***, ce qui est très suffisant. Affleurées à la scie égoïne, ou mieux à la scie Sterling, vos têtes de chevilles seront polies (sur la façade) au papier de verre fin, teintées à la couleur du bois, puis cirées à la cire dure, pour boucher les pores et leur conférer la même patine qu'à l'ensemble de l'armoire.

Petits conseils

Vous venez de remonter votre armoire et vous constatez que les portes ne ferment pas « comme avant ». Elles forcent en haut ou en bas, ou, au contraire, ont tendance à s'ouvrir d'elles-mêmes. Cela provient d'un défaut de calage. Essayez de placer sous les pieds de votre meuble de fines cales en bois pour établir le bon niveau.

Pendant le transport, ce sont les portes et la corniche qui risquent le plus d'être rayées ou mâchées par un choc. Placez les portes l'une contre l'autre, avec, entre elles, une couverture ou un carton ondulé, leur face interne tournée vers l'extérieur. Pensez à enlever la clé ou les ferrures saillantes. La corniche sera protégée également avec du carton ondulé et ses angles par du vrillon contenu par un ruban de papier gaufré.

Pour remonter une armoire dont les ajustages forcent et s'emboîtent difficilement, couchez-la sur un côté. Vous pourrez ainsi emmancher « en force » les tenons trop serrés. Pour vous faciliter le travail, frottez ces mêmes tenons avec un morceau de *cire dure* ou un bloc de paraffine.

LES ARTIFICES DU BOIS DORE

Cadres anciens, boiseries, consoles, fauteuils ou trumeaux, les bois dorés méritent notre intérêt par leur pouvoir décoratif et le caractère de raffinement qu'ils peuvent apporter à un ensemble. Pourtant rien n'atteint le summum de la vulgarité autant que l'excès de dorure. A tout les pas, l'amateur d'objets ou de meubles anciens s'aperçoit que le goût est fait de mesure.

Art tout de préciosité par le matériau, le geste, les préparations, la dorure à la feuille appelle une habileté manuelle difficilement concevable pour un amateur. Il ne servirait à rien de donner ici la recette ou de détailler la technique de quelques praticiens qui subsistent dans le faubourg Saint-Antoine, à Paris, ou dans les ateliers de haute tradition. D'ailleurs, ces techniques sont sans mystère, on les évoquera rapidement, mais un tour de main ne se décrit pas, il n'entre pas dans des formules de manuel, il s'acquiert avec le temps, l'observation, la pratique et, pour devenir véritablement un art, il suppose de surcroît un don du ciel.

Lorsque l'or brille... par son absence

Redorer meubles ou boiseries, objets et motifs n'est pas toujours, heureusement, l'apanage de professionnels d'exception. Vous pouvez envisager une réparation simple, un petit «sauvetage», éventuellement rehausser, ou donner du caractère à un objet sans grande valeur initiale. Nous allons vous y aider. Attention! réparer un objet ou un meuble doré ne doit jamais aboutir à un «maquillage» outrancier. Son ancienneté fait partie intégrante de lui-même, de son charme propre. Lorsque l'«assiette» rougeâtre de la dorure à la feuille transparaît dans un fondu mordoré, ne vous croyez pas obligé de recouvrir abusivement l'ensemble de l'objet et de lui redonner un éclat qui, loin d'être celui de sa jeunesse, ne sera

Doreurs sur bois. Gravure tirée de l'Encyclopédie.

qu'une parodie, clinquante et « nouveau riche ». Gardez-vous toujours de répandre l'or à profusion, ce n'est pas un conseil d'économie, mais de goût.

La dorure à la feuille

Nous l'avons dit, il ne faut pas tenter de dorer à la feuille d'or comme on le faisait il y a quelques siècles et tel que cela se pratique encore de nos jours chez quelques artisans ; seul, un spécialiste sait se tirer d'un travail long et minutieux, extrêmement complexe et délicat, qui, selon les enseignements définis en 1772 par M. Watin, dans un ouvrage qui fait loi dans le métier, ne demande pas moins de dix-sept opérations différentes. De quoi rebuter les meilleures volontés !

De tout temps, d'ailleurs, on a cherché quelques stratagèmes pour éviter une partie de ces opérations et surtout pour trouver des substituts à l'or. Nous les évoquerons au passage. D'ailleurs, la difficulté principale, à notre avis, réside dans la constitution patiente de l'enduit servant de support (d'assiette) à l'or. En effet, il s'agit – en gros – d'une préparation à base de colle de parchemin (ou de peaux) mêlée à du blanc de Meudon (sorte de plâtre extrêmement fin), puis de bol d'Arménie (sorte d'ocre ou de terre argileuse), étendue au pinceau sur les bois sculptés ou moulurés, en couches successives ; chaque fois, elle sera poncée, polie, les reliefs resculptés. On imagine aisément les épaisseurs inévitables qui se produisent, dans les creux par exemple, et que l'on ne doit pas laisser subsister. L'enduit passé, le doreur frappera au marteau l'envers de l'objet, de manière à provoquer une vibration qui répartira la matière. Après séchage – car, entre chaque couche, le séchage complet sera attendu des heures – on recommencera sculptures, ponçage et polissage. Finalement, la dorure proprement dite semblera une formalité. Et pourtant !

Vous ne pouvez vous attaquer à la redorure d'un cadre, par exemple, que si l'« assiette » est en bon état et son relief simple. Sans vous livrer à des préparations savantes, vous trouverez dans les commerces spécialisés des produits tout préparés et, en l'espèce, de la « mixtion à dorer ». Votre cadre, préalablement nettoyé, en sera enduit à l'aide d'un pinceau très fin. Il est *capital* que cette mixtion sèche suffisamment longtemps. Au moins quarante-huit heures.

Sur la surface parfaitement sèche, vous allez appliquer la dorure. Vous trouverez les feuilles d'or en carnet, chacune isolée de la précédente par du papier fin. Ces feuilles sont généralement carrées (84 × 84 millimètres) et leur épaisseur – si l'on peut dire – est de 1/100 de millimètre. Cette extrême finesse explique la facilité avec laquelle elles épousent les moindres reliefs et leur faculté d'adhérer presque naturellement à leur support. Prenez une précaution toute simple : évitez le moindre souffle d'air dans la pièce où vous travaillez, car vous verriez alors votre feuille d'or se recroqueviller en un petit tas informe et inutilisable. Les doreurs emploient des coussinets

Cadre en bois sculpté et doré.

en peau (côté « chair », le côté « fleur » étant celui que l'on emploie généralement, en reliure par exemple, vers l'extérieur) extrêmement fine (veau mort-né) et sans défaut, munis d'un léger rebord protecteur. Vous pouvez peut-être envisager de vous munir de ce matériel ou de l'improviser. L'emploi des carnets facilite les choses, car la feuille d'or, solidaire de son papier protecteur, aura une meilleure tenue. Vous appliquez donc, sans autre formalité, la feuille d'or sur la « mixtion » et vous tamponnez en douceur avec un tampon de coton tenu entre le pouce et l'index (on usait autrefois d'une patte de lièvre... peut-être pour porter bonheur !). Vous lissez sans appuyer ; vous pouvez tapoter avec la « pelote » du doigt, ou user d'un pinceau de martre pour les détails. Les feuilles d'or seront appliquées ainsi une à une, se chevauchant légèrement sur les bords. On doit toujours poser les parties unies des fonds avant les reliefs.

Attention ! Rien ne se « chiffonne » plus facilement qu'une feuille d'or. Il faut donc, pour les déplacer, glisser une carte par-dessous ou, mieux, la lame d'un couteau de doreur. Si vous avez une parcelle de feuille à utiliser, pour un détail ou une jonction par exemple, rien ne sera plus facile que de la découper au couteau et de la transporter collée au bout de votre doigt que vous aurez passé sur votre front pour le rendre humide et suffisamment gras (les professionnels n'agissent jamais autrement !).

Par la suite, il sera essentiel de « patiner » cet or trop neuf, sans nuance. On dit en terme de métier « brunir » l'or. Les spécialistes se servent pour cela d'une pierre fine d'agate. Ne vous risquez pas à les imiter. Contentez-vous de protéger votre or avec un peu de vernis. Choisissez-le dans une qualité ambrée et vous pourrez, sur une première couche sèche, en étendre une seconde, essentiellement sur les parties en creux, pour accentuer les reliefs.

Quelques variantes ou expédients bons à connaître.

✶ L'or pur est assez onéreux, on vous propose des alliages de cuivre très satisfaisants ; la majorité des moulures « dorées » vendues dans le commerce sont en réalité « cuivrées ».

✶ Si vous constatez que votre feuille d'or adhère mal au fond, vous pouvez essayer de mouiller très légèrement la surface de la mixtion, mais vraiment avec circonspection, et juste la surface d'une feuille à la fois. Servez-vous d'eau minérale très pure (Evian), fraîche.

✶ Pour des raisons de prix de revient, on a utilisé au XVIIIe siècle, et même plus tard, un stratagème intéressant à plusieurs titres. On substituait de la feuille d'argent à la feuille d'or. L'objet ainsi argenté recevait alors une couche de vernis ambré, ou d'une préparation à base de gomme laque, qui lui donnait l'aspect de l'or. Les « secrets » d'atelier abondaient. Le plus intéressant est sans doute une composition dénommée « vermeil ». La recette est difficile à traduire en langage d'aujourd'hui, encore que tous les produits énumérés se trouvent dans des commerces très spécialisés du faubourg Saint-Antoine à Paris : 2 onces de Rocou ; 2 onces de gomme gutta ; 1 once de vermillon ; 1/2 once de sang dragon ; 2 onces de cendres gravelées... le tout bouilli dans de l'eau jusqu'à consistance d'une liqueur. On y ajoute au moment de l'emploi de l'eau de gomme arabique (4 onces pour une pinte) : une once = 30 grammes environ ; une pinte = 0,93 litre.

Cette préparation, qui peut sembler archaïque, donne beaucoup de chaleur à la « dorure », fût-elle d'argent ! Si nous citons aussi longuement ce procédé, ce n'est pas pour inciter les amateurs à la contrefaçon, bien au contraire. Tout d'abord, il est bon, pour un collectionneur d'objets anciens, de progresser dans leur connaissance. Ensuite, chaque fois qu'il nous a été donné de voir des « dorures » à l'argent, nous avons été frappés par la beauté propre de ce procédé et nous pensons sincèrement que son plus grand défaut, celui qui a limité sa plus large diffusion, réside sans doute dans sa réputation de « substitut », alors qu'en soi il possédait les plus grandes vertus décoratives.

Pour finir ce chapitre un peu particulier, signalons que très souvent les doreurs ont usé d'un expédient très anodin dont on retrouve de nombreux exemples. Il consistait à dorer « à la feuille » la moitié seulement d'un objet, spécialement les chandeliers, ou les ornements d'église, le reste recevant une couche de peinture ocrée dans la tonalité générale. Bien entendu, ces objets étaient conçus pour être regardés d'un seul côté.

La dorure à la portée de tous

A vos pinceaux !

Nous voilà dans un domaine sans surprise et combien plus facile ! Il suffit d'acheter un pot de peinture or chez le droguiste et de la passer au pinceau sur votre objet à redorer. Cependant, si vous optez pour cette solution, soyez très circonspect dans le choix de votre dorure. Pour plus de précaution, avant l'emploi définitif, faites donc quelques essais pour connaître le produit qui convient le mieux à ce travail délicat. L'or existe en plusieurs nuances : vieil or, or brillant, mat, etc. Assortissez-le au fond dont vous disposez.

La peinture étant sèche, lustrez au chiffon doux ou au coton hydrophile avec un peu de cire.

N'oubliez pas que, pour peindre dans de bonnes conditions, vous devez vous munir de deux pinceaux au moins, le plus fin étant réservé aux parties sculptées.

Vous pouvez ensuite «travailler» cette peinture or. Après séchage, il est facile d'envisager des «patines» qui masqueront l'aspect artificiel de cette dorure. Le vernis ambré est tout indiqué. Il s'accumulera toujours davantage dans les creux que sur les bosses et ajoutera des nuances intéressantes. Vous pouvez aussi vous amuser avec des vernis à vieillir et à craqueler (voir chapitre «Tableaux»).

La dorure en vernis

Sur un objet à dorer bien nettoyé et bien sec, étendez un vernis spécial dit «vernis à colle d'or» ou, à défaut, du vernis ordinaire, incolore ou légèrement ambré.

Utilisez un petit pinceau plat et évitez les accumulations de vernis dans les creux. Entre le pouce et l'index, prenez alors une bonne pincée d'or en poudre et soufflez en direction de la partie enduite; ainsi propulsée, cette poudre va se fixer sur le vernis. Une expiration légère est suffisante, si vous ne voulez pas retrouver de la poussière d'or un peu partout. On peut user aussi d'une gouttière de papier ou d'un pulvérisateur à insecticide. Cette méthode est peu orthodoxe, mais tout à fait remarquable quant aux résultats. Lorsque l'or est bien réparti sur le vernis, laissez bien sécher; vous utiliserez alors de la paraffine fondue pour enduire la surface. Servez-vous d'une brosse souple. Il est nécessaire de terminer l'ouvrage en faisant briller avec un morceau de coton comprimé en tampon.

Dédorer un bois sculpté

Pour dédorer un ensemble sculpté, vous allez devoir faire disparaître l'«assiette» et les différentes couches d'enduit qui recouvrent entièrement le bois.

Dans une cuvette, mélangez à de l'eau bien chaude du bicarbonate et de la lessive Saint-Marc (10 à 20 grammes par litre d'eau). Cette lessive est indispensable, car elle a la propriété, entre autres, d'abaisser la tension superficielle des liquides, donc de favoriser leur pénétration.

Cette solution bien brassée servira à humecter une éponge et à frotter la vieille dorure. Il est nécessaire de recommencer cette opération plusieurs fois. L'idéal consiste à tremper totalement l'objet dans cette solution. Mais est-ce toujours possible ?

Vous terminerez ensuite en grattant le bois avec une brosse dure qui fera sauter les dernières parcelles d'enduit incrustées dans les sculptures.

Il est amusant de citer le dictionnaire de chimie de Cadet Gassencourt, présenté à la fin du XVIIIe siècle à l'Académie des sciences, qui analyse les meilleurs moyens de retirer la dorure sur le bois et conclut qu'il suffit de les plonger dans une chaudière emplie d'eau en ébullition. La chimie a commencé avec l'invention de l'eau chaude.

L'entretien des bois dorés

Nettoyer des bois dorés ne présente guère de difficulté, car l'or par définition est inaltérable, les souillures qui peuvent déparer sa surface sont donc superficielles.

Nous savons déjà que nous pouvons obtenir de bons résultats avec de l'eau et du savon passés à l'aide d'une brosse fine dans les moulures et les sculptures. L'alcool ordinaire est, lui aussi, un excellent produit d'entretien, sinon le meilleur, pour les bois dorés, en complétant son action toutefois par un lustrage à la peau de chamois.

On peut encore user d'une petite recette de doreur. Après avoir dépoussiéré convenablement les surfaces avec une brosse, mélangez un blanc d'œuf avec quelques gouttes d'eau de Javel ; battez le tout jusqu'à homogénéisation. La solution, passée à l'aide d'un pinceau plat, formera une pellicule qui, après séchage, enlèvera les impuretés ou salissures en se détachant par parcelles. Ce procédé est parfois modifié : une poignée de sel remplace alors l'eau de Javel.

Il faut, dans tous les cas, se garder de pratiquer un nettoyage incontrôlé lorsque l'« assiette » est à découvert. En effet, l'eau dissout assez facilement cet enduit à base de colle de peau et de blanc de Meudon...

Quelques recettes populaires sont amusantes à expérimenter et, nous pouvons l'attester, sans danger.

Le jus d'oignon, ou des râpures d'oignon, étendu au pinceau sur l'or l'avive sans l'attaquer. Un rinçage est nécessaire ainsi qu'un lustrage au chiffon doux ou à la peau de chamois. Du vinaigre pur sur une éponge que l'on frotte sur les bois dorés très salis permet d'obtenir, après rinçage, un nettoyage satisfaisant.

QUATRIEME PARTIE

LE BRONZE

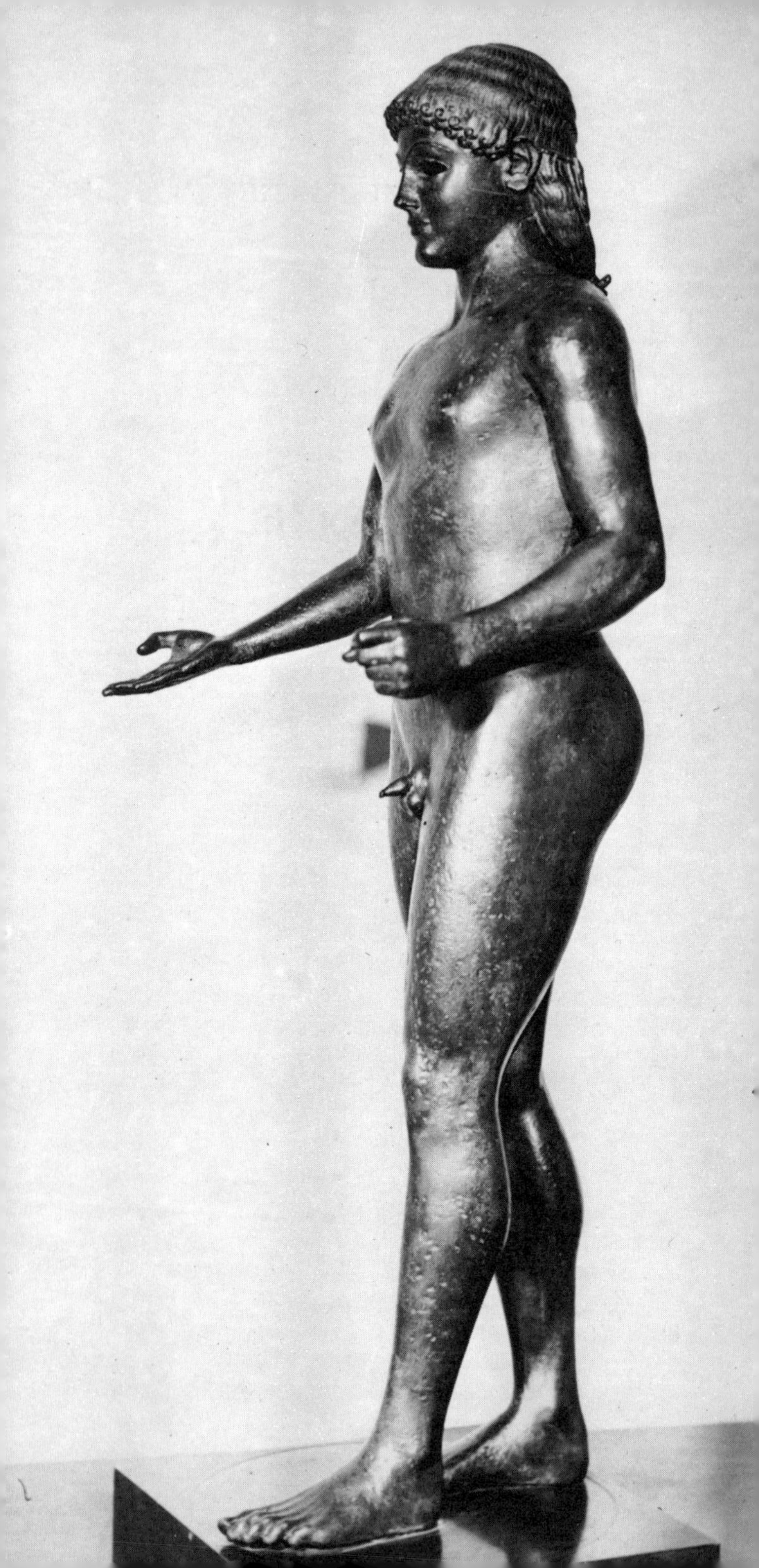

LE BRONZE, METAL UNIVERSEL

Le bronze est connu depuis les temps les plus reculés, puisqu'il donna son nom au second âge de la période chalcolithique. C'est vraisemblablement une découverte de hasard, car on procède alors par réduction directe des minerais d'étain et de cuivre. L'« airain » des anciens est issu de cette technique. Développé en Egypte et en Mésopotamie depuis trois mille ans avant Jésus-Christ, cet art florissait en Crète vers 2000 avant Jésus-Christ. On n'a retrouvé à ce jour que des statuettes crétoises, ce qui laisse penser que des œuvres de grandes dimensions devaient être exceptionnelles. Les grands bronzes classiques (Zeus de l'Artémision, Ephèbe d'Anticythère) sont peu nombreux, mais on connaît en revanche une foule de statuettes, de reliefs ou d'ustensiles domestiques dont la finition au ciseau est améliorée par l'apport d'or où d'argent.

La découverte qu'a fait l'Empire au XIXe siècle, des arts de l'Extrême-Orient, a révélé la qualité exceptionnelle des bronzes chinois, coréens et japonais, et leur antiquité : on a retrouvé des vases de bronze datant de la dynastie Chang (XVe siècle av. J.-C.). Ce n'est cependant que vers le IIIe siècle de notre ère qu'au Japon l'art du bronze produit une foison d'objets variés : vaisseaux, miroirs, tambours dont font partie les célèbres gongs du temple de Karagor. Les ciseleurs nippons viendront ensuite à une forme d'art infiniment raffiné en exécutant des statues colossales dont la plus célèbre est la *Trinité* de Kodo.

Les Romains, pour leur part, appelèrent les plus habiles artistes de l'Hellade ; ceux-ci notamment enrichirent le cirque de Rome de 3 000 statues. On peut voir encore de nos jours, au musée de Naples, 115 statues issues de l'exhumation de Pompéi, ainsi qu'une grande quantité d'objets d'ameublement.

On est mal renseigné sur les travaux des fondeurs du Moyen Age. C'est à peine si l'on peut citer, entre autres, Jean de Dinant, qui signa le pupitre de la cathédrale de Tongres (Belgique), ou Laurent Urim, qui fondit le mausolée de Louis XI.

On prétend un peu abusivement que le secret des maîtres fondeurs antiques était perdu au Moyen Age, que personne ne savait plus couler ces statues monumentales qui furent l'orgueil de Rome. La Renaissance, avec son goût de l'ornement architectural, va multiplier les tentatives pour redécouvrir cet art du métal. Pourtant, la France ne semble pas concernée par cette « Renaissance ». Sous François Ier, deux fonderies existent dans le royaume, mais leur destination est purement militaire. On y fond des canons. L'anecdote veut que ce soit Benvenuto Cellini qui redécouvrit magistralement les techniques perdues en donnant au monde la célèbre statue de Persée. On oublie un peu ses prédécesseurs les plus illustres comme Michel-Ange, son maître, ou Verrochio, et, plus avant dans le Moyen Age, les fondeurs mosans anonymes auxquels nous sommes redevables de la porte de Hildesheim ou de celle de la cathédrale de Gnesen, incomparables monuments de bronze fondu d'un seul jet, et cela au Xe et au XIe siècle.

Consolation pour notre orgueil national, la figure dominante de l'art du bronze renaissant est un Français, Jean de Bologne (en réalité Jean de Boulogne, originaire de Douai). C'est au XVIIe siècle seulement qu'apparaît le décor de bronze dans l'ameublement avec Charles-André Boulle. Le XVIIIe siècle est par excellence celui du bronze adapté à l'ameublement ; le bronze devient le complément nécessaire des bois exotiques (poignées, anneaux, serrures, moulures...). Il orne des pendules,

Cheminée aux carquois. Boudoir de Marie-Antoinette. Bronzes de Gouthière.

des candélabres. Les artistes abondent ; ils dominent leur époque et leur art. Caffieri, Auguste Galliène, Leblanc, Saint-Germain, Duplessis, Martincourt et, peut-être le plus illustre de tous, Gouthière.

Au siècle dernier, le bronze connut la décadence commune à tous les arts décoratifs.

Aujourd'hui, quelques artistes le redécouvrent, mais est-ce véritablement un matériau moderne ? N'est-il pas trop marqué par les œuvres admirables du passé ? Seuls de rares talents acceptent la filiation sans craindre la comparaison ! Néanmoins, notre confiance est nourrie par ces tentatives d'artistes contemporains qui renouvellent les formes. Pour eux, comme pour les anciens, le bronze reste le symbole de l'immortalité de l'art.

VRAI... OU FAUX ?

La perfection des techniques, l'expérience accumulée par la tradition professionnelle peuvent produire d'exceptionnelles imitations. Nous avons pu nous en rendre compte, avec admiration parfois. D'ailleurs, empressons-nous de dire que les bronziers d'art appliquent leur savoir non pour tromper – ce n'est pas eux qui s'en chargent, mais le plus souvent leurs clients –, mais par fidélité aux formes du passé. Car il faut, là encore, faire une constatation pénible : on vit sur les créations des siècles révolus et, hormis quelques adaptations, notre époque n'aura rien produit. Exceptons toutefois de ce jugement sommaire la statuaire et, pour mémoire, une tentative de Diego Giacometti pour renouveler certains aspects du bronze appliqué à l'ameublement.

Cependant, l'imitation la plus géniale a ses limites propres. Elles sont subtiles, nous en convenons. Les reconnaître suppose une habitude, une connaissance profonde, sans doute. Mais ce qui compte pour nous c'est cette certitude. Dans un tricot, un fil suffit pour défaire toutes les mailles ; un indice, même infime, donne la clé de toutes les expertises. Et puis faut-il minimiser l'instinct ? Celui qui nous pousse à aimer certains objets, certaines formes ne peut-il nous retenir devant l'artifice ? D'ailleurs, pour nous, l'instinct est le plus souvent bon sens. C'est notre conviction. N'est trompé que celui qui veut l'être. Il n'y a dans cette démarche aucun masochisme, mais une capacité de rêve cherchant son épanouissement. Au fond, l'amateur qui se trompe pourrait perdre plus mal son temps et son argent. Ce qu'il acquiert est malgré tout le fruit de l'industrie des hommes. L'important dans l'erreur, c'est qu'il n'y ait pas faute de goût.

Nous ne sommes pas complètement désarmés devant l'imitation. Tout d'abord, faisons appel à notre mémoire visuelle. Un objet vous tente. Il est bon d'analyser votre attirance, elle a sa racine quelque part : soit que, banalement, l'objet réponde à un besoin décoratif utilitaire – c'est le lustre que vous cherchez, les appliques de style qui donneront la touche finale à votre entrée, et là, tout commentaire s'efface ; soit que vous ressentiez ce petit choc typique devant l'œuvre d'art, et alors nous touchons au cœur du problème. Comment l'avez-vous « reconnu », cet objet, par quel mécanisme intime ? Par analogie avec d'autres, reproduits dans des revues spécialisées, des livres, admiré dans un musée ou chez un ami grand collectionneur ? Réfléchissez bien, des images surgiront dans votre esprit et, parfois, vous devrez bien admettre que l'objet n'a pas éveillé votre instinct, mais le sentiment du « déjà vu », exactement comme l'on remarque dans la foule un visage qui vous rappelle quelqu'un. On ne sait si l'on doit saluer ou poursuivre son chemin. Parfois, l'image se précisera et vous l'identifierez avec précision. C'est à ce moment que vous comparerez avec votre découverte. Ce qui trahit le faux c'est avant tout l'absence d'esprit créateur. Un faussaire *imite,* il n'innove jamais, sinon ce ne serait pas un faussaire. Le plus dangereux serait le « pasticheur », celui qui réaliserait avec talent un « à la manière de... », mais n'oublions pas qu'une œuvre de qualité est harmonieuse, proche de la perfection, et qu'un pastiche n'est que l'*accentuation des défauts.* La majorité des objets imités le sont à partir d'œuvres connues, sinon où serait l'intérêt pour l'imitateur ?

Jusqu'au XVIIIe siècle inclus, les ornements de bronze font partie intégrante de la masse, de l'objet lui-même. Dès le Directoire et l'Empire, les motifs décoratifs sont rapportés, l'exécution en reste impeccable, mais tout un système de vis, d'écrous,

Gravure tirée de l'Encyclopédie : doreurs au travail.

fixe les motifs. Chaque élément est travaillé séparément. Les moyens mécaniques apparaissent : le tour à guillocher, la molette. Ce que la symétrie gagne en perfection, le travail le perd en liberté, en vivacité. Pourtant, les ouvriers du bronze ont toujours représenté une élite professionnelle.

Est-il simple de reconnaître un *travail ancien* d'un *travail moderne ?* Nous le croyons fermement, et cela plus pour des considérations de prix de revient que par incapacité. Une pièce de bronze brut de fonderie est un objet qui se rapproche assez approximativement de sa forme finale. Il doit être repris au tour, ébarbé, ciselé, poli. Mais qu'en est-il réellement ?

Actuellement, un travail à l'« ancienne » est parfaitement possible ; pour des travaux de grande qualité, certains artisans se livrent aux mêmes opérations de ciselure et de dorure au mercure qu'au Grand Siècle, mais il s'agit là d'exceptions dont peu d'amateurs peuvent assumer les frais.

Il faudrait connaître dans les détails les outils du bronzier pour en retrouver la trace sur les motifs : le « mat » pour ciseler, le « traçoir », le « biais », le perloir d'« ornement » et de « figure », et l'irremplaçable « bouge » pour ciseler les délicates feuilles d'acanthe ou le « gaudron » pour creuser les baguettes.

Faute de connaissance technologique, contentez-vous de retrouver les interventions manuelles sur les bronzes, une légère asymétrie. Un bronze ciselé est déjà de bon aloi, même si l'artisan a abandonné les outils à main pour adopter des facilités mécaniques, la molette, les fraises ou le tour « à guillocher ». Défiez-vous en revanche des bronzes dont les fonds de motifs apparaissent rugueux, bruts de fonderie ; on s'est contenté de polir les reliefs, les surfaces unies accessibles, cela bien entendu à la machine ; là, vous êtes sans aucun doute confronté à un travail industriel... à la chaîne ou presque.

Essayez de gratter l'envers d'un de ces bronzes douteux. Considérez la couleur du métal ainsi mis à vif et, en vous référant au chapitre « La connaissance du métal », vous apprécierez la nature réelle de la matière première.

Contrôlez les patines. Voir le chapitre « Le bronze et ses patines », vous ne pourrez hésiter longtemps entre une patine naturelle et une patine artificielle.

Enfin, restent les bronzes dorés. Trois techniques sont appliquées.

La dorure au mercure : elle fut la seule connue du monde antique, et, jusqu'à la fin de notre XVIIIe siècle, on n'usa pas d'autre procédé.

Citons pour mémoire la *dorure au nitrate d'or* et, la plus courante actuellement, la *dorure électrolytique.* Il s'agit d'une méthode faisant appel au transfert moléculaire par électrolyse. C'est le procédé industriel par excellence. Ses résultats sont irréprochables mais, contrairement à la dorure au mercure, il offre la possibilité de déposer une infime couche d'or, d'où une usure plus rapide. Comment les distinguer ? Voilà un exercice délicat, pratiquement impossible sans évaluer l'épaisseur de la dorure. Une consolation pourtant : un bronze doré est à coup sûr d'une qualité satisfaisante. Nous voulons parler ici, est-il utile de le souligner ? des bronzes d'art, et non de toute une production industrielle moderne « anodisée », allant des garnitures de salles de bains aux tables roulantes à apéritif. Cette distinction, nous l'espérons, sera faite *a priori* par nos lecteurs.

LA CONNAISSANCE DU METAL

Pour aborder divers aspects de la conservation, dans la connaissance ou dans l'entretien du bronze, il est bon d'étudier diverses appellations et les nombreuses compositions qui les caractérisent.

On le sait, le bronze est un alliage de cuivre et d'étain.

Grâce à ses propriétés : point de fusion peu élevé (1 083°), facilité de moulage, dureté, résistance mécanique, sonorité, polissage et – surtout – couleur proche de l'or, le bronze a été couramment utilisé pour la confection d'objets d'art mais aussi d'objets courants. Les bronzes s'obtiennent en fondant le cuivre, auquel on ajoute ensuite l'étain, la surface du bain étant protégée de l'oxydation par du charbon de bois et un désoxydant, en général du cupro-phosphore.

La plus grande fantaisie a toujours régné dans le dosage de ces alliages et nous prétendons qu'en matière d'art elle règne toujours.

Pourtant, on a tenté de normaliser approximativement les taux d'alliage en fonction de ses utilisations. Passons-les rapidement en revue.

✶ Pour la production de médailles et de monnaies à partir de flancs laminés; 3 à 8 % d'étain. Possédant une bonne résistance à l'usure, ces bronzes malléables conservent une couleur et un poli convenables. On en fait aussi des barres, des tiges et des fils qui sont utilisés en bijouterie, notamment.

✶ 8 à 12 % d'étain pour la fabrication de pièces mécaniques, d'engrenages et de tout objet devant résister à l'action de l'eau de la mer ou de certains milieux chimiques (carters d'automobiles, robinetterie...). Cela ne nous intéresserait pas sans la constatation suivante ; c'est également le dosage des bronzes antiques, grecs ou romains.

✱ 13 à 20 % d'étain pour la constitution de pièces soumises à des frottements (coussinets, paliers, etc.). C'est actuellement la proportion de 83 % de cuivre pour 17 % d'étain qui prévaut pour la coulée des bronzes d'art.

✱ 20 à 30 % d'étain pour la coulée des cloches et des cymbales. Ces bronzes possèdent une faible capacité d'amortissement des vibrations, d'où une grande permanence de la sonorité.

✱ On trouve 30 à 40 % d'étain dans la composition des miroirs de bronze anciens. Ces bronzes sont durs, mais fragiles, de couleur blanche. Ils se polissaient particulièrement bien et étaient donc parfaitement adaptés à leur fonction.

✱ 67 % de cuivre pour 33 % d'étain, c'est la proportion actuelle des bronzes d'ameublement.

Le couleur des bronzes que nous venons de passer en revue est variable selon la teneur en étain et passe du rose au jaune verdâtre et au blanc-gris. C'est un bon critère d'appréciation que de se fier à la couleur d'une pièce de bronze.

Nous évoquerons plus loin les moyens de distinguer les époques à travers certaines qualités. En effet, les siècles ont marqué une évolution dans la composition du bronze. Comme nous venons de l'évoquer, les pourcentages d'étain n'étaient pas les mêmes selon les conditions d'utilisation ; ensuite, on commença à essayer d'introduire dans cet alliage certains autres minerais qui leur confèrent des propriétés particulières dont la plus intéressante est sans doute liée au prix de revient.

L'addition de zinc, d'un prix plus faible que le cuivre et l'étain, facilite la coulée. La présence de plomb dans le bronze permet également un meilleur usinage et augmente la plasticité, d'où l'utilisation de bronzes à 2-10 % d'étain et 5-30 % de plomb pour les pièces mécaniques en mouvement. Ce type de bronze est assez répandu dans les monnaies romaines.

Les bronzes dits « courants » au zinc et au plomb sont les plus utilisés, en raison de leur bas prix et de leur facilité d'usinage. Ils contiennent en principe : 5-8 % d'étain, 2-5 % de zinc, 1-5 % de plomb. Mais cette classification reste assez illusoire : s'ils sont parfois utilisés pour la confection d'objets d'art, leur composition est très variable, on recherche surtout une bonne coulabilité et une couleur de « peau » particulière, et cela très empiriquement.

Les fondeurs modernes emploient fréquemment comme matière première des bronzes de récupération et, au risque de démystifier certaines œuvres contemporaines, j'affirmerais qu'elles doivent beaucoup à la plomberie qui, en déclassant les vieux robinets et les becs Auer, reste un fournisseur privilégié de la bronzerie artistique. Comment préciser, dans ces conditions, la teneur exacte de l'alliage final ?

Pour continuer la revue des bronzes employés et se familiariser avec certaines dénominations, citons encore :

✦ *Le bronze parisien :* c'est un alliage à 88 % de cuivre, 10 % de zinc, 2 % de plomb. En fait, c'est une fausse appellation. Il s'agit, en réalité, d'un laiton au plomb. En raison de sa couleur rose or, de ses qualités d'usinage, il est couramment utilisé en bijouterie, ornementation, bimbeloterie, articles dits « de Paris », d'où son nom.

Toujours pour diminuer le prix de revient du bronze, on a réalisé au siècle dernier, et au début de ce siècle principalement, des alliages titrant jusqu'à 25 et 30 % de zinc. Combien de pendules, de lustres, de statuettes sont-ils issus de ce mélange et se portent bien, encore que le métal en soit cassant ?

Pour les sujets des pendules qui imposaient des coulées très fines ou des montages compliqués, les fondeurs préféraient au bronze orthodoxe un alliage précis de 80 % de cuivre, 4 % d'étain, 14 % de zinc et 2 % de plomb. Il s'agit là d'un compromis entre le laiton et le bronze.

✶ *Et le «régule»?* C'est très improprement que l'on appelle «régule[1]» un alliage qui a servi à imiter le bronze dans une multitude d'objets bon marché début de siècle. Faut-il évoquer ces garnitures de cheminées à sujet allégorique ou champêtre qui ont «paré» les intérieurs bourgeois et fait ensuite le désespoir des esthètes ?

Ce prétendu «régule» était le plus souvent du zinc légèrement bronzé en surface par galvanoplastie (un procédé physico-chimique) ou un mélange de zinc et de plomb. La cassure de cet alliage est caractéristique : on remarque des cristallisations métalliques très brillantes. Les objets en «régule» sont réputés sans valeur. Cependant, comme on tire parti de tout, certains antiquaires font polir des sujets en «régule» qui offrent ainsi un aspect renouvelé, assez proche de l'étain. On en adapte en lampes, parfois avec bonheur !

✶ *Enfin, le «zamac»:* pour sortir de cette jungle des alliages sincères ou artificieux, nous choisissons la petite porte. Celle de la contrefaçon. Bien que le zamac ne doive rien aux faussaires, il est employé couramment comme substitut du bronze, encore qu'il n'en possède ni les qualités ni l'aspect. Alors, quel intérêt ? direz-vous. Nous allons tenter d'y répondre. Le zamac est un alliage de zinc et de plomb. Il se coule aisément, possède un poids spécifique assez comparable au bronze, il est bon marché, il se met «en couleurs» avec facilité et se cisèle mieux que le véritable bronze. Quel intérêt pour l'amateur de connaître ces détails ?

Simplement pour prévenir la fraude, car certains marchands peu scrupuleux affirment, en mentant à demi, que les pièces qu'ils proposent sont «en bronze de Zamac», alors que l'appellation autorisée est «fonte zamac». La nuance est d'importance !

1. Le régule est employé en industrie, c'est un alliage antifriction à base principalement d'étain, avec un peu de cuivre, d'antimoine et de plomb.

LE BRONZE ET SES PATINES

La patine n'est pas une marque distinctive d'authenticité ni d'ancienneté d'un bronze ancien. Les bronziers d'art prétendent pouvoir reproduire chimiquement toutes les patines. Les collectionneurs affirment le contraire. Qui faut-il croire ?

Nous avons vu, dans le chapitre « Bronzes de fouilles », ce que nous pouvons considérer ou non comme « patine », lorsque nous touchons à un domaine où l'effet du temps et de l'atmosphère se sont révélés destructeurs. Ici, nous aimerions rester dans un domaine plus courant et survoler brièvement ce que peut être la maturité du bronze.

Le noir « de velours ».

Cette patine est surtout typique sur les bronzes extrême-orientaux. Comme son nom l'indique, elle est d'un noir assez profond avec, quelquefois, un reflet vert « bouteille ». On prétend que les plus belles patines « velours » s'obtenaient par la caresse des épidermes humains.

Les « verts ».

Une grande variété de nuances de vert se remarque sur les objets antiques (voir « Bronzes de fouilles ») notamment des verts « bleus ». Ils sont tous issus de l'oxyde de cuivre combiné avec des corps étrangers.

L'« embugadon ».

Il qualifie une couleur brun-roux assez répandue sur des pièces orientales et extrême-orientales (Indes), pouvant tourner parfois à la couleur lie-de-vin.

Commode du salon des jeux de la Reine au château de Fontainebleau.

Le noir « médaille ».

Il s'agit d'une teinte assez sombre à reflets bruns, presque mate et parfaitement unie (on la trouve sur des médailles et sur les statuettes égyptiennes).

Le rose « Renaissance ».

La patine des bronzes du XVIe siècle est très belle, généralement brune, mais sur les reliefs le métal lui procure un fond jaune rosé très caractéristique (typique des bronzes florentins).

On trouve parmi les objets usuels du XVIe au XVIIe siècle des patines diverses dont beaucoup rappellent le noir « de velours » de l'Extrême-Orient avec, pour fond, des reflets jaune clair assez froids.

Bien entendu, ces nuances, qu'elles possèdent une désignation ou non, restent soumises à des appréciations approximatives. Elles dépendent souvent, et directement, des compositions réelles des alliages, des manipulations, parfois de l'usage, et des substances en contact.

Les patines « artificielles »

Les secrets d'atelier abondent, si l'on en croit les bronziers de tradition. C'est possible, mais pas certain.

Depuis cent cinquante ans au moins, le travail du bronzier étant devenu industriel, il serait difficile de cacher jalousement les techniques courantes. Certes, chaque artisan peut posséder un tour de main bien à lui, une « sauce » plus ou moins comparable à celle du voisin, mais cela ne peut aller bien au-delà.

Le « bain de Barèges » ou « pierre de Barèges »

On ne sait au juste ce que cette substance doit à la station thermale pyrénéenne, si ce n'est un emprunt à la nature sulfureuse de ses eaux. Toutefois, ce colorant est à la base de plusieurs patines. Le bronze est tout d'abord parfaitement décapé, de préférence avec un acide léger (vinaigre), enduit d'un vernis spécial ou d'une huile dite « à vieillir » et frotté à la « pierre de Barèges » que l'on trouve en plusieurs coloris pouvant s'appliquer au bronze.

Le cirage.

La pièce à patiner sera chauffée fortement, puis enduite de cirage ordinaire. Les solvants s'évaporent et laissent sur le métal le principe colorant. Après séchage, on frotte, pour donner du brillant et aviver les reliefs.

Une patine « naturelle ».

Voici un procédé très courant qui donne une patine assez « naturelle ». On chauffe fortement l'objet et on le plonge dans de l'huile minérale propre. Le bronze perdra instantanément l'aspect neuf, qu'il a nécessairement après le travail du bronzier, pour acquérir une couleur chaude.

Le vert « antique ».

Il peut se reproduire à la pierre de Barèges, mais aussi avec une dilution plus ou moins forte d'acide sulfurique. L'oxydation qui en résulte pourra être fixée avec un vernis ou de la cire.

Le vert « antique » le plus convaincant que l'on puisse obtenir demande une préparation à la portée de tous (et d'un pharmacien assez complaisant). Pour 100 grammes d'acide acétique, 10 grammes de carbonate d'ammoniaque, 10 grammes de gros sel, 10 grammes de tartrate acide de potassium étendu d'un peu d'eau.

Le bronze enduit de ce mélange sera laissé à l'air pendant deux ou trois jours. Il sera alors d'un beau vert. Brossez les oxydations et cirez.

Le noir « noir ».

Voici un procédé courant qui s'applique à merveille aux « bronzes » d'ameublement trop neufs. Un rapide passage dans l'alcali leur donne un reflet noir bleuté. Le carbonate d'ammoniaque les noircit complètement. Il ne vous reste qu'à compléter cette « patine » par un léger enduit de cirage, ou de terre de Sienne mélangée à de l'essence de térébenthine. Vous donnerez la touche final en astiquant superficiellement vos bronzes, ce qui aura pour effet de faire luire les reliefs.

Entretenir un bronze ancien

Sans aucun doute, la patine d'un bronze doit être respectée et il faut se garder de leur donner le brillant d'un cuivre ou du laiton bien astiqué. Il est convenu de laisser à un bronze les marques du temps qui ajoutent à son caractère.

Un bronze en bon état sera nettoyé à l'eau savonneuse avec une brosse douce qui pénétrera dans les détails. Rincé puis séché à l'air sec (sur un radiateur de chauffage central, ou électrique) puis, à chaud, enduit de cire d'abeille en fusion. Après refroidissement complet, brossez pour enlever l'excès de cire et frottez avec un chiffon de laine.

L'ENTRETIEN DES BRONZES D'AMEUBLEMENT

Sur les meubles véritablement anciens, les bronzes ont généralement été dorés. Toutes les pâtes à polir n'aboutiront qu'à user cette dorure et à l'éliminer. Sur le moment, ce sera peu visible, le bronze brillant peut se confondre avec l'or, mais à la longue l'altération du métal soulignera la différence. Il est bon de préciser que l'usure de l'or sera surtout sensible sur les reliefs, alors que dans les fonds il subsistera. Toutefois, les restes de pâte à polir, les cires, la poussière accumulés dans ces mêmes fonds empêcheront absolument de s'en rendre compte.

D'abord, nettoyer

Une brosse douce (végétale), de l'eau savonneuse ou additionnée d'un peu de lessive Saint-Marc (15 grammes par litre d'eau environ) permettront de désincruster les dépôts accumulés dans les motifs en creux de vos bronzes. Persistez jusqu'à une mise au net complète. Vous constaterez instantanément la présence de dorure, si elle existe. L'or étant inaltérable, il doit briller en retrouvant sa propreté. Rincez et séchez.

Pour éviter les coulures d'eau sur les meubles, gardez une éponge à portée de main ou protégez le bois autour des bronzes par une feuille plastique maintenue par un ruban adhésif.

Il reste de l'or...

Redonnez à vos bronzes le poli d'origine en les frottant à la peau de chamois. N'employez pas de

Doreurs sur métaux dans leur atelier.

pâtes à polir, elles contiennent des abrasifs. Tout au plus pourrez-vous faire appel à des poudres genre « tripoli » employées avec légèreté, à sec. Un dépoussiérage des motifs — à la brosse — s'impose ensuite.

L'or est absent

Vous voilà les coudées franches. Vous n'avez plus à craindre l'irréparable.

Vos bronzes bien nettoyés seront astiqués avec les produits classiques utilisés pour le cuivre. Mais il faut à tout prix éviter les accumulations de ces substances dans les creux car, en séchant, elles blanchissent. Aussi un brossage, avant de faire briller, enlèvera ces dépôts.

Quelques procédés expéditifs.

Sur les bronzes propres, dorés ou non, vous appliquez au pinceau la solution suivante : acide nitrique étendu de la même quantité d'eau pure. Le métal brille instantanément. Rincez puis frottez au chiffon doux ou à la peau de chamois.

Une autre préparation un peu plus compliquée donne un excellent résultat : 80 grammes d'eau, 20 grammes d'acide nitrique additionné de quelques grammes de sulfate d'alumine.

Les ébénistes pressés utilisent l'acide nitrique pur dans lequel ils ajoutent un peu de sel de cuisine et de noir de fumée.

Chaque fois que cela sera possible, les bronzes seront démontés car, rappelons-le, la plupart des produits auxquels nous ferons appel pour les nettoyer ou les décaper seront nuisibles au bois ou au vernis.

Vous obtiendrez alors une efficacité maximum des préparations que nous venons d'évoquer en chauffant préalablement les bronzes (100 degrés environ).

Pour démonter les bronzes d'ameublement, vous pourrez arracher les clous d'origine avec des pinces d'électricien en prenant une cale de carton comme point d'appui pour ne pas mâcher le bois ou le motif lui-même. Dans certains cas, ces motifs se dévissent. Usez si possible d'un tournevis bien adapté.

Au remontage, vous devez tomber parfaitement dans les anciens trous préalablement rebouchés avec une fine cheville taillée dans une allumette.

Un vernis incolore peut conserver aux bronzes propres et brillants un éclat durable et les protéger des altérations atmosphériques.

LA STATUAIRE D'« EDITION »

La statuaire de bronze, lorsqu'elle n'est pas monumentale, a tout pour satisfaire le collectionneur, c'est la statuaire d'« édition », profusion de formes, de styles, signatures célèbres, etc. On recherche de plus en plus les tirages limités, fin ou début de siècle, notamment de Rodin, Pradier, Maillol, des animaliers comme Barye, Rosa et Isidore Bonheur, Pompon, P.-J. Mène, etc.

La demande accrue appelle évidemment la contrefaçon, d'autant que la plupart de ces œuvres sont tombées dans le domaine public. Au vrai, une particularité technique dénonce la fraude. Une œuvre authentique sert nécessairement de modèle au faussaire. On appelle cela un « surmoulage ». On devrait, selon toute logique, obtenir une réplique parfaite de l'objet. En réalité, il se produit un retrait très net, bien que variable. On peut l'estimer à environ 10 % du volume initial. A cela, plusieurs raisons simples ; la première tient à la dilatation du métal en fusion, peut-être aussi à une dilatation du moule. De plus, l'œuvre ayant servi de modèle était achevée, ciselée, polie. Sa réplique devra à son tour subir ces opérations, d'où une nouvelle perte sensible de matière.

Soyez circonspects lors de l'achat d'un tel bronze. Exigez un certificat d'authenticité ou adressez-vous à un spécialiste, à moins que vous n'ayez le « compas dans l'œil » et que vous ne connaissiez les mensurations de l'original.

Sur les tirages initiaux, on peut relever une seconde signature. C'est le cachet du fondeur : exemples, Hébrard pour les bronzes de Daumier, Barbedienne pour certains Barys, Mène, Fratin, etc.[1].

Cette seconde signature n'est pas une règle absolue, mais c'est une précieuse indication.

La Déesse Bastet (bronze). Egypte, époque Saïte.

1. Une particularité au sujet de cet artiste : sa signature porte sur les bronzes originaux le N de Fratin à l'envers (И). Les faussaires ont cru bon de corriger la prétendue faute, ce qui désigne indiscutablement la fraude.

LES BRONZES DE FOUILLES

Qu'ils soient orientaux, chinois, grecs, romains, étrusques ou gaulois, ils apportent avec eux le message des siècles. Ce sont des objets, des figurines, généralement de taille réduite, plus ou moins malmenés par le temps, le lieu ou le terrain dans lesquels ils ont séjourné. Empressons-nous de dire que le bronze a su résister à toutes sortes d'agressions. Il est avéré qu'après une période d'oxydation superficielle un objet enterré se stabilise, sa dégradation se ralentit et devient d'une lenteur rassurante. Les oxydes minéralisent l'entourage et le transforment. Le danger réel commence à l'exhumation : le processus reprend. Les chlorures qui ont pénétré dans la matière elle-même fixent l'humidité ambiante, et, sans précaution, sans traitement, sans une connaissance réelle du bronze, vous pouvez retrouver sur l'étagère d'une vitrine une poussière verte, preuve dérisoire qu'un objet s'y trouvait !

Attention au chêne

Les monnaies romaines connaissaient des dévaluations fréquentes ; on en a fabriqué en métaux peu nobles et toute une période numismatique qui se situe autour de 500 avant Jésus-Christ a vu la fabrication de monnaies en bronze au plomb. Les collectionneurs ne possèdent pas tous des médailliers capitonnés de peluche ou de velours pour conserver leur collection. Ils se contentent de meubles courants. Ils ignorent sans doute qu'un tiroir de chêne peut être fatal à leurs plus belles découvertes. En effet, le chêne dégage des émanations d'acide acétique qui transforment le plomb en carbonate. Le premier symptôme de cette attaque est la présence d'une poussière grisâtre à la surface de la pièce. N'attendez pas la suite, changez vos collections de place.

Les bronzes égyptiens

Il est difficile d'énoncer des règles générales pour ces objets ou statuettes, les alliages sont ordinairement assez fantaisistes, certains sont pauvres en étain, ce métal était rarissime dans l'Egypte ancienne. La plupart contiennent donc du plomb. Le climat sec et chaud des bords du Nil a eu un effet particulièrement conservateur sur la plupart des pièces qui nous sont parvenues. On cite d'ailleurs le musée du Caire comme le plus salubre du monde pour les pièces de fouilles. On remarque cependant que l'oxydation du bronze, notamment les sels de cuivre qui entourent les objets, a aggloméré de la silice en plus ou moins grande quantité. Il est admis de nettoyer les objets égyptiens, de les débarrasser de leurs concrétions pour retrouver la couleur du métal.

Là, nous touchons un point de doctrine important : doit-on supprimer les oxydations qui recouvrent la plupart des pièces de fouilles ? Pendant des années, on a considéré la couleur verte des sels de cuivre comme la signature authentifiant les bronzes antiques. Aujourd'hui, on préfère, chaque fois que cela est possible, rétablir l'objet dans sa physionomie initiale. Deux raisons permettent de soutenir ce choix et de démontrer qu'il n'est pas arbitraire. Un nettoyage un peu poussé a souvent fait apparaître des détails, des ciselures, des incrustations, des dorures, même des inscriptions, qui seraient restés invisibles sous la couche d'oxydes minéralisés.

Ensuite, demeurer dans l'ignorance des réactions profondes de l'objet présente un danger : s'il est propre, on s'aperçoit très vite qu'un objet « travaille ». Si des corps étrangers le recouvrent, cette constatation viendra souvent trop tard.

Les bronzes grecs, romains, gaulois et autres...

Ils sont fréquemment en bronze de bon aloi où l'étain entre pour 8 à 15 %, ce qui est tout à fait correct. Leur état dépend de leur ancienneté et des conditions dans lesquelles ils se trouvaient lors de leur découverte. N'hésitez pas à les nettoyer ; les véritables concrétions sont très dures et seuls les corps étrangers qui y adhèrent insuffisamment seront éliminés, ce qui est souhaitable à tous égards. La doctrine actuelle de conservation prévoit la suppression de tout ce qui est « extérieur » à une forme et à laisser ce qui est « intérieur ». Qu'est-ce que cela signifie exactement ?

Une pièce de fouilles a subi des modifications moléculaires ; l'oxydation n'est pas essentiellement un phénomène superficiel, elle suit des zones de faiblesse du métal, des microfissures. Elle est donc *intérieure* pour une grande part. Les sels de cuivre, nous l'avons déjà indiqué, colonisent l'environnement et survient, à la longue, une minéralisation qui, d'ailleurs, engendre des minéraux stables, des nitrates, des carbonates comme la malachite ou l'azurite. Cette minéralisation est nécessairement *extérieure,* dans sa partie visible au moins. Elle est la preuve de l'authenticité de l'objet et, comme telle, doit partiellement subsister dans la mesure où elle ne détruit pas l'harmonie d'une ligne ou d'un volume.

Ces dernières définitions peuvent aider à démasquer les fraudes. Aucune « patine » fabriquée, aucune altération provoquée par des acides et autres agents chimiques ne parviendra à marquer un objet faux dans sa matière même. Les experts le savent bien et, d'une simple caresse de. la main sur l'objet, déterminent sa sincérité.

Le nettoyage des bronzes de fouilles

On ne peut débuter ce chapitre que par des conseils de modération... Tout ce qui peut altérer un objet ou les marques de son authenticité est à bannir. Pourtant, la conservation d'un bronze antique impose un traitement. Pour assumer cette alternative, une seule voie nous est offerte, celle qui consiste à ne pas déroger des conseils et des règles que nous avons réunis pour vous.

Un objet encore dans sa gangue sera brossé sans brutalité. Lorsque vous reconnaissez la forme générale de cet objet, vous pouvez aider le brossage avec un scalpel qui détachera les corps étrangers identifiables.

Si vous ne remarquez rien d'anormal – notamment une tendance de l'objet à devenir pulvérulent (de l'objet et de ce qui l'entoure), vous allez laver votre bronze dans un bain dont vous devez respecter *rigoureusement* la composition :

Pour 1/2 litre d'eau : 90 grammes de sels de Seignette ; 30 grammes de soude caustique ; un peu d'eau oxygénée.

Votre pharmacien ou un droguiste « à l'ancienne » vous procureront sans difficulté les ingrédients principaux. Le sel de seignette est un tartrate de potassium ou de sodium, très couramment utilisé.

Vous trempez l'objet dans ce bain. Bien entendu, il est bon de pratiquer un essai sur une partie de l'objet avant de le traiter complètement. Au bout d'une dizaine de minutes, vous contrôlez l'action de la solution. En principe, les corps étrangers doivent se dissoudre, à l'exception toutefois des concrétions minéralisées. Aidez cette action par un brossage. Si aucune réaction ne se manifeste encore, prolongez ce trempage pendant trente minutes, une heure au maximum. Si vous constatez une modification dans la couleur de l'objet, s'il devient rougeâtre notamment, interrompez le trempage et rincez, puis plongez-le dans une eau additionnée de 5 % d'acide sulfurique. Le lavage est terminé. Vous pouvez le compléter par un rinçage complémentaire avec de l'eau minérale très pure (Evian) qui peut avoir une action bénéfique en dissolvant les chlorures que peuvent contenir les fissures de l'objet. Mais faut-il encore, à ce stade du nettoyage, envisager un contrôle essentiel : vérifier la présence de ces chlorures. En effet, le processus d'oxydation accélérée que l'on constate sur les objets de fouilles est lié à la présence de chlorures dans ses molécules. Comment s'assurer qu'ils en contiennent ou non ? Dans l'affirmative, comment les éliminer ?

Les chlorures sournois

Dans les musées spécialisés, on peut se livrer à des analyses savantes pour déterminer la présence et la nature exacte de ces chlorures. Vous ne pouvez y prétendre. Ce qui, d'ailleurs, n'a aucune importance.

Voici comment procéder, et ce n'est pas différemment qu'agissent les restaurateurs agréés par ces mêmes musées.

L'objet que vous avez lavé devra être rigoureusement séché.

Ne le chauffez *jamais* au-delà de 100-120 degrés. Au-dessus, les dilatations qui surviendraient provoqueraient de nouvelles fissures microscopiques, portes ouvertes à de nouvelles agressions. Usez d'une lampe à infrarouges, d'un radiateur électrique, d'un sèche-cheveux. Toujours d'un appareil générateur de *chaleur sèche* et sans déchet nocif (comme le gaz).

Improvisez une chambre « humide ». Il s'agit d'un récipient quelconque, bien clos, dans lequel vous mettez de l'eau et l'objet à tester, celui-ci hors du contact de l'eau, bien entendu. L'humidité ambiante ne tardera pas à révéler la présence de chlorures, ils se manifesteront au bout de quelques heures. Vous reconnaîtrez leur présence à des gouttelettes d'eau qui se forment à la surface de l'objet, gouttelettes caractéristiques, un peu troubles, parfois avec une « peau » superficielle, formant boursouflure sur la « patine ». Si vous les séchez avec un buvard, elles se reformeront en quelques heures.

Si le phénomène est peu marqué, tant mieux ; vous pouvez neutraliser facilement une faible chloruration. Nous verrons comment ensuite. Si, au contraire, les gouttelettes sont nettes, un traitement s'impose. Il existe des méthodes de déchloruration très compliquées, très onéreuses, à base d'ultra-sons notamment. *L'efficacité de celle que nous vous proposons n'a d'équivalent que sa simplicité.*

Préparez le mélange suivant : faites dissoudre de la gélatine dans 1 litre d'eau portée à 100 degrés. Ajoutez 2 à 3 grammes d'agar-agar et 6 à 10 grammes de glycérine.

Encore une fois, vous pouvez faire appel à votre pharmacien pour vous procurer ces ingrédients très courants.

Enduisez l'objet à traiter de ce mélange le plus grassement possible ; la couche doit avoir 2 à 3 millimètres d'épaisseur. Entourez le tout d'une feuille d'aluminium très mince (« papier » de chocolat ou feuille d'aluminium des ménagères). Disposez l'objet ainsi emballé dans la chambre humide et laissez-le séjourner le temps nécessaire. Au bout de quelques heures, vous verrez avec surprise l'aluminium se corroder ; il sera « piqué » en un ou plusieurs endroits. Lavez cette enveloppe – en y laissant l'objet – en insistant à l'emplacement des trous ; remettez un peu de mélange gélatineux et posez sur les trous des fragments de feuille d'aluminium. Le phénomène se poursuivra.

Continuez la même opération jusqu'à extinction. Vous pouvez aussi nettoyer l'objet à fond, l'enduire de nouveau et l'envelopper dans une feuille d'aluminium neuve.

Lorsque les chlorures auront quitté le bronze pour s'attaquer à l'aluminium, vous constaterez que les boursouflures qui dénaturaient l'objet auront disparu et que leur place est nette. Terminez par un bon rinçage, un brossage et un nouveau séchage.

La conservation des bronzes

Vous ne laisserez pas refroidir l'objet de bronze que vous avez séché. Il absorberait de l'humidité en refroidissant. Ce sera le moment, au contraire, de le plonger dans de la cire en fusion (60 degrés), cire naturelle d'abeille additionnée de 5 % de cire de carnauba (il s'agit d'une cire végétale très dure dont le point de fusion est assez élevé : 110 à 120 degrés. On peut s'en procurer dans les commerces spécialisés dans la fourniture aux ébénistes. A noter que des encaustiques ménagères de haute qualité contiennent de la cire de carnauba).

Après refroidissement et séchage, il ne vous restera qu'à frotter l'objet avec un chiffon doux. Ce procédé très simple sera appliqué également aux objets sains ou peu contaminés. Il a l'avantage d'isoler les chlorures de l'humidité ambiante et ainsi de les neutraliser. Il est bon, toutefois, d'ajouter à la cire un fongicide (quelques gouttes de formol, par exemple) qui préviendra toute attaque de micro-organismes pouvant atteindre la couche protectrice.

Autre traitement et cas d'espèce

Un objet pulvérulent ne sera pas soumis à un lavage qui probablement lui serait fatal. L'étain contenu dans l'alliage s'est dissocié sous l'effet de certains facteurs. Le seul parti pris possible est de consolider la surface de l'objet par une imprégnation de vernis cellulosique. La première couche très diluée (cinq à dix fois plus de solvant que de vernis), les autres moins. Procédez si possible par trempage.

Peut-on réparer un bronze ?

Nous ne pouvons nous étendre sur ce sujet trop spécialisé. Chaque cas devrait être étudié séparément. Toutefois, les résines plastiques offrent aujourd'hui d'immenses possibilités qui peuvent trouver leur meilleure expression dans la réparation des bronzes antiques, d'autant que certaines préparations se colorent avec beaucoup de vérité et peuvent se confondre totalement avec l'ensemble de l'objet réparé.

Bronzes de fouilles

La France est le pays le plus riche du monde en antiquités métalliques d'origine archéologique. Les collections représentent une masse de 150 à 200 tonnes au moins ! Elles sont dispersées dans quelque 900 musées.

Il faudrait trois mille ans pour restaurer tous les objets entreposés dans nos musées. Mais ce n'est pas le plus grave ! On pense qu'un objet qui a passé mille cinq cents ans dans la terre ou à l'abandon se détruira en cinquante ou cent ans, totalement, sur les tablettes d'une vitrine.

CINQUIEME PARTIE

LES COLLES

TABLEAU R

Matériaux	*Colles à employe*
Tous bois. Bois d'œuvre, ajustements contre-plaqués, panneaux à particules ou fibres, tous agglomérés.	Colles vinyliques. Colles de poisson. Caséine.
Tous les matériaux à grande surface de contact. Panneaux de fibres, placages. Stratifiés, lamifiés. Dalles plastiques, revêtements muraux ou de sol. Revêtements de protection contre l'humidité.	Colles de contact au néoprè Colles acryliques.
Collages résistant à l'eau et aux hydrocarbures.	Colles au résorcinol et ré tiques.

Matériaux	*Colles à employer*
Polyvinyle Polyéthylène. Carrelages plastiques.	Colles à solvants.
Polystyrène expansé.	Mastics spéciaux. Résines synthétiques. Certaines colles au vynile.
Le verre, l'émail, le métal, la faïence, le marbre.	Résines époxydes.
Les textiles.	Colles au latex.
Papier peint, carton.	Colles à l'amidon. Colles cellulosiques.

ITULATIF

	Conseils
	Serrez les pièces en contact. Attention à l'humidité. Pour les surfaces irrégulières, les bois «gras», les basses températures. Tachante.
	Pratiquer le double encollage. Les deux surfaces enduites doivent subir un préséchage de quelques minutes avant d'être mises en contact. Mêmes observations, mais permettent des réajustements avant le séchage définitif.
plas-	+ 15 degrés. Suivre scrupuleusement les indications des fabricants. Elles sont variables, mais conditionnent les réactions chimiques des éléments en présence. Pas de colle au résorcinol sur des surfaces poreuses. Si nécessité, passer une seconde couche après séchage de la première.

	Conseils
	Principe de double collage en couches minces et préséchage. Evitez la présence de bulles d'air entre les parties à coller.
	Par «plots». Mêmes effets que le néoprène, mais ne dissout pas le polystyrène. Interroger les fabricants sur les possibilités de leur colle vinylique.
	+ 15 degrés. Double encollage et séchage partiel. Enlever les bavures à l'alcool tant que la colle est encore fluide. Voir variante à un seul composant et « contact ». Simple contact.
	Dissoudre à l'eau. Dissoudre à l'eau, laisser poser trente minutes.

LES COLLES MODERNES BOULEVERSENT LES TECHNIQUES TRADITIONNELLES

Parmi les nombreuses découvertes mises au service des restaurateurs d'ancien depuis quelques années, c'est sans conteste l'industrie des colles qui a fait les progrès les plus stupéfiants avec l'apparition des solvants spéciaux et des résines plastiques. Mais une technique se perfectionne toujours en se spécialisant. La colle «forte» de «papa» que l'on mettait «à toutes les sauces», de la menuiserie à la reliure, en passant par la marqueterie, est bien détrônée, non par un produit, mais par dix...

Il n'est pas inutile aujourd'hui de vous indiquer les grands principes d'utilisation des colles modernes.

Le bois

Les ajustages courants, tenons-mortaises, enfourchements, queues-d'aronde, à mi-bois, etc., sont justifiables, en règle générale, des *colles vinyliques.*

Ce sont des colles blanches ou transparentes, liquides, à odeur agréable, qui se conservent longtemps (ce qui est pratique pour une utilisation occasionnelle). Elles résistent assez bien à l'eau, mais redoutent un peu les basses températures, auquel cas elles sèchent et adhèrent mal.

De nombreux fabricants ont encore perfectionné les colles vinyliques par l'adjonction de composants spécialisés qui les rendent (selon ces mêmes fabricants) absolument polyvalentes. Elles adhèrent au béton, au cuir, aux plastiques ,lamifiés, etc. Nous verrons cela en passant ces divers matériaux en revue. Restons, pour l'instant, aux indications générales. Les colles vinyliques sont très solides en couche mince. On ne peut les recommander pour réunir des surfaces irrégulières impliquant une charge importante de colle. Certaines sont à prise rapide, d'autres plus lentes, mais en règle générale il est souhaitable de serrer raisonnablement les ajustages, ce qui laisse un film mince et résistant.

Ne pas soumettre trop tôt un collage aux efforts qu'il devra subir ; attendre toujours vingt-quatre heures, c'est plus sûr.

Attention ! Méfiez-vous des colles vinyliques qui se décomposent en plusieurs couches, ce sont généralement des émulsions mal équilibrées, faibles en tout cas en vinyle et dont la viscosité est obtenue grâce à une charge de talc qui, bien entendu, a tendance à se déposer. Elles n'ont pas la qualité requise pour un travail sérieux.

Toujours pour le bois : on ne peut oublier les *colles de poisson*. Elles ont un grave défaut : l'humidité leur est fatale. Abstraction faite de leur odeur désagréable, leur tenue est bonne ; mais ont-elles un avenir ?

Par contre, parmi les « colles de papa », les *colles à base de caséine* sont loin d'être dépassées dans certains cas particuliers, notamment le travail par temps froid et l'utilisation des bois gras. Vous l'ignoriez peut-être, mais la plupart des « exotiques », le teck, le gaïac, le palissandre de Rio, l'hickory, ont des exsudations grasses, ce qui nuit à l'« accrochage » (avant de les coller ou de les peindre nettoyez-les au trichlo ou au white-spirit). Certains résineux présentent la même particularité, le pin rouge, l'if, etc. La caséine détruit ces substances, ce qui la rend précieuse dans la mise en œuvre de ces bois. De surcroît, la caséine s'accommode fort bien de surfaces irrégulières, car elle n'a pas de retrait et reste solide en forte épaisseur, même dans des joints mal exécutés. En conséquence, le serrage doit être faible pour ne pas « chasser » la colle et intervenir simplement pour tenir les pièces en contact.

Les défauts de la caséine: elle craint l'humidité et tache certains bois, comme le chêne ou l'acajou.

Le bois s'accommode fort bien de toutes les colles, mais présente souvent des cas particuliers.

Voyons rapidement le cas des panneaux à particules ou de fibres que vous ne risquez pas de rencontrer dans des meubles anciens, mais qui peuvent éventuellement vous servir pour «doubler» une armoire intérieurement, par exemple. En principe, usez de colles vinyliques en forçant un peu sur l'épaisseur pour compenser la porosité de ces supports. Sinon, les colles au néoprène ou colles « contact » ainsi dénommées car tout serrage devient superflu, sont parfaitement adaptées. Les pièces en contact sont souvent immédiatement inarrachables. Dans ce dernier cas, précisons que l'on pratique de « double-encollage ». Un film très mince est appliqué sur les deux parties et on laisse sécher le temps que la colle ne poisse plus aux doigts. On ne met en contact qu'à ce moment-là, on imprime fortement par martelage (coups de marteau sur une cale de bois et c'est terminé).

Le *néoprène* a des indications nombreuses, mais convient mieux au collage de grandes surfaces pour que l'effet de ventouse qui est le sien soit parfaitement opérant. Voyons dans quels cas on peut l'utiliser :

1. Pour les panneaux de fibres ;
2. Pour les revêtements lamifiés et stratifiés (posés sur le bois) ;
3. Pour le placage, qu'il facilite considérablement, notamment sur les surfaces galbées. Les anciennes presses « à plaquer » volumineuses, matériel de professionnel s'il en fut, ne servent plus à rien. Les ébénistes de tradition contestent ce procédé ; peut-être ne leur est-il pas encore assez familier (voir le chapitre « Marqueterie ») ;
4. Enfin, dans le cas particulier de l'habillage de surfaces humides au contact avec l'humidité. Les solvants très volatils contenus dans les colles au néoprène s'évaporent au contact de l'eau et permettent de poser des revêtements dans des conditions impossibles pour tout autre adhésif.

Toujours dans les cas particuliers, il faut envisager les collages devant résister à l'eau douce ou salée et, éventuellement, aux hydrocarbures (maquettes de bateaux). C'est le domaine des colles au *résorcinol,* aux *résines plastiques,* qui se présentent généralement en deux composants.

Les résines plastiques sont le meilleur marché. On les trouve habituellement sous forme de poudre (urée-formol), plus un catalyseur. Leur mélange fait appel soit à l'eau, soit à certains solvants (selon les fabricants). Le joint qui en résulte est d'une dureté quasi minérale. Les réactions physiques et chimiques des résines ou du résorcinol se produisent dans des conditions particulières que précise toujours le fabricant. Il faut les suivre à la lettre... et nous ne pouvons les donner ici.

La remarque la plus courante est que ces colles ont besoin d'une certaine chaleur pour « prendre » (au moins 15 degrés).

Autre observation, il semble que ces produits doivent s'employer pour des joints très précis ou pour des pièces inertes, car le film, qui est très dur, nous l'avons dit, peut être cassant, surtout s'il est épais.

Pour ne pas spécialiser abusivement ce chapitre et laisser dans l'ombre les spécifications de certaines colles modernes, sous le prétexte qu'elles n'intéressent pas le restaurateur, nous dresserons un tableau complet de toutes les possibilités de ces produits, sachant, par expérience, qu'il n'y a pas de limites aux nécessités techniques qu'impose la remise en état d'une œuvre d'art.

Coller le plastique

Inutile d'évoquer le rôle du plastique dans notre vie : revêtements de sol, de murs, d'objets usuels, etc. Les difficultés de sa mise en œuvre ont imposé la création de colles spéciales : certains solvants attaquaient le plastique ou, au contraire, ne pouvaient adhérer à ces matériaux.

On peut dire que tous les revêtements sont justiciables de la colle au néoprène (une variante épaisse). Toutefois, citons aussi les *colles acryliques,* qui ont un avantage sur le néoprène : elles permettent de déplacer sans difficulté les matériaux ainsi collés jusqu'au séchage, qui n'intervient pas immédiatement. Ainsi, avec les carreaux de revêtement plastique, ou même de faïence, une erreur n'est pas irrémédiable, on a quelques minutes pour la rectifier.

Pour le *polyvinyle* ou le *polyéthylène,* ce sont les *colles à solvants* qui sont parfaitement indiquées. Etendre en couches minces, laisser évaporer les solvants quelques minutes et appliquer en évitant les poches d'air. Frottez vigoureusement pour terminer.

Attention : le polystyrène expansé ne rentre pas dans la catégorie générale des plastiques. Il est sensible à la plupart des solvants. On le fixe soit avec des mastics spéciaux que l'on met en plots, c'est-à-dire par points de la grosseur d'une noix ou d'une noisette (aux quatre coins d'une plaque de 30 × 30 centimètres, par exemple), soit avec des résines synthétiques. La prise est alors instantanée, comme avec les colles de contact.

Le *verre* ou l'*émail,* le *métal,* la *faïence,* le *marbre* sont justiciables des résines époxydes. Cette dernière substance est d'un prix de revient élevé, mais résiste réellement à tout, y compris des températures atteignant 300 degrés et des efforts considérables. Nous conseillons le « double-encollage » et le séchage partiel avant l'application, en prenant soin d'enlever toute bavure à l'aide d'alcool, tant que la résine est encore liquide (voir les différents chapitres où cette colle est mise en œuvre, avec tous les détails d'application.)

Les textiles

Ils ont pris une grande place dans la décoration, en tapisserie, en revêtement mural. Pour faire des ourlets rapidement, coller des galons, réparer des toiles, mettre des pièces, les colles au latex sont une des réussites de l'industrie des adhésifs. Généralement présentées en flacons applicateurs, leur effet est immédiat, par simple contact. On ne peut plus, raisonnablement, user de produits traditionnels depuis l'apparition des colles au latex (elles collent aussi le cuir).

Enfin, pour terminer, le *papier,* le *carton* sont toujours justiciables des *colles à l'amidon* (à dissoudre dans l'eau) ou des colles cellulosiques (à dissoudre dans de l'eau et laisser reposer trente minutes environ).

SIXIEME PARTIE

LE CRISTAL

L'INCOMPARABLE TRANSPARENCE DU CRISTAL

La légende rapporte que, dans des temps très anciens, des marchands ayant abordé sur le littoral de la Phénicie se seraient servis, pour soutenir la marmite où cuisait leur repas, de blocs de nitre qui, sous l'action du feu, auraient produit, mélangés au sable de la grève, le premier verre.

En réalité, le verre était connu en Orient depuis au moins quatre mille ans avant Jésus-Christ. L'usage d'enfermer dans les sépultures des objets de verre paraît avoir été commun aux peuples de l'Egypte du Sud et aux Assyriens.

Pour ceux qui apprécient les références littéraires, on peut citer Aristote, qui mentionne l'existence, en Grèce, de « miroirs de verre doublés de métal poli ». Quelle meilleure description de nos glaces « argentées » peut-on souhaiter ?

Chez les Latins qui ont davantage copié qu'inventé, le verre fut tout d'abord importé d'Egypte, puis fabriqué à Rome, sous le règne de Néron. Les verreries deviennent alors très nombreuses dans la « capitale du monde ». On pense même qu'en 210 elles occupèrent tout un quartier de la ville. On y façonnait le verre au tour et on le ciselait comme l'argent. On se servait du verre pour revêtir les parois des appartements, vraisemblablement sous forme de mosaïque. La verrerie romaine courante consistait en coupes, fioles à parfum, vases à parfum, etc. On a retrouvé dans des catacombes des objets auxquels on a donné le nom de « verres chrétiens » et dont la gravure représente des sujets religieux ou des symboles.

Au Xe siècle, les verres les plus estimés proviennent alors d'Orient, importés par Venise qui devient elle-même, au début du XIIIe siècle, le centre occidental de verrerie le plus considérable. En France, ce n'est qu'au début de la Renaissance, sous François Ier et Henri II, que l'on verra apparaître l'industrie du verre et le premier atelier royal à Saint-Germain. Colbert créera en 1665 la première manufacture royale de glaces. Mais ce n'est qu'à partir du XIXe siècle que l'industrie du verre connaîtra son plus grand développement et la vulgarisation de ses productions, grâce à d'importants perfectionnements techniques, tel le four Siemens ; on retrouve alors des secrets perdus, ceux du verre irisé, du verre filé, etc.

C'est à cette époque que s'établissent les principales cristalleries françaises (Saint-Louis, Baccarat, 1819 ; Daum, à Nancy, 1875).

On a souvent prétendu que ces cristalleries sont groupées dans l'est de la France non pour profiter des gisements de la potasse entrant dans la composition du cristal, mais à cause des immenses forêts vosgiennes et du bois qui était nécessaire pour chauffer les fours... L'anecdote confirme qu'à cette époque les cristalleries comptaient dans leur personnel plus d'ouvriers bûcherons que d'ouvriers verriers. Il est curieux de souligner à ce propos que la matière première n'a jamais conditionné l'existence d'une verrerie. Venise, par exemple, importe du sable pour fabriquer ses célèbres cristaux, et savez-vous d'où vient ce sable précieux ?... de Fontainebleau !

Le cristal est travaillé à son point de fusion, entre 1 200 et 1 400 degrés. L'ouvrier souffleur saisit alors, à l'aide de sa baguette, la quantité nécessaire de cristal en fusion qu'il introduit dans un moule en fonte. Le moule hermétiquement refermé, il souffle par l'autre extrémité de son chalumeau, pour que la masse de cristal épouse bien la forme du moule. Après refroidissement, il aura obtenu, par exemple, la coupe d'un verre. Il prendra alors une nouvelle masse de cristal en fusion qu'il étirera d'une longueur déterminée pour obtenir le pied du verre. Après quoi, il reprendra une troisième masse de cristal que, cette fois-ci, il aplatira. Ce sera la base du pied. Ainsi est donné à un verre sa forme initiale.

Cette pièce sera ensuite confiée au meulier pour dégrossissage. Chaque meulage est spécial. La vitesse de la meule sera fonction de son grain, différent selon le travail à effectuer. Une meule de carborundum sera nécessaire pour l'ébauche. Pour la taille, une meule de grès d'Alsace suffira. On utilise aussi des meules en corindon, qui est un aggloméré de porcelaine.

La pièce sera ensuite polie sur des meules de bois, de liège naturel ou aggloméré. Le ponçage terminé, elle sera gravée à l'aide de petites molettes de grès, de sable ou d'émeri, tout à fait semblables à la «roulette» du dentiste. Le verre ainsi terminé rejoindra votre table ou votre collection en apportant chez vous son inimitable transparence.

Cette technique aboutit à des formes parfaites. Pourtant, vous êtes en droit de préférer les productions plus libres de maîtres verriers qui refusent les moules et les multiples opérations de polissage pour nous livrer des formes plus libres dans la grande tradition des artistes d'antan. La pièce est obtenue par soufflage et par une gamme habile de balancement et de rotation sur une surface lisse (métal ou marbre). Bien entendu, le résultat sera, d'un certain point de vue, imparfait. On remarquera un bullage à l'intérieur de la matière, une irrégularité des contours et, sans conteste, l'impossibilité de vous livrer un service complet dont les composants soient rigoureusement identiques. Mais qu'importe, si vous aimez véritablement le cristal ou le verre, vous accepterez que le matériau impose de lui-même sa loi à la technique et non systématiquement le contraire. Quel plaisir de dresser une table où chaque couvert puisse, dans l'harmonie générale, avoir sa vie propre et n'être pas une répétition conforme... et conformiste !

Reconnaître verre ou cristal

Les critères permettant de différencier verre ou cristal sont très incertains sans un entraînement réel. L'expérience qui consiste à mouiller le bord d'un verre, puis d'obtenir une vibration en passant lentement le doigt sur ce rebord, n'est qu'un jeu de dessert. En effet, on prétend que le cristal, s'il est véritable, produit un son pur. Cela dépend fréquemment de la forme de l'objet, verre à pied ou à cocktail, coupe, vase. Il en est de verre banal qui ont une belle sonorité.

Il faut cependant savoir que le cristal est beaucoup plus résistant que le verre (il contient du plomb, alors que le verre, lui, contient de la baryte), mais se trouve par sa composition plus sec et plus cassant.

En fait, les cristaux ou les verres sont comme les chiens et les chats. Il en existe plusieurs races ; on peut les classer par origine, aspect, pureté ; et de plusieurs prix. Mais heureusement, les produits verriers ont aussi leur pedigree. On a créé une législation spéciale pour les classer. La norme NF B-30004 les différencie avec précision en fonction de leur indice de réfraction. (L'indice de réfraction caractérise l'importance de la déviation subie par la lumière en pénétrant dans le verre. Plus l'indice est élevé, plus le verre retient la lumière et en fait chanter les rayons.)

Apprenons à connaître ses diverses qualités.

Le *cristal de plomb*, dont la composition nécessite *obligatoirement* 24 % de plomb. Sa sonorité métallique due à sa forte teneur en oxyde de plomb, sa brillance, sa blancheur et sa densité en font la matière la plus noble que l'on puisse produire. Les maîtres cristalliers français, admirés dans le monde entier, savent en tirer de véritables chefs-d'œuvre.

Le *cristal* contient moins de 24 % d'oxyde de plomb. Il n'en est pas moins noble pour autant. La pureté, l'éclat et la sonorité du cristal, dont l'indice de réfraction demeure très élevé, permettent d'obtenir des modèles d'une grande beauté. Par leurs tailles riches et profondes, les pièces en cristal apportent aux tables les plus raffinées un charme et une élégance généralement reconnus.

Le *cristallin,* d'un indice de réfraction inférieur, demeure une matière sonore et brillante encore très agréable. On réalise en cristallin des services aux tailles fines et aux formes élégantes, et des éléments de décoration.

Corbeille de verre par Sébastien Stosskopf (Musée de Strasbourg).

Le *verre :* son indice de réfraction est le plus bas de tous les produits verriers, mais son prix est aussi le plus bas. Il permet de réaliser des services transparents ou colorés, aux formes simples ou élégantes, dont on use quotidiennement avec plaisir.

Pour finir, nous signalerons un imposteur. Il s'agit de ce que l'on désigne souvent sous le nom de «demi-cristal» qui n'est, en réalité, que la dénomination abusive et illégale d'un verre imitant le cristal.

Les amateurs de cristal sont, paraît-il, du sexe féminin, si l'on en croit les spécialistes.

Le cristal reste un produit cher, car il ne peut être travaillé, à notre siècle de machinisme, que par des artisans. Faut-il songer, en dégustant un saint-émilion ou un riesling, que le verre qui le contient a subi 120 manipulations, dont nous vous avons fait grâce du détail, mais mérite une mention.

Les verres irisés ou verres de fouilles

Le bassin méditerranéen – de l'Egypte à la Mésopotamie, en passant par la Palestine, la Grèce ou la Rome antique – a livré des objets d'une antiquité parfois très reculée qui passionnent les collectionneurs : flacons, lacrymatoires, alabastres, etc. Ce sont généralement de petits récipients peu transparents, irisés, aux formes élégantes. La plupart proviennent de mobiliers funéraires, ce qui explique leur conservation miraculeuse, car ils sont très fragiles à plus d'un titre.

Comme toujours, l'industrie du faux s'est attachée à les imiter ; on en fabrique à Venise, aux Baléares, en Syrie et probablement partout où subsistent des souffleurs de verre.

Les faux sont heureusement assez flagrants. Ils sont toujours plus pesants que les authentiques, qui frappent par leur extrême légèreté. Ensuite, ils sont soufflés d'une seule venue, alors que les verres très anciens sont dus à une autre technique. On entourait de verre en fusion une «âme» d'argile qu'il suffisait de dissoudre ensuite pour évider l'objet obtenu. Parfois cette argile était maintenue par une gaze fine. Ce procédé laissait évidemment des traces, d'autant que la paroi de verre était étendue en plusieurs fois. On remarque donc une sorte de «feuilletage» très caractéristique sur ces objets. Des concrétions généralement calcaires sont souvent déposées sur les parois intérieures de ces flacons, les faussaires les imitent sans grand génie. En effet, les véritables, dues à une longue colonisation, à des dépôts successifs, présentent des différences d'épaisseur et de nuance... pas les faux. Le faussaire applique partout la même « sauce ». En général, un lait de chaux mêlé d'ocre.

Plus tard, on découvrit le procédé du soufflage du verre, sans doute un ou deux siècles avant notre ère (probablement en Grèce). Mais l'extrême légèreté des objets et la qualité des concrétions restent un bon critère d'antiquité.

Le cristal de roche

On ne doit pas commettre de confusion entre le cristal des verriers et le cristal de roche. En effet, ce dernier est un élément naturel proche du quartz que l'on trouve en conséquence dans des gisements assez rares des Alpes, du Brésil ou de Madagascar. Le cristal de roche est notablement plus dur que son homonyme ; il ne peut être travaillé qu'avec des meules spéciales en diamant. D'ailleurs, il est intéressant de souligner une certaine identité du cristal de roche avec le diamant. Tout d'abord, l'analogie du caractère géologique des terrains où on les rencontre, ensuite l'indice de réfraction qui est très élevé dans les deux cas.

Le cristal de roche a servi depuis des époques reculées à la fabrication d'objets précieux, bijoux, amulettes, on en retrouve sur des reliquaires au Moyen Age, puis, plus tard, il devient la matière d'élection des luminaires de grande classe : lustres, girandoles, chandeliers. Les spécialistes très entraînés reconnaissent le cristal de roche d'un simple coup d'œil et le différencie d'emblée du cristal de verrier. En effet, on distingue par transparence un « pailletage » dû sans doute à la structure des cristaux. A défaut de décennies de pratique, contentez-vous d'un examen, faisant appel au simple bon sens. Le cristal de roche est toujours travaillé par abrasion.

En conséquence, vous devez relever les traces de ce travail sur les bords, les motifs ou les facettes, mais aussi sur les parties plates dont la surface, bien que parfaitement polie, présente de légères irrégularités de planéité.

Réparer verres et cristaux

Il n'y a pas de techniques, mais des expédients. Certes, vous raccorderez des morceaux de verre de façon durable à l'aide des colles époxydes à deux composants, mais la réparation restera visible (voir réparation des faïences et des porcelaines).

Dans certains cas, le meulage peut « rattraper » un éclat, notamment sur le bord d'un verre ou sur

un pied, mais c'est là affaire de spécialiste, car il est douteux que vous possédiez le matériel requis.

Un « baguage » ou un « ceinturage » métalliques peuvent être entrepris sur une pièce de réelle valeur que l'on souhaite « sauver ». Un pied de coupe, cassé net, sera collé puis bagué d'un jonc pour cacher la réparation. C'est un travail d'orfèvre qui peut s'exercer également autour d'un goulot, d'une anse de carafe. Peu de spécialistes sont capables de réussir ce travail. A notre connaissance, un seul artisan en France pratique couramment ces restaurations.

Un conseil, toutefois, peut rendre service à un amateur. Un objet de vitrine qui ne sera jamais mouillé peut être réparé d'une façon simple et quasi invisible à l'aide de blanc d'œuf en guise de colle. C'est efficace. Une colle « contact » à un seul composant vient d'être découverte. En 10 minutes elle atteint sa dureté maximale. Une goutte suffit pour coller 6 cm^2 et son indice de réfraction étant celui du verre elle est invisible même sur une réparation importante.

L'entretien du verre et du cristal

Le cristal, de par sa fragilité, est très délicat à entretenir. Son plus grand ennemi est la poussière ; nous omettrons volontairement de citer la ménagère maladroite...

Son entretien, donc, s'il est simple, n'en est pas moins minutieux, car il craint les rayures. Il est par conséquent nécessaire d'éviter tout essuyage à sec. Le lavage, pour chasser les poussières qui se sont déposées dessus, est inoffensif si vous usez d'une eau tiède, non par trempage mais sous le robinet, à l'eau courante. On ne pose jamais un verre ou un récipient renversé sur une surface dure, comme un égouttoir par exemple, sans l'avoir recouvert d'un linge ou d'un tapis de caoutchouc mousse. Cela pour éviter les « éclats » qui peuvent se produire sur les bords. Vous l'essuierez ensuite avec un chiffon très doux ou une peau de chamois propre.

SEPTIEME PARTIE

LE CUIVRE

LA CHALEUREUSE RUSTICITE DES CUIVRES

Les grands décorateurs ont une prévention injustifiée à l'encontre des cuivres. Il est vrai que l'on assiste trop souvent à de maladroites reconstitutions rustiques où les cuivres, représentés par l'inévitable chaudron et la série de casseroles, trônent à des emplacements consacrés, comme le dessus de cheminée... Cela aboutit à des ensembles de style « auberge », vulgaires et stéréotypés. Mais n'est-ce pas l'occasion d'introduire quelques distinctions nécessaires ?

Qu'appelle-t-on cuivre ? Généralement, on confond allègrement sous cette désignation le cuivre rouge et le laiton. Le premier a cette couleur rouge-orangé dont il tire son nom. Il est extrêmement répandu et a servi de matière à une infinité d'objets usuels communs, comme les casseroles, les chaudrons, les bassinoires. Il est rare de le rencontrer dans les objets pouvant se réclamer de la décoration parallèlement à leur fonction : chandeliers, lustres, aiguières, etc. Il est difficile d'en définir la raison. Sans doute, l'*analogie d'aspect du laiton avec l'or* a dû conditionner le choix de cet alliage pour tous les objets d'un caractère plus précieux que les ustensiles d'office. C'est un des rares exemples où la logique de nos aïeux est en défaut, car enfin, on n'a jamais ignoré la toxicité du cuivre rouge (cuivre rosette pour nos grands-pères), surtout au contact des matières organiques comme les graisses et les huiles. Bien que cette toxicité ait été exagérée par les anciens, elle n'en a pas moins imposé l'étamage des ustensiles de cuisine.

Le laiton, pour sa part, est un alliage de cuivre et de zinc. On pense que, postérieurement à la conquête romaine, les Gaulois connaissaient ce métal et le distinguaient parfaitement du bronze. Il semble bien que les grandes civilisations méditerranéennes, orientales ou extrême-orientales, l'aient ignoré, n'en produisant qu'à titre accidentel, comme un avatar du bronze.

Ce que l'on peut affirmer, c'est que le berceau de l'industrie du laiton fut Dinant et la région de Namur. Le terme de dinanderie reste d'ailleurs attaché à toutes les productions laitonnières du haut Moyen Age à la Renaissance. Pourquoi cette localisation ? L'abondance du minerai de zinc (la pierre « calaminaire » ou « calamine ») dans la vallée de la Meuse l'explique en grande partie. Pourtant, ce n'est qu'au XVIe siècle que Paracelse isola ce métal et lui donna son nom.

Jusque-là, on considérait son minerai comme un additif qui éclaircissait le cuivre en se combinant à lui. Il fallut d'ailleurs attendre le XIXe siècle pour qu'un chimiste liégeois, l'abbé Daniel Dony, invente un traitement rationnel d'extraction du zinc à partir de la calamine (carbonate de zinc), Napoléon Ier lui ayant donné en concession la mine de Moresnet (près de Liège et de Verviers).

Ainsi, empiriquement, on a mis au point l'alliage du cuivre et du zinc pendant des siècles, sans véritablement connaître la nature d'un de ses composants. On tient la preuve par des documents d'époque, que dès le XIe siècle on façonnait le laiton à Dinant. Mais cette ville n'en posséda pas longtemps le privilège : Lyon, Beaucaire, Paris fabriquèrent des « dinanderies ». Certains centres d'Auvergne également. La technique des Belges gagna l'Italie ; Milan fut un foyer très vivant de « dinandiers », ainsi que les Etats d'Allemagne. Il est curieux de souligner la survivance de l'art de la chaudronnerie chez certaines tribus gitanes originaires d'Espagne qui, aujourd'hui essaiment dans toute l'Europe. On trouve en France des représentants de cette ethnie à Saint-Ouen, où se trouve le célèbre « Marché aux Puces » de Paris. Ce qui éveille notre intérêt, c'est qu'en Espagne la chaudronnerie fait partie des *artes flamencos* (arts flamands). Faut-il voir une parenté entre les dinanderies des Flandres et les gitans ibères ?

Cuivres anciens, cuivres modernes ?

Il est facile de distinguer un cuivre moderne d'un ancien. Autrefois, tout objet était obtenu à partir d'un lingot de métal patiemment martelé sur une forme. A mesure que le marteau affinait le métal et l'allongeait, on procédait à un « recuit », pour donner de la malléabilité. On obtenait par ce moyen un objet dont l'épaisseur n'était pas régulière.

Ensuite, comme on ne pouvait pas toujours envisager de former un ustensile d'une seule pièce – ce qui était possible pour les chaudrons, les poêles, les casseroles ne l'était pas pour les urnes, les aiguières au col à étranglement, les jarres, etc. –, on procédait à des assemblages. Ces raccords sont toujours visibles. Le métal qui servait de brasure sur le cuivre rouge étant généralement du laiton, il est facile de repérer la ligne de soudure et l'on remarque d'ailleurs qu'elle est généralement « en créneaux », pour augmenter la surface en contact.

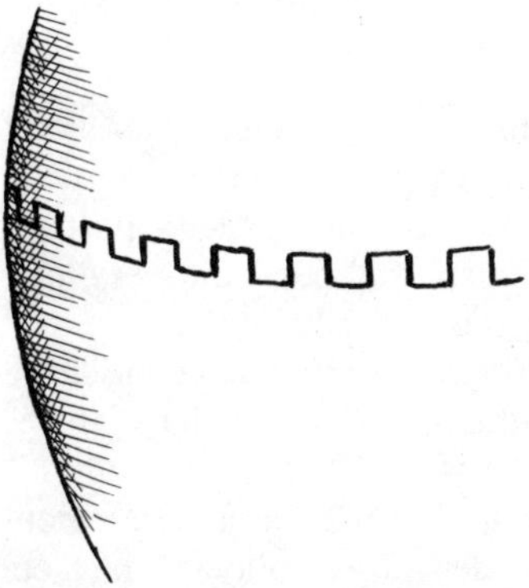

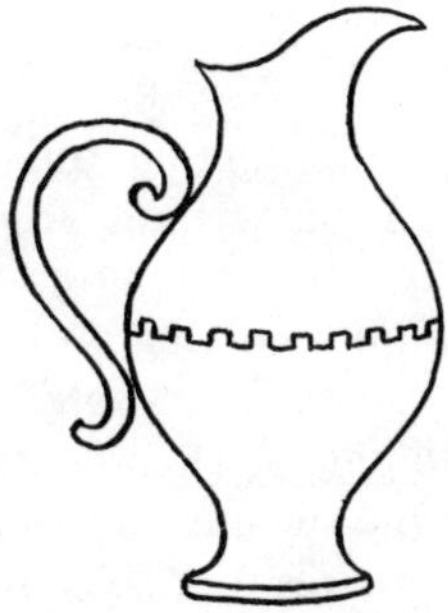

Les objets modernes sont obtenus à partir de feuilles de cuivre laminées en usine. La régularité de leur épaisseur est absolue. Dans les objets anciens, les chaudronniers réservaient une épaisseur supérieure pour les fonds, davantage sujets à l'usure, et devant « garder la chaleur », surtout ceux utilisés en cuisine. Les cuivres modernes ne présentent pas ces particularités – ceux qui les ont fabriqués savaient parfaitement que leur fonction serait essentiellement décorative.

Toutefois, les chaudronniers traditionnels, comme le sont les gitans dont nous avons déjà parlé, sans échapper à la facilité que leur offrent les matières premières façonnées industriellement, continuent à braser leurs productions « à l'ancienne ».

L'opération qui consiste à remplacer la brasure par un sertissage (le métal est retourné sur lui-même et martelé pour joindre solidement les deux parties) doit vous engager à la méfiance. Il ne s'agit pas d'une technique récente, mais d'une facilité technique qui a plus de chances de se trouver sur une pièce moderne que sur une ancienne. Enfin, on peut signaler d'autres critères tout aussi importants :

✶ Les cuivres soudés à l'étain sont généralement à exclure, sauf, parfois, des objets n'ayant pas été conçus pour être mis en contact avec la flamme, comme les arrosoirs ou les fontaines. Pour ces dernières, très décoratives et empreintes d'un grand charme, seuls les robinets et les boutons de couvercle peuvent être soudés à l'étain et non pas le corps de la fontaine (sauf réparations). Ce sont des objets d'une fabrication toujours soignée que les chaudronniers d'autrefois ont brasés et soudés. De surcroît, méfiez-vous des motifs décoratifs « trop beaux » – fleurs de lis notamment – repoussés par estampage, dans le métal. Les anciens pouvaient agrémenter leur travail de motifs repoussés, mais le plus souvent ils les gravaient en même temps et l'on retrouve plus facilement des rinceaux de feuillage, des fleurs stylisées que des armoiries plus ou moins pompeuses ou des fleurs de lis, emblèmes royaux.

✶ Rejetez sans discussion ces objets martelés avec une régularité absolue ; c'est un travail mécanique qui caractérise les articles de bazar. Même ceux dont le martelage, pourtant nettement manuel, est trop ostensible. Qui veut trop prouver... ! En effet, pour les anciens, si le martelage était une nécessité qu'ils ne pouvaient éluder, ils mettaient tout leur soin à ne pas en rendre les traces trop évidentes.

✶ Lorsque vous trouvez un objet muni d'une ou plusieurs anses tubulaires, vérifiez qu'il existe un raccord longitudinal. Si ce n'est pas le cas, l'objet est moderne ; le chaudronnier s'est servi d'un tube de cuivre comme en utilisent les plombiers. C'est encore la facilité qu'offrent les matières premières industrielles qui dénoncent la fraude. Il en est de même pour les anses en fer. Forgées : elles sont légèrement irrégulières. Industrielles : elles sont sans défaut.

✶ Pour des raisons diverses où entrent des notions de prix de revient et des particularités techniques, notamment cette irrégularité d'épaisseur qui signe les objets véritablement anciens, un cuivre moderne sera notablement plus léger qu'un authentique.

LES ROMANICHELS ET LA CHAUDRONNERIE

Les hypothèses les plus sérieuses sur l'origine de ces éternels errants les font venir de l'Inde, d'où ils auraient commencé leur migration à la fin de la préhistoire. La tradition leur attribue l'importation du bronze sur le littoral méditerranéen. Historiquement, ce n'est qu'en 1332 que l'Anglais Simon Worcester mentionne l'existence de ces peuplades migrantes. Elles sont alors à Chypre, où leur présence semble ancienne. Ce n'est qu'en 1427 qu'on les signale à Paris et surtout à Saint-Denis (déjà !) et Pontoise. Chassées de partout, ce n'est qu'en Europe du Nord, en Pologne très précisément, qu'on leur concède des droits (et des devoirs). On leur permet d'exercer trois professions dont elles eurent pratiquement le monopole : la maréchalerie, la serrurerie et la chaudronnerie. Ces tolérances s'étendirent aux cours princières allemandes où l'on aimait leur savoir-faire... et, on ne sait pourquoi, en Turquie, où aujourd'hui encore elles détiennent presque exclusivement les emplois ou les officines de fondeurs, chaudronniers, maréchaux-ferrants.

Chaudronniers au travail.

Et la « dinanderie » ?

Par une sorte de convention tacite, on distingue la chaudronnerie de la dinanderie. Il n'y a pas de justification technique absolue, mais c'est une façon de souligner le caractère plus précieux et parfois plus ancien de certains objets.

Si nous devions délimiter le domaine respectif de chaque catégorie, nous mettrions *dans la chaudronnerie* tous les récipients utilisés pour la cuisine : chaudrons, confituriers, daubières, casseroles, moules à gâteaux, plats, louches, etc., les fontaines, plus ou moins ornées, les bassinoires. Dans la dinanderie : tous les luminaires véritablement anciens : bougeoirs, lustres, lanternes. Tout ce qui relève de l'orfèvrerie : aiguières, aquamaniles, encensoirs, etc.

On peut objecter à ce classement très schématique que la chaudronnerie est en général représentée par tous les objets ayant été façonnés par formage et étirage d'une feuille de métal, dinanderie ou non.

Quelle est donc la technique que l'on peut opposer à la chaudronnerie ? Tout simplement la fonte. Il est évident qu'un grand nombre de luminaires anciens, et même des récipients, ont été obtenus par moulage. C'est le cas de la plupart des bougeoirs antérieurs au XVIIIe siècle, des lustres dits « hollandais », des coquemars, des chaudrons de « Beaucaire » qui ont la particularité de posséder deux becs verseurs, les charnières de l'anse sont souvent ornées de visages léonins ou grotesques (Beaucaire n'était pas le seul centre à en fabriquer), etc. Les techniques s'alliaient d'ailleurs : fonte pour les balustres de bougeoirs, martelage pour le pied, rectification et polissage de l'ensemble au tour. Les détails des lustres étaient relevés par ciselage. Fréquemment, pour ne pas alourdir inutilement un objet, on l'évidait. Pour cela, on le formait en deux parties en coquille. Malgré des avis péremptoires, on ne peut prétendre que les artisans dinandiers procédaient selon une technique unique et spécifique. Nous avons pu examiner des objets fondus, d'autres formés par repoussage sur une matrice, d'autres travaillés par estampage selon un procédé proche du forgeage du fer. Certains amateurs recherchent d'ailleurs sur les bougeoirs la trace longitudinale d'un brasage ou d'une soudure, preuve évidente d'ancienneté. Empressons-nous de dire qu'ils ne la trouveront pas toujours et que son absence ne prouve rien.

Plus révélateurs sont quelques aspects secondaires purement techniques.

Chaudron de Beaucaire.

Les pas de vis.

Les bougeoirs véritablement anciens sont généralement en deux parties : le balustre et le socle. Dans certains cas, la douille de la bobèche rentre directement dans le socle. Ces divers éléments s'assemblent par un pas de vis. Les pas de vis à l'ancienne sont bien particuliers. Ils n'ont pas d'arêtes vives et sont un peu rudimentaires ; les filets sont épais, séparés par de larges gorges à fond plat. Observez bien ces pas de vis sur des pièces d'une indiscutable ancienneté.

Vous les reconnaîtrez toujours. On les trouve également sur les lustres «hollandais», pour fixer les bobèches sur les branches.

Le montage des lustres.

Les lustres «hollandais», triomphe de l'art flamand, ont connu une carrière exemplaire. Leur modèle initial à peine modifié n'a pas eu d'éclipse depuis quatre siècles au moins et il est parfois très difficile de distinguer l'époque réelle de leur fabrication. Toutefois, on peut tenter ici un effort de classification.

Antérieurs au XVIIIe siècle :

– les éléments sont assemblés par de larges pas

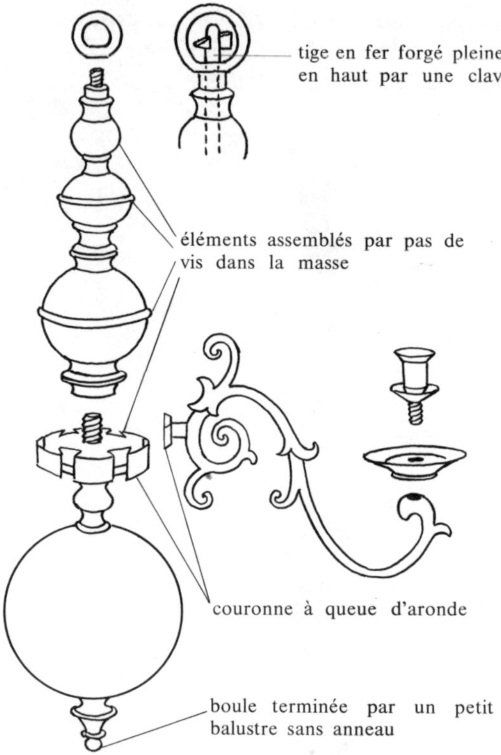

de vis taillés dans la masse, ou traversés par une tige de métal plein forgé et maintenus par une « clef » ou goupille emmanchée à force pour maintenir l'anneau supérieur ;

— les bras sont amovibles, fixés dans une couronne par simple emmanchement à queue-d'aronde. Parfois, leur emplacement est repéré par des chiffres romains

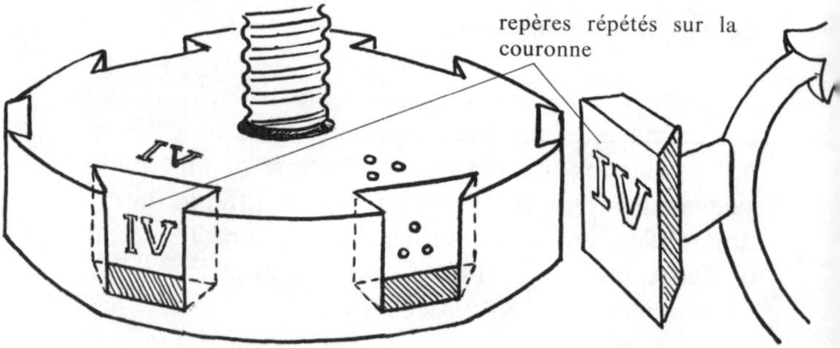

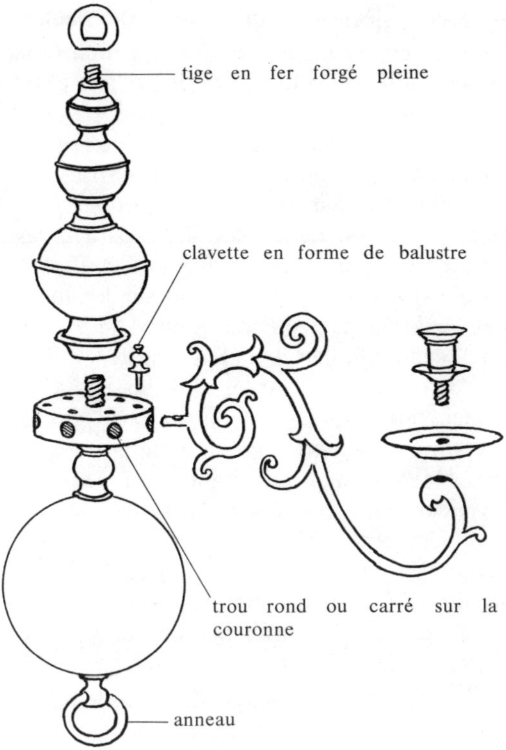

marqués au burin, ou de simples coups de pointeau. Ces repères sont évidemment répétés sur le dessus de la couronne ou au fond de la queue-d'aronde;
– généralement, la boule inférieure est terminée par un motif en forme de balustre, *sans anneau.*

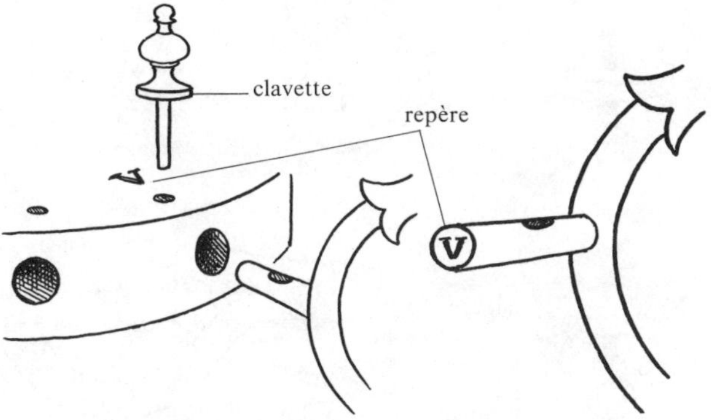

Au XVIIIe siècle et au début du XIXe siècle :

– les divers éléments restent assemblés par des pas de vis taillés dans la masse, et par une tige forgée en métal plein ;

– les bras, toujours amovibles, pénètrent dans la couronne par des trous ronds ou des mortaises carrées et sont clavetés par des chevillettes en forme de petits balustres ou de quilles. Le repérage reste inchangé, mais apparaissent parfois nos chiffres modernes (arabes) insculpés au poinçon sur les tenons des bras et *sur le dessus* de la couronne ;

– l'anneau inférieur de la boule se généralise.

Au XIXe siècle et après, les lustres à bougies deviennent archaïques. On découvre le gaz d'éclairage et l'on y adapte la classique forme « hollandaise ». Nouvel impératif imposé par l'alimentation des brûleurs, les branches du lustre doivent être creuses, les formes s'amollissent et s'abâtardissent, s'écartant de plus en plus du modèle initial. On ajoute des griffes et des bobèches pour adapter des globes en opaline. Les branches sont de section ronde

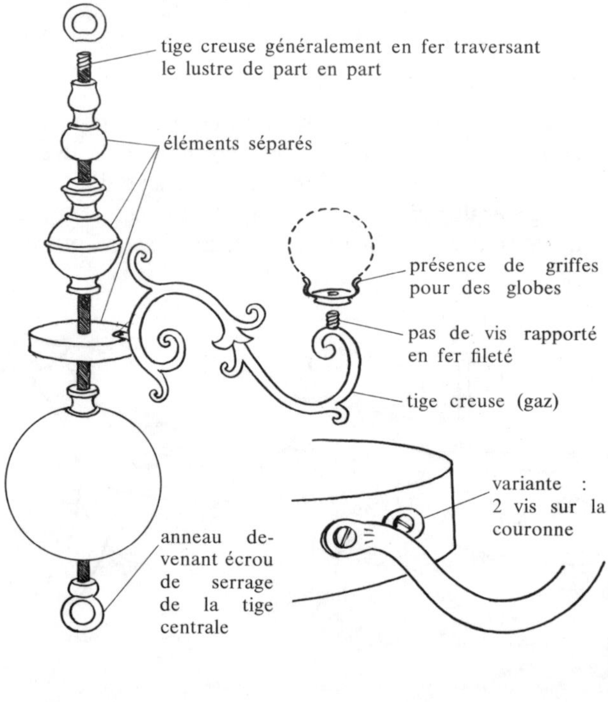

et sont parfois munies de robinet d'arrêt (ou de réglage du débit de gaz). On ne peut définir un type commun : différents montages existent parallèlement sans rapport avec leur type antérieur. Toutefois, il faut convenir que la matière employée reste de bonne qualité (le laiton est fondu et poli). Certains modèles sont plus heureux que d'autres et d'une composition soignée.

L'évolution se poursuivra avec l'avènement de l'électricité. Les branches resteront creuses pour le passage des fils, le montage par tige centrale en fer restera le même que pour le gaz et la grande série mettra sur le marché des lustres en feuille de laiton emboutie qui n'auront avec leurs ancêtres qu'un rapport de forme approximatif.

Pourtant, on continue actuellement à fabriquer des lustres fondus selon des modèles anciens. Aux branches pleines et à bobèches à bougies. On monte ces lustres à l'électricité à l'aide de fils souples transparents que l'on *colle* sur les branches en suivant leurs contours. Les bobèches sont munies de fausses bougies et de lampes «flammes». Bien entendu, les branches ne sont pas fixées par queue-d'aronde ou clavette, elles sont généralement vissées par l'intérieur de la couronne et les divers éléments du lustre maintenus par une tige de fer creuse. Mais ce sont parfois des adaptations satisfaisantes.

Les *copies* de lustres authentiques existent et tendent à se répandre chez les antiquaires peu scrupuleux. Un examen attentif avec votre seul bon sens pour arbitre vous renseignera vite. Songez qu'un lustre qui a traversé les siècles a abondamment servi, a été astiqué d'innombrables fois et qu'il en porte les marques.

Quelques remarques complémentaires

✶ Un ou plusieurs motifs en forme de dauphins qui se mordent la queue se remarquent sur les branches des lustres hollandais (il existe d'autres motifs inspirés notamment des rinceaux de feuillage, mais le premier est le plus répandu). Il est intéressant pour

Lampe de Mosquée. L'anneau supporte un verre coloré dans lequel une veilleuse baigne dans l'huile.

les curieux de faire un rapprochement entre la disposition de ces animaux sur les branches des lustres et les fameux « monstres agrippeurs » de l'imagerie viking. On peut se demander s'il n'existe pas une tradition décorative commune aux Pays-Bas et à la Scandinavie.

✶ Les lustres « hollandais » présentent souvent un ou plusieurs symboles. Le plus courant est l'aigle aux ailes déployées, soit qu'il figure sur chaque branche, soit plus couramment qu'il surmonte le lustre, avant l'anneau d'attache. Ce sont tout simplement les armoiries des villes hanséatiques, dont Dinant faisait partie. Le motif a été répété par plusieurs autres centres sans autres intentions que décoratives.

✶ La Vierge à l'Enfant est également, surtout à l'époque gothique, à placer parmi les motifs surmontant les lustres « hollandais ».

✶ On peut se trouver en présence de lustres de type hollandais dont les branches sont tout simplement emmanchées dans des mortaises de la couronne. Le laiton est grossièrement limé et n'est pas poli.

Il n'y a généralement pas de boule et on note dans certains cas une absence de bobèche. L'extrémité des branches se termine par un anneau. Il s'agit d'une variante orientale, dite « lampe de mosquée ». Dans l'anneau se place un verre de couleur empli d'huile sur laquelle flotte une veilleuse.

✦ On ne peut que renvoyer les amateurs de dinanderie et d'objets de cuivre et de laiton aux merveilleuses peintures flamandes, de Van Eyck à Vermeer, où les scènes d'intérieur abondent et sur lesquelles on peut distinguer un grand nombre de pièces traitées avec une vérité et une minutie qui en font le meilleur des documents.

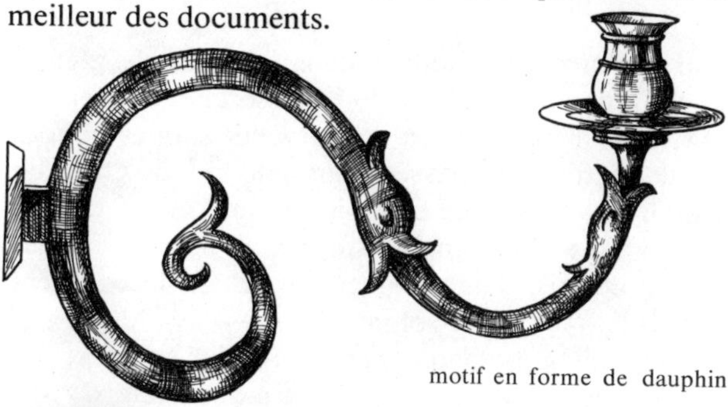

motif en forme de dauphin

rinceau de feuillage baroque et tardif

NETTOYAGE ET ENTRETIEN DES CUIVRES

Ces vieux cuivres oxydés...

Mal aimés, abandonnés dans un coin de grenier ou de grange, récupérés de justesse chez un ferrailleur, vous avez sauvé un de ces vieux cuivres dont la forme, la fonction passée vous ont séduit. C'est un chaudron, un antique alambic, un arrosoir peut-être, une pompe à main, une bassinoire, un broc... Maculés de vert-de-gris, d'une crasse épaisse, ils découragent parfois les meilleures volontés !

Vous allez préparer une « eau de cuivre » ; on connaît sous ce nom un assez grand nombre de formules ; elles sont toutes comparables. Voici la nôtre :

Faites dissoudre dans de l'eau des sels d'oseille (oxalates ou acides oxaliques) dans la proportion d'un tiers de sels pour 2 litres d'eau. A défaut de sels d'oseille, usez d'acide chlorhydrique dans des proportions équivalentes, mais dans de l'eau très chaude. Trempez, si possible, le cuivre à nettoyer. S'il est trop volumineux, humectez des chiffons et plaquez-les dessus. L'effet est généralement rapide ; dès qu'apparaît le métal nu, rincez et procédez à un polissage avec les pâtes à polir du commerce.

La solution d'eau de Javel bouillante est aussi très efficace, si vous avez la possibilité d'y faire tremper complètement l'objet à décaper.

Il est certain que des atteintes d'oxydation très profonde ne seront pas supprimées radicalement par ces procédés. Vous devez les attaquer soit à la poudre de ponce, soit au tampon à récurer (avec précaution), avant de recommencer le premier traitement.

Une *recette populaire* a donné satisfaction à des générations de ménagères. Dans une soucoupe, versez du vinaigre bouillant sur une poignée de sel marin (le vinaigre ne doit pas être assez abondant pour dissoudre tout le sel). Avec ce mélange, frottez l'objet en évitant les coulures. Vous verrez l'oxyde s'éclaircir progressivement et vous pourrez ainsi doser parfaitement votre décapage.

Les cristaux de soude, la lessive Saint-Marc (à raison d'une à deux poignées par litre d'eau) peuvent nettoyer des cuivres vraiment en profondeur.

Pour cela, il est recommandé de prendre un récipient plus grand que l'objet à traiter, de le recouvrir de cette solution, puis de porter le tout à ébullition, en contrôlant l'effet de temps à autre. Un bon rinçage suivi d'un polissage restent nécessaires.

Pour « faire briller » les cuivres

Si vous tenez vraiment à composer vous-même
s pâtes à polir « miracles », voici deux formules
t à fait recommandables qui, toutefois, doivent
appliquées sur des cuivres très ternis et non à
retien d'objets régulièrement astiqués.

rmule n° 1 : faites une pâte avec du tripoli dans
au additionnée de 20 % environ d'acide oxa-
Frottez vigoureusement vos objets avec ce
e et finissez au chiffon propre.

ule n° 2 : préparez une solution de 30 gram-
ide oxalique dans 100 grammes d'eau. Ajou-
rammes de charbon de bois, 30 grammes
à 90 degrés et 20 grammes d'essence de
ie. Ce mélange se présente comme une
e qui a le mérite de « rattraper » des cuivres

e secret du « brillant » éternel

fois dans un polissage parfait – nous
les étapes – et dans un subterfuge.

La cérémonie des «cuivres» dans les maisons bourgeoises se déroulait à la fin du printemps, selon un rituel bien établi que, d'ailleurs, nous ne pouvons qu'approuver.

En premier lieu, les objets étaient nettoyés à la pâte à polir liquide et bien frottés. Ensuite, on les astiquait au tripoli sec. L'ultime étape, qui aboutissait à un brillant aveuglant, consistait à «finir» le polissage au blanc d'Espagne.

Ce n'est pas tout. Pour conférer un chaud reflet doré au laiton notamment, et «fixer» le brillant des cuivres rouges, tous les objets étaient exposés pendant quelques heures au soleil.

Le résultat était magnifique et reste à votre portée si vous avez un peu de courage, un jardin ou un balcon ensoleillé.

Les meilleurs produits ne remplaceront jamais ces soins gradués. L'ennemi n° 1 des cuivres est l'acide carbonique, donc le gaz carbonique combiné à l'humidité de l'air. On mesure le chemin parcouru par la pollution atmosphérique en considérant la fréquence avec laquelle on est obligé de nettoyer les cuivres, notamment en milieu urbain. Alors qu'il y a quelques décennies, cette opération n'était nécessaire qu'une fois par an.

Aujourd'hui, vous pouvez espérer garder vo cuivres d'un brillant inaltérable en les recouvran d'un vernis spécial incolore qui se commercialise e petits flacons ou en bombes de pulvérisation, ce q est de loin le procédé le plus pratique pour obte une couche uniforme et parfaitement indécelable.

Nota. – Les divers procédés de polissage ou décabossage de l'étain sont valables pour les cuiv Nous ne pouvons que renvoyer nos lecteurs au pitre énoncé.

Habit de Chaudronnier

HUITIEME PARTIE

L'ECAILLE

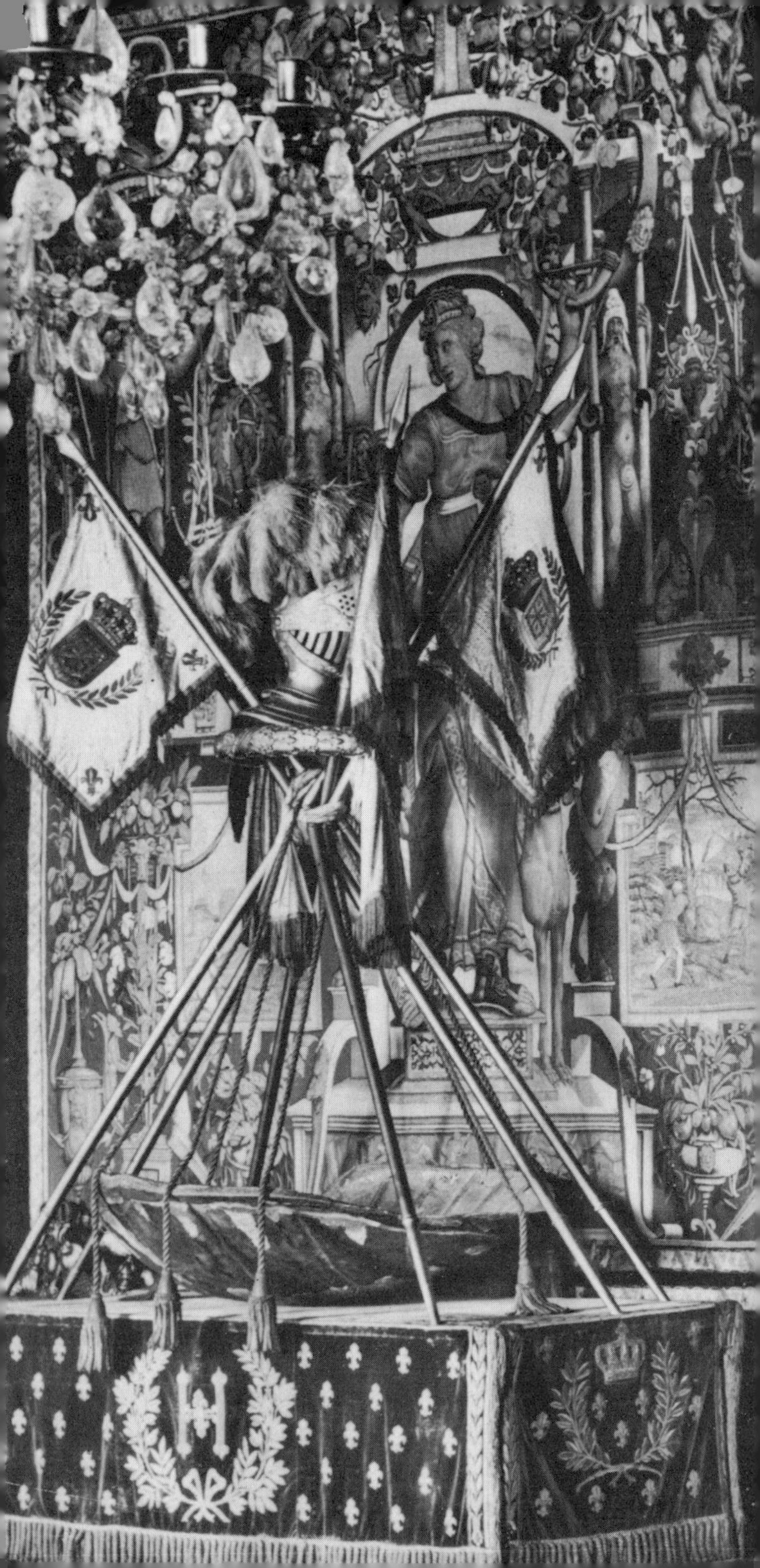

LE VRAI TRESOR DE LA TORTUE : L'ECAILLE

Au château de Pau, on peut voir le berceau du bon roi Henri IV. C'est une carapace de tortue retournée. Ce qui, aujourd'hui, nous semble simplement original était, au XVIe siècle, joyau. En effet, il est à craindre que notre art occidental ait ignoré l'écaille jusqu'à la fin du XVe siècle. Cette noble matière fut introduite en Espagne, au Portugal, en Italie puis en France par les navigateurs dont les boussoles toutes neuves venaient de faire reculer les limites du monde.

Il semble cependant que l'Antiquité grecque et romaine ait non seulement connu l'écaille mais probablement utilisé des carapaces entières de tortues pour confectionner des instruments de musique, lyres, luths ou cithares. Mais est-ce bien certain ? Tout plaide en faveur de l'emploi, pour ce genre d'industrie, de tortues terrestres, abondantes sur toute la frange méditerranéenne. La tortue marine est la seule qui nous intéresse ici, car c'est d'elle que provient l'écaille que nous connaissons, matière précieuse et noble. Les ébénistes de la Renaissance en incrustèrent de nombreux coffrets, des cabinets... Un peu délaissée au début du XVIIe siècle, elle connut sa gloire la plus indiscutable au XVIIIe siècle. André-Charles Boulle impose un style sous le régime du Roi-Soleil : des meubles aux marqueteries de laiton incrustés d'écaille. On peut affirmer sans exagération qu'il s'agit là d'un style officiel dont la profusion ornementale convient à merveille au Versailles de Louis XIV. C'est l'essor : boîtes à mouches, éventails, peignes, tabatières, cadres, l'écaille triomphe, et, avec ce succès, naissent les premières contrefaçons. La poudre d'écaille, liée à la gélatine ou à la colle d'os, fait illusion, d'autant qu'ainsi on peut mouler et reproduire presque industriellement les formes en vogue. D'ailleurs, cherchait-on à tromper ? Il n'est pas interdit de penser que la technique du travail de l'écaille restait à trouver car ce n'est que beaucoup plus tard, après le Second Empire, que l'on a appliqué les procédés de soudure de l'écaille, apparemment inconnus des artistes du XVIIIe siècle.

Combien de collections célèbres présentent-elles d'authentiques objets du XVIIIe siècle en vulgaire gélatine ! – ce qui, pour ne rien changer à leur valeur, n'en commande pas moins la plus grande circonspection quant aux restaurations à entreprendre.

Un peu délaissée pendant les premières décennies du XIXe siècle, l'écaille retrouva la faveur du public avec le rêve colonial de la IIIe République, mais la concurrence devint vite sévère avec le celluloïd.

Aujourd'hui, l'industrie plastique imite avec une perfection jamais atteinte les transparences subtiles de l'écaille.

Mais n'y a-t-il pas un plaisir raffiné à posséder des objets dont la valeur n'est connue que de nous seul ?

La tortue de mer

C'est un animal des mers chaudes. On en trouve un peu partout dans l'Atlantique, le Pacifique ou l'océan Indien, mais sa pêche donne lieu à une industrie dans la mer des Antilles : aux Bahamas, notamment, pour la fameuse tortue à écailles blondes. Ce n'est pas un monstre marin, tout au plus pèse-t-elle 50 kilos. La tortue « caret », très répandue, est sensiblement différente ; ses écailles sont dites « tuilées », elles sont plus brunes, parfois presque noires, plus grossières aussi. Leur prix marchand est très exactement dix fois moindre que celui de l'écaille blonde ou « demi-blonde ». En revanche, une tortue « caret » peut atteindre 200 kilos et plus [1].

1. L'écaille blonde peut atteindre de 600 à 700 francs le kilo ; l'écaille brune ordinaire, de 50 à 70 francs seulement.

Il n'y a pas de bonne méthode pour dépouiller une tortue de sa carapace. Les indigènes des mers du Sud surprennent ces reptiles au moment de la ponte, sur les rivages sableux, les retournent, puis, sans autres formes, allument un feu par-dessus. Ainsi, ils récupèrent assez facilement les écailles, qui se détachent très facilement. Car, il faut le préciser, la carapace d'une tortue marine n'est pas un bloc homogène, c'est un ensemble articulé, bien que rigide.

Treize écailles principales composent le dos, avec une bordure d'« onglons » ; le ventre, pour sa part, est presque uni, mais n'est jamais très épais. La méthode du feu a l'inconvénient d'abîmer une partie de la carapace, aussi préfère-t-on plonger la bête dans l'eau bouillante. L'agonie des tortues marines est atroce, car peu de créatures vivantes ont été dotées par la nature d'une résistance comparable. Que les âmes sensibles s'abstiennent, mais, dans les pêcheries des Seychelles, de Madagascar ou des Bahamas, où se préparent les fameux bouillons de tortue qui sont commercialisés dans le monde entier, les « carets » sont éventrés, la chair découpée, extirpée par quartiers de ce récipient naturel que forme la carapace retournée, et jusqu'à la dernière livre de chair, jusqu'au dernier moment, dans un atroce bain de sang, leur cœur ne cesse de battre en palpitant follement. Réflexe ? Qu'en savons-nous ? Ah ! si les tortues étaient aussi sympathiques que les bébés phoques ! Car on peut pousser plus loin la comparaison et elle n'est certes pas en faveur du sort des tortues ! Des « spécialistes » de la mer des Antilles parviennent même à « dépouiller » la tortue sans la tuer ; ils la rejettent à la mer et, si elle n'est pas gobée par un prédateur quelconque, requin, barracuda ou autre, elle verra sa protection se reformer. Les « connaisseurs » ne s'y trompent pas, cette carapace de remplacement n'atteint jamais la qualité de la première. On se prend à penser que, pour établir cette comparaison, a-t-il fallu que ces pauvres bêtes subissent plusieurs fois le même traitement !

Reconnaître l'écaille

On ne peut décrire avec précision les mille aspects de l'écaille... ni donner de critères convaincants pour la reconnaître et la différencier des matières plastiques. Ce que nous pouvons dire, c'est que les degrés de qualité de l'écaille s'échelonnent du noir au blond.

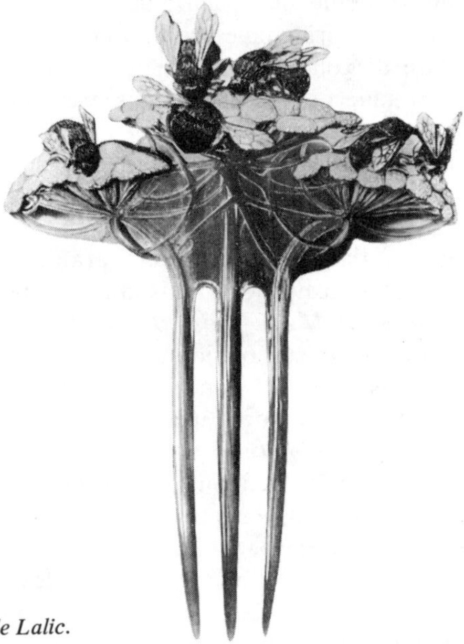

Peigne de Lalic.

Les écailles médiocres sont peu transparentes, brun-noir, avec des veines plus claires et translucides. On trouve dans une qualité intermédiaire l'écaille « cerise », qui, comme son nom l'indique, tire sur le rouge. Les jaspes, dans cette qualité, sont souvent peu apparents et la teinte est relativement homogène. Passant par toute une gamme de jaspures, l'écaille devient demi-blonde, puis blonde ; dans cette qualité qui est la plus précieuse et la plus recherchée, les jaspures sont généralement fondues dans une teinte rappelant avec une merveilleuse transparence les différentes nuances que l'on peut trouver à l'ambre.

Pour savoir si l'on est véritablement en présence d'écaille, il n'y a que l'œil qui peut vous renseigner, et une observation rigoureuse. Donc, sans une «éducation» particulière, on ne peut prétendre émettre un diagnostic sur l'authenticité d'une pièce d'écaille. L'imitation est d'une surprenante identité. Essayer de chauffer un objet pour savoir s'il est en plastique reste incertain (il est des plastiques qui ne fondent pas) et peut aboutir à une détérioration bien inutile. Seul conseil raisonnable, n'achetez d'écaille qu'à un spécialiste.

Réparer l'écaille

L'écaille est une matière vivante qui a l'étonnante propriété de se souder elle-même, par simple contact. Nous allons voir comment.

On a souvent comparé l'écaille à la matière plastique; ce n'est pas un mauvais rapprochement. En effet, comme les résines synthétiques, l'écaille se ramollit à la chaleur. D'ailleurs, les formeurs d'écaille du siècle dernier la plongeaient dans de l'eau en ébullition, dans laquelle ils ajoutaient d'ailleurs un verre d'huile d'olive. La méthode est toujours valable, notamment pour redresser une pièce d'écaille déformée. Selon l'importance de l'objet, vous préparez une quantité d'eau suffisante pour l'immerger. Cette eau sera portée à ébullition. Il est difficile de donner une indication de temps. Seul un contrôle vous indiquera que l'objet devient relativement souple. Vous aurez prévu des cales, des poids ou des presses pour maintenir l'objet en forme, car, hors de l'eau, l'écaille retrouvera très vite sa rigidité. Toute la difficulté de la réparation de l'écaille vient de la forme des objets à traiter. Comment les maintenir en position parfaite lorsqu'ils sont tout en courbes, en sculptures ou d'une finesse de section qui les rend encore plus vulnérables? C'est là que votre ingéniosité suppléera nos conseils. Tout d'abord, évoquons la soudure de l'écaille.

Vous rafraîchirez la cassure de la pièce à souder. Comment ? Tout dépend de la forme et de la section de la cassure. Vous pouvez gratter avec une pointe d'épingle s'il s'agit de la légère armature d'un éventail du XVIIIe siècle, donner un coup de lime très mesuré sur l'épaisseur d'un peigne, d'un manche de brosse, un léger grattage avec un « vaccinostyle [1] » sur le couvercle d'un poudrier. Il faut, en tout état de cause, que ce « grattage » soit aussi discret que possible, sauf dans le cas précis où un collage a été tenté précédemment. Il est d'une nécessité absolue d'éliminer la moindre trace de colle restante. Les pièces à souder seront mises en présence et, bien entendu, devront coïncider parfaitement. Vous ferez appel pour les maintenir à des bracelets de caoutchouc, des cales préparées à l'avance, etc., pour qu'une pression s'exerce uniformément. Vous entourez l'objet de linge mouillé sur lequel vous appliquez sur toutes ses faces des fers que vous aurez fait rougir. Pour une petite pièce, vous pouvez vous servir de deux fers à repasser, un dessus, un dessous. Laissez-les en contact avec les tissus mouillés jusqu'à refroidissement. Il est probable que l'eau évaporée, le tissu brûlera, mais cela n'aura pas d'importance. Prévoyez une épaisseur suffisante mais non excessive, le maximum de chaleur doit parvenir jusqu'à l'écaille. En cas d'échec, n'hésitez pas, recommencez.

On peut obtenir d'excellents résultats sur de petites pièces en ravivant la cassure à la lame de rasoir et en mettant les deux morceaux à assembler sous presse. De petits serre-joints sont parfaits.

Vous plongez le tout dans de l'eau que vous maintiendrez à ébullition le temps nécessaire à une fusion des morceaux. En ébénisterie où l'on emploie toujours l'écaille, on ajoute à l'eau quelques poignées de gros sel. Sans doute pour pénétrer l'écaille de son élément originel.

1. Petit bistouri en forme de plume à écrire, qui peut s'emmancher d'ailleurs sur un porte-plume, qui sert en principe en médecine à inoculer les vaccins, mais dont les maquettistes d'imprimerie, les retoucheurs font une assez grande consommation.

Le polissage de l'écaille

Les professionnels polissent l'écaille selon un procédé dit « au gras ». Il s'agit d'une pâte composée de particules très finement abrasives et d'un liant gras. Cet abrasif peut être de la « ponce soie » que l'on trouve dans les magasins spécialisés du faubourg Saint-Antoine, à Paris ou chez les vernisseurs au tampon. Le « gras » peut être tout simplement de l'huile de vaseline. La « popote » des ébénistes donne d'excellents résultats. Frottez à l'aide d'un tampon de peau de chamois, que vous trempez de temps en temps dans votre mélange, et terminez à la peau de chamois propre. Cette méthode n'est valable que pour de l'écaille rayée. Pour redonner du brillant à un objet terni, un frottage vigoureux avec un tampon de peau de chamois ou de chiffon non pelucheux enduit de glycérine donnera les meilleurs résultats.

Nettoyer l'écaille ne présente aucune difficulté ni particularité ; l'eau savonneuse, suivie d'un bon rinçage, a une efficacité parfaite.

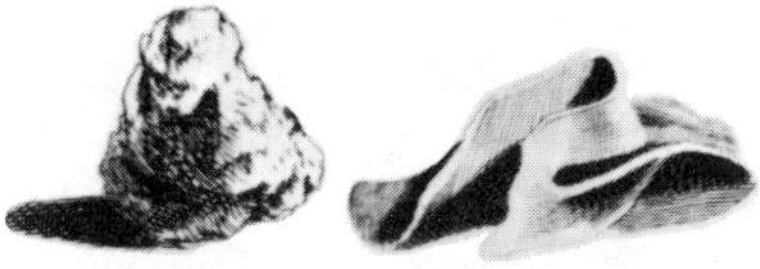

NEUVIEME PARTIE

L'ETAIN

LE DOUX REFLET DE L'ETAIN

L'étain fut de tout temps un métal précieux, et c'est peut-être le seul dont l'attrait ne se soit pas exprimé en valeur. Car son prix n'est en rien comparable à celui de l'or ou de l'argent. On peut y voir la marque de sa beauté intrinsèque, reconnue dès les premiers balbutiements des civilisations historiques. On l'a aimé pour lui-même et non en raison de sa rareté. Il a permis à l'humanité de parcourir des étapes décisives, de marquer l'histoire de l'art de ses plus purs fleurons.

Car, sans lui, le bronze n'existerait pas, avec les conséquences incalculables de cette carence. Quels seraient les témoignages des civilisations égyptiennes et mésopotamiennes sans les outils de bronze des sculpteurs ? Que nous légueraient les premières dynasties chinoises sans les admirables bronzes de fouilles des époques Yin (XIVe siècle au XIe siècle av. J.-C.) ? Que saurions-nous de la Mésopotamie, de Ninive et de Babylone, des Perses, sans les délicieux bronzes du Louristan et la statuaire de Sumer ?

Qui peut mesurer le contenu culturel des échanges auxquels l'étain a donné lieu des millénaires avant notre ère ? Puisque aussi bien il est attesté que le minerai utilisé par les Mésopotamiens venait de Galice, en Espagne, et sans doute de Grande-Bretagne.

Les premiers objets en étain pur parvenus jusqu'à nous sont une bague et un vase trouvés dans une nécropole égyptienne de la XVIIIe dynastie (vers 1450 av. J.-C.). L'Egypte ancienne n'exploitait aucun gisement de ce métal et l'on ne sait encore si le minerai provenait de Syrie, d'Espagne ou, pourquoi pas ? d'Europe du Nord.

Nous voilà sans conteste au véritable berceau de l'art de l'étain, l'Europe. Et, pour ce qui nous intéresse, contractons le temps pour nous projeter au Moyen Age, où l'étain devint d'un usage populaire.

Sous le règne de saint Louis, dix-neuf maîtres potiers d'étain exercent leur industrie à Paris.

Au XIVe siècle, on remplace la vaisselle de bois et de poterie grossière par l'étain qui, outre son aspect, a la faculté de se rénover périodiquement par une refonte générale. C'est la principale raison de la rareté insigne des pièces véritablement anciennes. Les potiers d'étain effectuaient des tournées à domicile et refondaient pour un prix modique la vaisselle usagée. La redevance qui leur était octroyée se calculait au poids. Pour animer leur négoce et suivre les modes, ils modifiaient les formes en usage. C'est ainsi qu'il ne nous reste *aucun* témoin tangible de la poterie d'étain des XIIIe, XIVe et XVe siècles, quelques pièces isolées du XVIe siècle et du XVIIe siècle. Il faut arriver au XVIIIe siècle pour enfin être confronté à une production relativement abondante, car la désaffection de la vaisselle d'étain commence à se faire sentir avec le triomphe de la faïence. Mis au rebut avec le XIXe siècle, ces témoins si attachants de tout un art particulier vont aujourd'hui combler les collectionneurs et conférer à nos demeures un raffinement décoratif profondément attachant.

La fraude

Il est difficile d'étudier « à froid » l'incroyable prolifération des faux étains. La rareté a toujours été propice à la fraude, mais, à voir l'abondance de ces « copies » de qualité très diverse, d'ailleurs, il nous vient une réflexion qu'il faudra bien poser un jour en des termes précis : « Comment des gens ayant choisi le noble et beau métier d'antiquaire peuvent-ils proposer au public plus ou moins averti une infinité d'objets dont ils passent commande à la fabrique la plus proche ? » Si c'est par nécessité commerciale, qu'ils pratiquent un autre négoce ! Ils réussiront dans l'article-souvenir, la poupée folklorique ou le baromètre en coquillage, « souvenir de la mer ».

Il en est qui précisent : « Il s'agit de copies. » Cette probité les honore, mais cela change-t-il quelque chose ? Sauf que leur vocation n'est pas l'article-souvenir, mais le magasin d'ameublement-décoration.

Si la profession d'antiquaire exige, pour être rentable, qu'il y ait une dupe et un dupeur, il est à craindre qu'elle ne disparaisse et ce serait profondément regrettable pour notre plaisir, pour tout un art de vivre.

Il n'y a pas que les antiquaires ! Que penser de ces tâcherons qui s'intitulent « maîtres potiers » et qui n'ont jamais exercé d'autre profession que celle de fondeur, se contentant de répéter à l'infini des formes créées par d'autres ?

L'étain est un merveilleux matériau propre à tenter les artistes, les vrais, qui pourraient laisser un témoignage de leur passage en notre siècle. Ils sont rares et, il faut l'avouer, il leur manque la principale motivation des maîtres du passé, celle de l'utilité. Car, réfléchissons, il n'est pas d'objet parvenu jusqu'à nous qui n'ait eu une fonction précise, quotidienne et populaire. Mais y a-t-il des frontières à l'imagination ?

Reconnaître les « faux »

Cela exige une grande habitude et, au début, risque d'être décevant, car des connaissances fragmentaires sont plus dangereuses que l'ignorance. Car l'ignorant a, au moins, le recours à l'instinct.

Tout d'abord, éduquez votre œil. Etudiez bien les étains d'une authenticité indiscutable que vous pourrez contempler dans les musées, chez les antiquaires spécialisés, qui ne pourraient se permettre de négocier des pièces douteuses.

Comment guider utilement cet examen ? Songez que l'étain est un métal très malléable, pour ne pas dire mou, qu'un long usage peut avoir laissé ses traces sur l'objet le mieux conservé : légers chocs sur le piédouche d'un pichet à vin, sur le goulot, le couvercle, sur le bord d'un plat, traces de coupures sur le fond d'une assiette, d'une écuelle, déformations imperceptibles ou nettes sur la panse d'un pot, d'une soupière...

Imaginez des siècles de soins patients, allant du récurage pur et simple des filles de cuisine au polissage exigeant d'une ménagère d'antan. Là réside souvent la meilleure pierre de touche. Un étain ancien *a servi,* donc il a été *entretenu* et n'objectez pas que des décennies d'abandon peuvent y changer quoi que ce soit. Abstraction faite de la crasse ou de l'oxydation qui peuvent éteindre l'étain le plus brillant, reste l'ineffable modelé des formes longtemps caressées.

Un étain «faux» aura des arêtes vives, même si un maquillage habile les a écrasées. La systématisation révélera l'intention, donc la fraude.

Même si le moulage a été fait sur une pièce authentiquement ancienne, ce qui est modelé deviendra mollesse. C'est une des particularités qui dénoncent toujours la copie par remoulage. C'est flagrant sur les poinçons. Les maîtres potiers ou, dans certains cas, les contrôleurs des poids et mesures (pour les pichets à vin d'un modèle officiel) possédaient des poinçons en acier qu'ils imprimaient dans l'étain plus mou d'un coup de marteau avec une «bigorne» (sorte de petite enclume) pour servir de contrecoup et ne pas enfoncer l'étain.

Sur les pièces authentiques, ces marques sont nettes au moins en partie, car le coup ne portait pas toujours parfaitement à plat. Sur la face opposée de ces empreintes, on relève la marque de la «bigorne», comme un martelage. Sur une copie, ces marques sont molles, incertaines. Elles ressemblent à ce que vous pourriez obtenir en coulant du plomb ou de l'étain dans la trace qu'aurait laissée une pièce de monnaie dans du sable mouillé.

Ce qui est plus grave, c'est l'habitude que les faussaires ont prise de posséder leurs propres poinçons. Là, ce sont des notions contraires à nos conseils précédents qui doivent donner l'éveil : les bords de l'empreinte sont trop nets, le fond exempt des dépôts de pâte à polir, d'oxyde que le chiffon n'a pu atteindre. Question de nuances !

Pourtant les faussaires ne négligent pas les bains d'acide, générateurs d'oxydations spectaculaires, les « sauces » qui « patinent », etc. Seuls le bon sens et l'observation peuvent vous guider et il n'est pas de fraude, aussi habile soit-elle, qui puisse leur résister.

Ce qu'il n'est pas inutile de préciser à propos des poinçons, c'est que leur présence ne prouve rien, une infinité de pièces authentiques en sont totalement dépourvues !

Enfin, nous ne pouvons qu'engager l'amateur à s'instruire ; d'excellents ouvrages lui fourniront un champ d'investigations passionnantes et il apprendra le langage des poinçons. Il verra que les faussaires s'ingénient à copier les plus connus, comme le fameux poinçon dit « à la rose couronnée » qui, lorsqu'il est authentique, a tellement de variantes que même les spécialistes s'y perdent. Pour fixer les esprits, rappelons que certains potiers d'étain, tel le célèbre Bartholomé Leboucq, de Lille, utilisaient cinq poinçons différents, dont plusieurs « à la rose couronnée », et son concurrent Lefebvre également. Enfin, pour ajouter à la confusion, précisons que la fameuse « rose couronnée » se trouve aussi sur des productions bruxelloises et liégeoises.

Les quatre poinçons et leur langage

Sans devenir une encyclopédie vivante des poinçons, ce qui serait impossible — il en reste tant encore à découvrir et à recenser! – il est bon de connaître la signification des marques plus ou moins «parlantes» que l'on est amené à trouver.

Les poinçons de maîtrise (dits de maîtres potiers ou de fondeurs d'étain).

On connaît les grandes lignes des organisations corporatives: chaque potier pouvait insculper sa marque distinctive sur sa production, s'il était accepté par les maîtres jurés des métiers. Ils devaient se conformer à certaines prescriptions, notamment à respecter la qualité des alliages. La corporation se considérait alors comme responsable de la production de ces potiers.

Selon des prescriptions légales, ces maîtres potiers étaient tenus à faire figurer les initiales de leur nom sur leur poinçon. Parfois, ce nom figure en entier, ou devient charade. On connaît plusieurs exemples où le nom est représenté par analogie. Tonnelier, maître potier à Paris, présentait bien entendu sur son poinçon un de ces artisans en futaille au travail.

Précisons que les initiales sont de loin les plus fréquentes, avec le marteau comme emblème (celui de « batteur d'étain » à double panne). La fameuse «rose couronnée» se cantonne dans le nord de la France, le non moins fameux « ange peseur d'âme » (?) ou «à la balance» dans l'est (et à Lyon) et que les charades et autres poinçons parlants sont usités principalement à Paris (ce dernier point souligné le plus souvent par la lettre « P »).

Où se trouvent ces poinçons ?

Le plus souvent sur le fond extérieur des plats, vaisselle diverse et pots à vin. Pour ces derniers, ils peuvent se trouver également sur le couvercle.

Les poinçons de contrôle.

Nous l'avons vu, les maîtres jurés engageaient leur responsabilité sur la qualité des alliages qu'employaient les ressortissants de leur corporation. Il était donc dans l'ordre qu'ils exerçassent un contrôle. Ces poinçons de contrôle sont assez facilement reconnaissables. Leur taille ne dépasse pas un centimètre de diamètre et ils portent soit la lettre F (souvent doublée, deux F ou le L adossés) pour l'étain « fin », soit la lettre C (également doublée, dans certains cas adossée ou entrelacée pour l'étain commun). On connaît, bien entendu, des variantes à ces marques. Armoiries, nom de la ville, date, qualité de l'étain en toutes lettres, etc.

De maître

« Au marteau »

De maître

De propriétaire

Les poinçons.

On trouve ces marques à côté des poinçons de maîtres. Cela, bien sûr, en général ; les cas particuliers abondent.

Les poinçons de jaugeage.

Ils ne nous intéressent que pour les pièces d'étain ayant valeur de mesure, notamment les pots à vin que vérifiaient périodiquement les contrôleurs-visiteurs des poids et mesures. Il s'agit de petits signes apposés sur le couvercle ou au sommet du goulot. Leur diversité est étonnante et leur recensement systématique, bien qu'entrepris courageusement par des spécialistes comme l'expert parisien Charles Boucau, s'augmente sans cesse de types nouveaux.

Les poinçons de propriétaire.

Ils sont très rares et ne doivent pas être confondus avec les initiales, symboles, armoiries « gravés » relativement fréquents sur la vaisselle d'étain. Il s'agit au contraire de véritables poinçons bien visibles. Leur rôle, sans doute comparable à ces inscriptions que les hôteliers font apposer sur leur vaisselle ou les cendriers, comme « Hôtel des Voyageurs » ou « Restaurant de la Plage »... On en connaît de l'Hospice de Beaune, de l'Hôtel royal des Invalides, de plusieurs communautés hospitalières ou religieuses, et certains difficilement identifiables, provenant d'ecclésiastiques, ou peut-être de simples particuliers.

Les contremarques.

Il ne s'agit pas là à proprement parler de poinçons, mais de marques en relief, de pastilles que l'on découvre, notamment dans les pots, au fond, *à l'intérieur.* Cette singularité les fait généralement passer inaperçues. Ces contremarques présentent des signes difficiles à interpréter : initiales, dates, motifs décoratifs en rosaces. On s'est longtemps demandé leur signification : marque de fabrique ? signature ? En réalité, il s'agissait d'une particularité technique. Les pots, jusqu'au XVIIIe siècle, étaient fondus dans des moules à deux pièces et les irrégularités laissées par la soudure de ces deux parties égalisées au tour.

On tenait donc les pots par le fond, à l'aide d'un mandrin et vraisemblablement d'une contre-pièce vissée à travers le fond.

Les contremarques que nous évoquons servaient, par la suite, à aveugler le trou provoqué par le mandrin. Il suffisait de les souder en place.

L'importance des contremarques apparaît donc facilement : elles signalent à coup sûr les pièces antérieures au XVIIIe siècle.

En médaille

En rosace

Contremarques.

L'ETAIN ET SES ALLIAGES

On l'a vu, le plus strict contrôle était exercé sur la qualité de l'étain mis en service par les maîtres potiers. Trois catégories d'étain étaient officiellement reconnues :

L'étain fin.

Probablement de l'étain pur avec, peut-être, des additifs en quantité inchiffrable propres à faciliter la fonte (bismuth ?). Les pièces en étain fin sont très rares. Elles se rencontrent plutôt en orfèvrerie (soupières, écuelles ornées, bouillons), d'autant que l'étain commun – nous allons le voir – ne présentait que des différences légères avec l'étain fin ; et les tuyaux d'orgues qui, en principe, doivent être façonnés en étain fin le sont en étain commun de bon aloi ; donc, il semble que la différence soit souvent difficile à établir.

L'étain commun.

Là encore, toute analyse est hasardeuse, car le réemploi de vieil étain était monnaie courante chez les maîtres potiers. Il était même conseillé de ne pas descendre au-dessous d'un tiers de vieil étain dans les opérations de fonte neuve. Mais chaque maître possédait son secret et ajoutait des ingrédients de son cru, cuivre rosette[1], bismuth, oxydes métalliques, antimoine, tungstène...

1. Nom ancien du cuivre rouge.

Le claire étoffe.

Dans cette qualité très inférieure, la proportion de plomb était libre et les maîtres potiers connaissaient parfaitement les dangereuses propriétés du plomb et se gardaient bien de fabriquer des objets pouvant contenir des produits alimentaires en « claire étoffe ». C'était la matière des clystères, des chandeliers communs, des moules à chandelle et autres objets très prosaïques. Il ne faut pas oublier qu'à côté des maîtres potiers opéraient une infinité de fondeurs d'étain et de plomb dont la corporation était libre de contraintes qualitatives.

L'étain « à l'argent ».

L'étain parfaitement poli et astiqué avec soin a des reflets très proches de l'argent, ce qui a accrédité une légende dont les motivations sont purement commerciales. Celle d'alliage de ces deux métaux. Techniquement possible malgré la différence de point de fusion (étain, 232 degrés ; argent, 960 degrés), cet alliage reste improbable pour différentes raisons. La valeur de l'argent était au XVIIIe siècle supérieure à celle qu'on lui reconnaît aujourd'hui, et, parmi les causes du succès de la vaisselle d'étain, on cite fréquemment les lois somptuaires édictées à la fin du règne de Louis XIV qui pénalisaient déjà les « signes extérieurs de richesse » que la vaisselle d'argent symbolisait. Piètre consolation que d'incorporer une partie de ses richesses en un métal somme toute beaucoup plus commun. Ce n'est pas tout, les potiers d'étain, pour réaliser cet alliage, se seraient trouvés dans l'obligation d'employer un matériel de chauffe spécial plus puissant que les braseros que nous montrent les gravures illustrant les traités professionnels de l'époque. Il est improbable que ces braseros — au charbon de bois — aient pu atteindre plus de 600 à 700 degrés. Bien entendu, ce n'est pas un argument péremptoire et il est concevable que les « batteurs d'argent » et orfèvres se soient reconvertis au travail de métaux moins précieux dont l'étain. Mais pourquoi auraient-ils réalisé cet alliage qui n'apportait pas grand-chose au métal de base ? Pourtant, on tient pour preuve de la présence d'argent dans l'étain des marques d'oxydation très caractéristiques similaires aux cristallisations du givre qui se dépose sur les vitres en hiver. N'est-ce pas là une oxydation typique de l'étain ? Enfin, pour ne pas décevoir tout à fait les tenants de l'étain « à l'argent », admettons que les étains communs présentaient un certain pourcentage d'argent. Pourquoi les étains communs plutôt que les étains fins ? Simplement parce qu'ils contenaient du plomb : 10 à 20 % environ – et que le minerai de plomb (galène) est toujours argentifère.

Reconnaître l'étain

C'est d'abord une question d'œil et cela ne se décrit pas. Restent quelques « tests » qui, eux aussi, demandent une certaine habitude : l'*odeur :* un étain frotté avec un chiffon ou même la paume de la main dégage une odeur caractéristique.

Mais on vous objectera que c'est le propre de tous les métaux, ne serait-ce que l'argent ou même le plomb. Le *cri :* n'est-ce pas la preuve d'un véritable amour d'esthète que de reconnaître à un métal un *cri,* et pas n'importe quel cri ? Celui de l'étain est douloureux. En effet, la nature très cristalline de ce métal engendre un phénomène parfaitement perceptible. En tordant légèrement l'étain, on entend un crissement qui ne trompe pas. C'est le « cri de l'étain » qui, on le voit, ne se produit que si on le torture un peu. Mais cette épreuve est-elle toujours possible ? Que dira l'antiquaire lorsqu'il vous verra plier le bord d'un plat « Cardinal » ou le couvercle d'un pot à vin du type parisien ?

Les maladies de l'étain

Avant d'entamer ce chapitre douloureux — l'étain a des maladies graves et même mortelles —, il convient de souligner brièvement ses propriétés thérapeutiques. Il tue les staphylocoques. On peut prétendre que les vaisselles d'étain qui étaient en usage dans les hôpitaux du Moyen Age jusqu'à la Révolution française ont limité un fléau qui sévit aujourd'hui, à notre siècle de greffes d'organes et de cœurs atomiques, sous le nom d'ailleurs de « mal des hôpitaux », et qui n'est rien d'autre qu'une prolifération anormale et irrépressible de staphylocoques dorés, dont toute notre asepsie moderne est incapable de se protéger. L'étain, comme l'argent, est bactéricide, et il entre sous des formes diverses dans la composition de pommades et topiques divers utilisés dans le traitement des furoncles et anthrax, de la grippe et même de la tuberculose.

Le « cancer » de l'étain

Nous avons évoqué dans le chapitre « l'étain à l'argent » une oxydation comparable à du givre. On la désigne parfois sous le nom de « cancer de l'étain ». Cette sinistre appellation est très exagérée. Certes, ces sortes de cristallisations sont dures à éliminer, mais elles n'atteignent pas la matière elle-même. On peut toujours retrouver l'éclat d'un bel objet en étain, mais pour cela il n'est pas conseillé d'employer d'emblée les « grands moyens ». Au contraire, il est bon, par respect pour la matière et pour l'objet lui-même, de graduer vos interventions.

✶ Usez tout simplement d'une pâte à polir du commerce, frottez avec vigueur, en insistant spécialement sur les traces d'oxyde. Faites briller pour contrôler votre travail. Si un résultat partiel mais satisfaisant apparaît, continuez par le même moyen, il est bon et sans danger.

✶ Un objet très encrassé, dont l'oxydation semble profonde, sera trempé dans le pétrole et laissé dans ce bain quelques heures ou même quelques jours.

Vous l'essuierez, ensuite, avec du papier journal (très absorbant) et il est probable que les concrétions se décolleront sans difficulté. Achevez le polissage au chiffon avec un produit classique.

✶ Autre méthode apparemment plus empirique, le « bain de foin ». Dans un récipient métallique, mettez quelques poignées de foin et posez l'objet dessus. Ajoutez suffisamment d'eau pour couvrir le tout. Faites chauffer sans amener à ébullition et laissez refroidir. Au bout de quelques heures, la plupart des souillures auront disparu.

✶ La potasse, la soude, l'ammoniaque précipitent les sels d'étain. En vous servant d'un de ces trois produits, vous devez éliminer sans aucune difficulté les oxydations les plus tenaces. Toutefois, vous n'êtes pas dispensé de précautions. Rincez bien votre étain à mesure que vous constatez l'action de ces produits.

✶ Il est parfois conseillé, pour nettoyer l'étain, l'emploi d'acide chlorhydrique étendu d'eau. C'est une faute grave, l'acide chlorhydrique dissout l'étain. Bien entendu, un tel traitement met facilement le métal à nu mais, à notre avis, compromet gravement l'aspect d'un objet en éliminant sa patine.

A ce propos, il faut préciser que la patine de l'étain n'est pas la conservation de la couche d'oxyde plus ou moins noirâtre qui le recouvre. Tous les spécialistes sont d'accord : l'étain doit être propre, astiqué et brillant. Il n'est pas douteux que certains motifs, moulurations, gravures, gorges, garderont une différence de nuance ; cela est souhaitable, car ainsi s'accusent les reliefs ou le modelé d'un objet, donc sa ligne.

La peste de l'étain

C'est ce qui peut arriver de plus grave à un étain. Il s'agit d'une véritable « maladie », due essentiellement au *froid*. On voit apparaître à la surface du métal des ulcérations profondes, en creux ; dans ces cratères poudroient des sels d'étain, le métal est littéralement décomposé. Ces attaques peuvent être isolées ou, malheureusement, affecter toute la surface de l'objet. Que faire ? Voilà une question qui entretient les controverses, mais surtout la perplexité des spécialistes.

Sur une pièce de valeur, très ancienne, et surtout très attaquée, l'avis qui prévaut est de la laisser en l'état, un simple nettoyage superficiel à la pâte à polir pouvant aviver quelques reliefs encore intacts. Le véritable amateur considérera cet objet comme un *document* et non plus pour sa valeur décorative. En assistant avec désolation aux progrès du mal !

Mais est-ce une solution ? Il n'est rien de moins évident que la « peste » se répande sur tout l'objet si l'on agit à temps. Un grattage soigneux des « cratères » est souhaitable, une action chimique sur les sels d'étain de l'oxydation aussi. Nous l'avons vu, la soude, la potasse ou l'ammoniaque peuvent « nettoyer » l'oxydation. Enfin, après un polissage aussi poussé que possible, vous allez appliquer un traitement qui, malgré sa simplicité, est reconnu par les plus grands laboratoires de recherches métallurgiques du monde comme le meilleur. Vous chauffez raisonnablement votre objet et vous l'enduisez de *cire d'abeille naturelle.* La cire fond à la chaleur et pénètre dans les plus infimes altérations, enrobe les sels d'oxydation et gagne en profondeur jusqu'au métal nu qu'il isole complètement de l'oxygène de l'air sans lequel aucune transformation chimique ou moléculaire spontanée n'est possible. Vous essuyez soigneusement l'excès de cire et faites briller. Quoi qu'il arrive, ce traitement est définitif.

Est-il utile de préciser que votre étain, soumis à nouveau à des conditions climatiques extrêmes, ne peut être valablement prémuni par aucune panacée ?

La cire ou l'atome

Le traitement anticorrosion à la cire d'abeille est une solution de simple bon sens que le spécialiste français n° 1, Albert France Lanord, créateur du Laboratoire de recherches archéologiques et du Musée sidérurgique de Nancy, a mis en évidence dans la protection d'innombrables œuvres d'art ou de pièces de fouilles.

A la base de cette découverte, une constatation répétée. Tous les objets de fouilles ayant contenu des onguents ou des fards – et toutes les civilisations nous en ont légué – étaient découverts intacts, sans altération notoire, malgré leur séjour dans la terre, en milieu humide ou acide. L'analyse de ces antiques produits de beauté révélait systématiquement la présence de cire d'abeille. Il semblerait même que la cire d'abeille se retrouve intacte dans des dépôts *fossiles* provenant des grands bouleversements géologiques de la terre.

On a cru pouvoir stopper le processus de l'oxydation par la radioactivité. Le British Museum a confié une importante collection numismatique aux spécialistes du Commissariat à l'énergie atomique de Grande-Bretagne.

Après traitement, on s'est aperçu que les pièces traitées émettaient des rayons gamma très dangereux et la collection a dû être enfermée dans des containers de plomb et consignée pour des siècles dans une cave spécialement aménagée du Museum où, bien entendu, il n'est pas question de les manipuler ou de les voir.

Et si vos étains se portent bien ?

Car, enfin, nous venons de parcourir l'enfer et le purgatoire des objets aimés, et l'on pourrait supposer que des maladies horrifiques les attendent ! Il n'en est rien. Ils ont aussi leur paradis ! Celui où notre vigilance les entoure de soins périodiques. Et, puisque nous évoquons le ciel et l'enfer, rappelons au passage que l'étain est admis par l'Eglise comme

métal sacré, honneur tout à fait respectable qui nous vaut un certain nombre d'objets pleins de grâce comme des ciboires, des petits pots à saintes huiles, des boîtes à hosties. Nous pouvons profiter de l'occasion pour demander quelques recettes pour faire briller l'étain, sacré, fin ou commun, à une vieille bonne de curé. Il semble que pendant des siècles on a dévolu à la poudre de ponce le soin de polir l'étain. On l'agglomérait sur le chiffon avec un peu d'huile d'olive et l'on frottait courageusement. Vous pouvez vous procurer de la poudre de pierre ponce dans les commerces spécialisés dans la fourniture aux vernisseurs et aux ébénistes. Demandez de la ponce « soie », c'est la plus fine. Le « blanc d'Espagne » mêlé à l'ammoniaque a également donné satisfaction à des générations de ménagères, le tripoli reste un pilier de l'entretien rationnel des étains, la « popote » des ébénistes aussi. On trouve dans le commerce de l'excellente popote dont la composition est scientifiquement équilibrée. Il est dangereux de se fier aux recettes personnelles qui abondent (chaque antiquaire ou ébéniste a la sienne). La composition de la plupart des pâtes à polir fait généralement appel aux différents ingrédients que nous venons d'évoquer et reste dans tous les cas la meilleure solution à votre portée. Un conseil cependant : ne laissez pas les dépôts blanchâtres de pâte à polir dans les creux des objets, donnez un léger coup de brosse ou de pinceau dur pour les enlever.

L'étain, qui est un métal mou, est nettement antifriction, comme l'antimoine ou le bronze. Un outil pointu pourra le rayer facilement, mais le frottement ne l'« use » pas aussi aisément qu'on pourrait le supposer. Comment obtenir un beau poli ? Car, en réalité, le polissage est une usure contrôlée. Cette question se pose surtout à ceux qui possèdent des étains récents (pour ne pas dire faux). Nous l'avons vu, les étains véritablement anciens possèdent cette inimitable patine. On a préconisé des procédés plus ou moins radicaux. Les tampons en laine d'acier viennent en tête, imbibés de pétrole, d'huile. Ils sont remplacés depuis quelques années par des chiffons à récurer en matière plastique verte, bien connus des ménagères. Nous jugeons ces procédés brutaux et mal adaptés. Ce traitement fera indiscutablement briller l'étain, mais un peu à la façon d'un papier de verre, en créant une infinité de rayures où le métal mis à nu scintillera. Rien de comparable avec un polissage doux qui donne un reflet satiné mat.

Le procédé mécanique est nettement plus intéressant. Avec une meule en feutre ou en chiffon que l'on enduit de temps en temps de pâte à polir en pain, on peut aboutir à une patine presque parfaite... Mais c'est long, précisément à cause des propriétés antifriction de l'étain. La vitesse de rotation de la meule doit être assez rapide : 2 500 tours-minute au moins. Les petites meules qui équipent le matériel électroportatif des bricoleurs sont insuffisantes ; leur diamètre est trop réduit pour qu'elles aient la souplesse requise, et leur monture métallique risque de marquer l'étain en entrant trop facilement en contact. Cependant, si vous possédez un touret à meuler, il peut très bien être entraîné par une perceuse « bricolage » de 350 à 400 watts et rien ne vous empêche de l'équiper d'une meule feutre de 15 ou 20 centimètres de diamètre.

Pour ceux qui aiment les étains sombres

On peut garder aux étains une légère couche d'oxyde. C'est une affaire de goût. Un polissage superficiel égalisera la surface du métal que vous cirerez à chaud, tout simplement. Il vous suffira de bien frotter pour obtenir un beau brillant.

On peut parfaitement remplacer la cire par du pétrole ou de l'huile de vaseline. Une recette populaire est également très valable : on frotte l'étain avec un chiffon imbibé de bière chaude. On laisse simplement sécher cet enduit léger. Ne frottez surtout pas avec un linge trop rêche. Un tricot de laine léger fera briller la pellicule que la bière aura laissée, sans l'enlever.

La réparation de l'étain

On peut se prononcer sans ambiguïté. C'est une affaire de spécialistes. En effet, il est très difficile de souder deux métaux ayant le même point de fusion : en fondant le métal d'appoint, on court le risque de fondre le support à réparer. Ce qui serait simplement ennuyeux pour un plat, par exemple, serait catastrophique sur pièce de forme. Tout au plus un amateur peut-il tenter de reboucher un trou sur un fond d'assiette ou de plat, et cela avec un fer à souder de type « électricien ». Il ne faut pas essayer de fondre le support, mais se contenter de faire un apport de métal après avoir décapé la partie à réparer avec de l'acide chlorhydrique. L'excès de métal sera ensuite enlevé à la lime, à la toile émeri, puis progressivement repoli au papier abrasif à l'eau (nº 400 ou 440) et à la pâte à polir.

Obstruer un trou ou une fente sans soudure est une réparation toujours possible sans un « tour de main » particulier. En effet, un vase à fleurs, une théière peuvent, à la suite d'un long usage, présenter des signes de faiblesse au fond, à la base du bec, à la poignée, etc. Les résines époxydes (à deux composants) obtureront à titre définitif les petites « fuites » d'un objet en service. La résistance à la chaleur (pour une théière ou une chocolatière) des résines est de 300 degrés, soit 68 degrés de plus que le point de fusion de l'étain. Les pâtes plastiques à charge de métal dites « soudures à froid » peuvent vous aider à réparer des « manques » de format réduit. Cependant, une mise en garde s'impose : vous n'êtes pas assuré de retrouver exactement la teinte du métal à réparer, ni de polir correctement cette « soudure ». Enfin, ne vous attendez pas à un « brillant » exceptionnel. Cette réparation restera toujours terne. Aussi, réservez ce procédé à des emplacements invisibles.

Décabosser un étain.

Voilà bien un domaine où pourra s'exercer utilement l'habileté d'un amateur soigneux. Un assortiment d'outils de carrossier ou de ferblantier (ce sont les mêmes) vous sera utile. A savoir : un marteau à tête ronde, un maillet de bois ou de caoutchouc durci, un *tas* universel bombé (il s'agit d'une masse de métal dont chaque face présente une forme ou une courbure différente). Si vous n'avez pas un usage répété de ce matériel, vous pourrez en improviser un.

Le maillet reste une nécessité.

Nous vous recommandons de vous « faire la main » sur une boîte de conserve que vous aurez amplement martelée, ou sur un objet sans valeur en fer-blanc. Le principe du décabossage est simple : vous avez sans doute vu travailler des carrossiers : ils ne se contentent pas de frapper avec un outil à l'envers de la bosse pour la supprimer, car dans le choc qui a provoqué cet enfoncement il y a toujours eu allongement du métal et, en procédant ainsi, la bosse

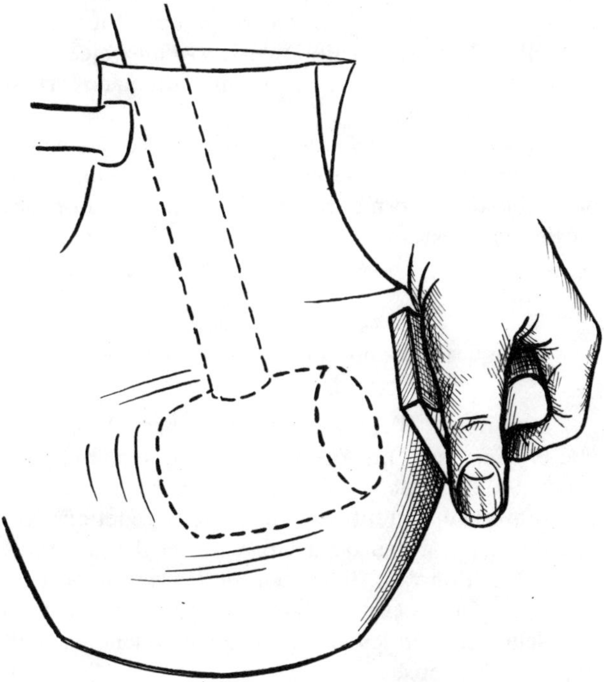

subsisterait, mais en changeant de côté. Il faut «tenir coup» avec une masse métallique bien en face du marteau ou du maillet, de l'autre côté du métal. Cette masse métallique, c'est le *tas,* et sa forme doit être celle de la surface à rattraper. Si vous avez besoin de vos deux mains pour travailler, vous avez la ressource de serrer votre tas dans un étau. Ce n'est pas l'idéal, car une certaine souplesse est préférable pour compenser très exactement le choc du marteau.

Voyons quelques cas précis. Un *objet plat* sera posé sur une surface parfaitement plane, plateau de table ou d'établi, et martelé en interposant entre la pièce et le marteau une cale en bois dur, également très plane.

Un *vase,* un *pichet* ou une *pièce de forme* seront martelés *de l'intérieur,* avec, à l'extérieur, un tas à la courbure de l'objet. A défaut d'outil au profil exact, vous pouvez vous fabriquer une forme en bois dur. L'étain ne doit pas être martelé fortement, mais à petits coups précis et bien appliqués. Pour travailler efficacement de l'intérieur d'un objet, vous serez dans l'obligation d'utiliser un marteau de format réduit ou une massette.

Le *socle* ou le *piédouche* d'un objet seront également martelés de l'intérieur sur une pièce de métal ou de bois à la forme précise de la mouluration des parties à redresser.

Quelques recommandations complémentaires

Les objets d'étain peuvent trouver place dans une vitrine, sur un meuble ou une étagère, être pendus à un crochet s'ils possèdent une anse, ou tout naturellement utilisés selon leur fonction première : pichet à eau ou à vin, vase de fleurs, plat à fruits, etc. Pourtant, il est bon de les munir de rondelles de feutre (autocollantes) pour protéger à la fois leur fond et les meubles sur lesquels ils sont appelés à être posés.

✱ Les étains gravés ou ciselés seront entretenus comme les autres, mais bien brossés après nettoyage pour enlever les traces de pâte à polir dans les creux.
✱ Vous pouvez utiliser un objet en étain comme récipient pour tenir un liquide chaud. D'ailleurs, de nombreuses théières ou chocolatières sont fabriquées dans ce métal, ainsi que des « pots pourris » (sorte de pots ventrus dans lesquels on faisait infuser des plantes ou substances odoriférantes pour parfumer [?] l'atmosphère). Il est exclu de les mettre directement sur la flamme du gaz ou sur les résistances rougies d'une cuisinière électrique, à la rigueur sur un radiateur de chauffage central ou sur le carénage de protection d'un poêle.

DIXIEME PARTIE

LA FAIENCE

RACCOMMODEZ FAIENCE ET PORCELAINE

Paradoxalement, la poterie, la faïence et la porcelaine, qui comptent à juste titre parmi les objets les plus fragiles, ne posent au restaurateur-amateur que des problèmes simples.

Nous voulons parler ici des réparations les plus courantes, bien entendu, pour lesquelles les connaissances et le talent des spécialistes n'auront jamais à s'exercer. Les colles modernes aux résines époxydes remplacent avantageusement toutes les colles utilisées jusqu'ici pour la faïence et la porcelaine et rendent sans objet les agrafes que les réparateurs des rues – un de ces petits métiers aujourd'hui pratiquement disparus – dispensaient généreusement pour suppléer à la précarité des collages.

Pourtant, on ne sait pourquoi, les progrès techniques sont souvent longs à s'imposer. Ils se heurtent à une tradition professionnelle et tendent à se substituer à des moyens qui, malgré tout, donnaient satisfaction. Un des arguments les plus fréquents utilisé par les restaurateurs professionnels à propos des résines époxydes consiste à leur reprocher précisément leur trop grande dureté, « qui rend », je cite, « toute restauration ultérieure très difficile ». Est-ce bien sérieux ? Est-il utile de recommencer une restauration bien faite ? De toute façon, une expérience déjà longue nous permet d'affirmer que dans l'éventualité où un objet déjà réparé viendrait à se briser à nouveau, ce serait à un autre endroit qu'à celui du collage antérieur.

Autre avantage des résines époxydes que personne ne songerait à contester : les objets ainsi réparés

« sonnent » comme s'ils étaient restés intacts. On connaît le test qui permet de savoir si une faïence ou une porcelaine a subi une réparation ou a un « fil » ou « cheveu », c'est-à-dire une fêlure, une zone de faiblesse. On donne une pichenette avec l'ongle sur le bord de la pièce, tenue en équilibre sur trois doigts. Le son qui en résulte doit être clair si l'objet est exempt de défauts.

Une assiette cassée en plusieurs morceaux, correctement réparée aux résines époxydes, « sonnera » comme une assiette neuve. Nous en avons fait fréquemment l'expérience.

Les résines époxydes se présentent dans le commerce en deux composants — généralement en deux tubes —, la résine proprement dite et le durcisseur (voir le chapitre « Colles modernes »). Elles nécessitent, pour adhérer et durcir, une température ambiante supérieure à 15 degrés. Vous pouvez même les chauffer pour accélérer leur prise (jusqu'à 70 degrés en cours de polymérisation, jusqu'à 300 degrés le durcissement achevé).

Leur application est très simple. Après mélange soigneux des deux composants, selon les proportions indiquées par le fabricant, enduisez chaque partie à coller d'une couche mince, mais très régulière. S'il reste des traces de colle d'une réparation antérieure, grattez-les avec le plus grand soin. De cette préparation fastidieuse dépend le succès de l'opération. L'étape délicate des réparations de céramiques, c'est le serrage des pièces à réunir. Vous devez résoudre ce problème *avant de coller*. Vous ferez appel à des bracelets de caoutchouc, à du ruban adhésif *médical*. Ce dernier point mérite une explication : le ruban adhésif médical est le seul qui soit perforé pour laisser une aération ; de plus, il est légèrement élastique. Une fois appliqué sur une des parties à coller, vous pouvez l'étirer suffisamment avant de l'appliquer sur l'autre partie à coller, de façon que se produise une tension propice au serrage.

Les pinces à linge peuvent également avoir leur utilité, des serre-joints, des poids, etc. Vous déterminerez vous-même, selon la forme de l'objet à traiter, ce qui vous sera nécessaire.

Un point très important est à préciser : si la conformation d'un objet atteint de cassures multiples vous oblige à prévoir une restauration en plusieurs temps, ne laissez jamais de bavures de colle déborder sur la partie qui sera collée ultérieurement. Durcie, cette bavure vous gênerait au moment d'ajuster le morceau suivant.

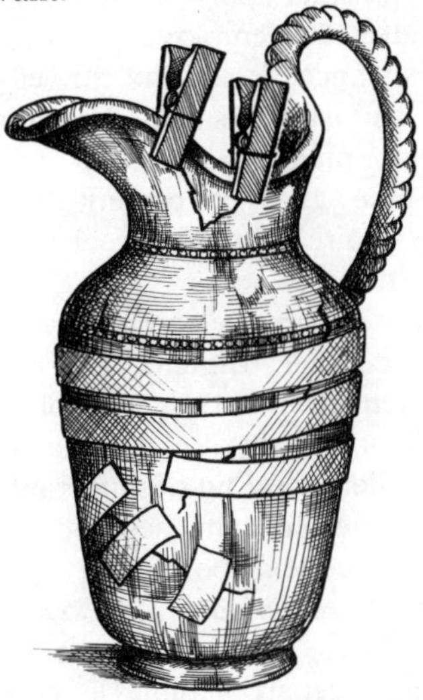

Autre mise en garde formelle : il n'y a pas de bon moyen pour gratter les bavures de résine époxyde une fois durcie.

Aussi est-il essentiel de les enlever alors que la colle est encore pâteuse. Vous y parviendrez très aisément avec un tampon d'ouate imbibé d'alcool. Maintenez votre réparation sous presse, sans manipulation, pendant douze heures environ.

Un progrès considérable vient d'être accompli dans le domaine de la restauration des faïences et des porcelaines, par l'apparition d'une colle époxyde à un seul composant et «contact». Les deux lèvres d'une cassure enduites d'une mince couche de cette colle sont rapprochées avec précision, la prise est immédiate et définitive, ce qui élimine tous expédients de serrage et attente en cas de cassures multiples.

Pour les amateurs de technique ancienne

Voici quelques recettes parfaitement sérieuses et éprouvées qui ont permis dans le passé – même récent – d'effectuer des réparations solides.

En tête, citons le remarquable *« mastic La Victoire »,* providence de générations de réparateurs. Présenté en poudre, ce produit se « gâche » à l'eau, jusqu'à consistance d'un miel épais. Ce mortier doit reposer quelques minutes et s'employer ensuite comme une colle. La résistance à la chaleur et à l'eau du « mastic » est très satisfaisante. Particularité intéressante, un léger « manque », un éclat, un vide se colmatent très bien avec ce produit (la formule du « mastic La Victoire » est très proche des « ciments » de chirurgie dentaire).

La *colle de poisson,* mêlée en parties égales avec de la colle acétique (difficile à trouver), a une incontestable tenue, mais reste sensible à l'humidité. Il est par ailleurs nécessaire d'humecter de formol la partie à encoller. C'est un désinfectant qui prévient les attaques de micro-organismes, souvent fatales aux composants de la colle de poisson.

Les *colles de salicylate de soude* deviennent spécialement dures, mais craignent l'humidité (se trouvent toutes préparées dans le commerce).

Si vous aimez les recettes pittoresques, en voici deux qui, malgré les apparences, ne sont pas tombées en désuétude. Le *blanc d'œuf* intimement mêlé de chaux finement broyée et tamisée forme un mortier à prise assez rapide, efficace même sur de la porcelaine fine.

Le *fromage de gruyère,* mis à macérer dans de l'eau pendant trois jours, écrasé ensuite avec deux ou trois escargots (sans coquille), formera une pâte (assez répugnante, avouons-le) à laquelle on incorporera une quantité égale de chaux vive bien broyée. On peut avec cette étrange préparation envisager de réparer non seulement la faïence et la porcelaine, mais, paraît-il, le verre.

Variante de cette recette (dont nous ne sommes pas en mesure d'apprécier l'importance) : lait caillé, deux ou trois limaçons *rouges* (limaces ?), chaux vive...

La tentation de tout rationaliser nous fait rapprocher cette formule de celle, bien connue, des colles à la caséine (lait caillé) que l'on fixe avec un alcalinisant (chaux). Reste à déterminer les vertus des limaçons rouges et des escargots... Les hypothèses ne manquent pas ! Est-ce pour profiter totalement des sécrétions (bave) de ces gastéropodes qui, incontestablement, sont adhésives ? Ou n'hésitons pas à pousser le raisonnement plus loin. En effet, les colles à base de caséine sont sensibles à l'attaque des micro-organismes, comme tout produit alimentaire. Dans l'industrie, on les stabilise avec des antiseptiques. N'est-ce pas le rôle que jouerait l'escargot, lorsqu'on sait la place qu'il tient dans la pharmacopée populaire, notamment pour combattre les maladies infectieuses des voies respiratoires ?

Cette digression empirico-scientifique n'est pas déplacée ici, dans la mesure où elle peut nous amener à considérer les recettes traditionnelles avec un esprit ouvert. Cela à plusieurs fins. Dans la réparation des meubles et objets anciens doit toujours entrer une part considérable d'observations. Chaque matériau a sa vie propre ; il en est de *vivants,* comme le bois, l'ivoire, l'os, les fibres textiles parfois ; de *capricieux,* comme les métaux dont l'oxydation suivra des conditions atmosphériques indécelables ; *il n'en existe pas d'inertes,* malgré les apparences : le chaud, le froid, la lumière, l'humidité peuvent les influencer.

Pourquoi se priver de l'enseignement du passé où, précisément, l'observation patiente était la base de toute expérience ?

Enfin, par la connaissance des solutions anciennes, on peut diriger intelligemment notre choix de produits nouveaux et parfois en apprécier mieux les avantages.

LA RECONSTITUTION D'UN ECLAT MANQUANT

Un recollage même parfait ne pourra réunir que des éléments existants. Un morceau perdu ravalera la plus belle assiette au rang de tesson. S'il s'agit d'une pièce documentaire ou archéologique, cette mutilation pourra se tolérer ; pour un objet décoratif, l'effet sera déplorable.

Reconstituer un éclat, un morceau de taille réduite n'est pas insurmontable, mais vous ne pourrez y prétendre sans une bonne connaissance des matériaux que nous allons évoquer.

La barbotine.

C'est une poudre d'argile très fine et très blanche qui, au contact de l'eau, reprend sa plasticité.

Les pâtes à céramique (sans cuisson).

Ce sont des composés mis au point pour les travaux scolaires. Ils ont la particularité de se modeler facilement et de durcir à l'air. Ils acquièrent alors la solidité de la céramique. Les ressources de ce matériau nouveau sont immenses pour les restaurateurs d'ancien. Mais ils ne sont pas toujours assez fluides pour s'amalgamer avec homogénéité avec les pièces à compléter.

Les potiers (Encyclopédie de Diderot).

Les résines plastiques (teintées, à prise rapide).

Il ne faut pas les confondre avec les résines époxydes dont le rôle est de coller. Bien que leur nature soit comparable, leur aspect diffère et leur pouvoir adhésif n'est pas du tout le même. Elles réclament également l'adjonction d'un durcisseur. Ces résines se présentent en pâte plus ou moins épaisse dont vous pouvez choisir la teinte parmi une gamme réduite, mais suffisante pour les réparations courantes. Comme ces résines sont fréquemment préparées pour reconstituer le marbre, vous risquez de les trouver – non pas classées par couleurs –, mais sous le nom de « turquin », « orphite », « comblanchien », « carrare », etc. Comme vous devez les teinter par la suite, la couleur est sans importance, encore qu'il soit exclu de prendre une qualité foncée pour un fond clair. Est-ce utile de le préciser ?

Ces résines sont une providence, car elles sont à prise rapide (quelques minutes) et d'une dureté quasi minérale après durcissement. Elles exigent un tour de main spécial, car elles ne se modèlent pas. Elles coulent comme un miel épais. Cette particularité a ses avantages et ses inconvénients. Pour combler parfaitement un éclat sur une partie plate, elles sont sans rivales, d'autant qu'on ne constate aucun retrait après polymérisation. Pour reconstituer un morceau complet, il faut payer d'ingéniosité. Il est impossible de passer en revue tous les cas qui peuvent se présenter, mais, pour la paroi d'un vase ou d'une tasse, ou le bord d'une assiette, il est très facile d'effectuer un moulage en plâtre d'une partie intacte et similaire, et de faire glisser ce moulage à l'emplacement de la partie manquante. Il suffira de couler la résine (par l'intérieur, s'il s'agit d'un vase ou d'une tasse, après l'avoir couché). Pour un petit trou, un carton, un ruban adhésif peuvent servir de fond. Si vous n'avez pas de plâtre à votre disposition, la pâte à modeler des enfants est idéale, d'autant, vous allez le voir, que la précision de ce moulage n'est pas nécessaire ; vous pourrez reprendre les imperfections très facilement.

La polymérisation de ces résines s'effectue progressivement, aussi vous avez le plus grand intérêt à l'utiliser immédiatement après adjonction du durcisseur. Elle est alors parfaitement fluide. Dès que la « prise » intervient, la fluidité s'altère et subsiste un risque de « bullage » : lorsque vous polirez votre réparation, vous pourrez trouver une ou plusieurs bulles d'air, ce qui fera autant de trous. Il ne vous restera que la ressource de les boucher ou de recommencer. Pendant plusieurs minutes, la résine, bien que déjà très résistante, aura une consistance qui permettra de la travailler avec un ciseau à bois, une lame de rasoir ou une gouge. C'est ainsi que vous pouvez très facilement reconstituer une mouluration (sur un bord d'assiette ou de plat, par exemple). Pour risquer une comparaison, votre résine aura alors la consistance du plâtre frais. Mais, attention, la dureté progresse, hâtez-vous d'enlever « le plus gros » avec les outils tranchants ; ensuite vous pourrez user d'une râpe à bois, puis d'une lime.

Seul ce dernier outil aura une action sur la résine durcie. Le polissage s'achèvera avec du papier abrasif « carrosserie » n° 400.

On peut, à la rigueur, recoller et reconstituer des morceaux avec la même résine, l'intérêt primordial réside dans l'inutilité du serrage, la prise étant suffisamment rapide pour qu'il soit possible de tenir les pièces à la main le temps nécessaire à une parfaite adhérence. A notre avis, la fluidité de ces produits est un peu insuffisante pour que ne subsiste pas un film excessif sur la ligne de la cassure.

✱ Pour un léger éclat au bord d'un plat, d'une assiette ou d'un vase, la barbotine offrira un moyen de réparation très satisfaisant, qu'il sera facile, ensuite, de teinter ou d'émailler.

✱ Les pâtes céramiques sans cuisson vous permettront de refaire totalement une pièce de forme : une anse, un goulot, un piédouche... C'est votre talent de modeleur qui conditionnera la qualité de votre réparation. Suivez bien les conseils des fabricants, ils sont essentiels, d'autant que les compositions de ces pâtes diffèrent. Certaines ont un comportement assez comparable à celui des résines plastiques. Il existe des vernis « à froid » spéciaux pour ces pâtes ; ils sont généralement vendus par le même négociant. Dans les magasins de fournitures pour artistes, principalement.

✱ Les *soudures* pour faïences et porcelaines. Sous ce nom sont vendus des produits divers ; certains sont de simples colles classiques, d'autres des résines époxydes. Faute de pouvoir les différencier, même si elles portent d'excellentes marques, tenez-vous-en à nos définitions. Si vous exigez des résines époxydes d'un fournisseur, il vous donnera nécessairement un produit de marque, mais il n'y aura pas de confusion.

✱ Les *colles « émail »* : on rencontre dans le commerce des produits propres à reconstituer les éclats d'émail. Ils sont généralement mis au point pour des appareils ménagers et ils sont très blancs. Comme il n'est pas possible d'en corriger la teinte, il est difficile de les conseiller pour réparer la faïence. Par ailleurs, ils sont aussi d'un blanc trop cru pour la porcelaine.

Les ressources de l'émail « à froid »

Une réparation très bien faite à l'aide des matériaux que nous venons d'évoquer mérite une finition tout aussi soignée. Les émaux « à froid » (désormais courants dans le commerce spécialisé dans les fournitures pour artistes) offrent une gamme de teintes très satisfaisantes pour reconstituer aussi bien la « couverte » d'une assiette que des motifs de couleur. Faites préalablement des essais de nuances avant de couvrir les restaurations. Par expérience, nous savons que l'émail « à froid » peut être nettement plus brillant que l'émail « à chaud » d'un décor de faïence. Ne renoncez pas, laissez parfaitement sécher votre « émail » et vous « rabattrez » sa brillance avec du papier abrasif à l'eau n° 400, ou un peu de poudre de ponce. Vous reproduirez les craquelures avec un pinceau à aquarelle très fin en prenant soin de les raccorder avec les craquelures du fond primitif.

Si vous redoutez l'emploi de l'émail à froid, surtout si vous avez un décor compliqué et diversement coloré à reconstituer, la gouache classique vous donnera entière satisfaction. Après séchage, vous la protégerez par une couche de vernis incolore.

Entretien

L'*entretien des faïences et des porcelaines* est des plus classiques. Votre eau de vaisselle, avec un détergent approprié, est le meilleur traitement que vous puissiez offrir à vos collections; rincez très soigneusement avec une eau très chaude, séchez-les avec un torchon absorbant. Ensuite, frottez-les avec de la ouate ou un chiffon imbibé d'alcool à brûler. Faites briller après évaporation.

Pour la porcelaine comportant des filets ou motifs dorés, pas de chiffon à récurer, très peu de détergent.

... et celui de la terre cuite... Un lavage avec de l'eau chaude additionnée d'un peu de cristaux de soude fera merveille. Un pinceau à poils durs vous permettra d'atteindre les creux des motifs. Rincez à l'eau propre et tiède et laissez sécher.

ONZIEME PARTIE

LE FER

LE RUDE ECLAT DU FER FORGE

Dites-moi si vous aimez le fer forgé,
je vous dirai qui vous êtes !

Peu d'objets élaborés à partir d'un matériau somme toute commun ne parviennent à atteindre la puissance graphique et émotive du fer. Le point de nos méditations sera pourtant vite fait. Il n'y a pas d'objets en fer inutiles. Il y en a peu qui, à l'origine, ont été voulus « œuvre d'art ». Nous atteignons là sans doute les frontières de la création spontanée. Ce qui renforce singulièrement notre propos, c'est que tout commence par l'outil. L'objet le plus directement utilitaire déterminé par la fonction la plus sélective a su, au cours des siècles, devenir « œuvre d'art ». Depuis peu seulement, la leçon a été comprise et c'est aux stylistes que l'on donnera désormais le soin de définir les formes de l'outil de demain.

Cependant, le fer continue une carrière incertaine. Pour un artisan sincère, combien de « ferronniers d'art », accumulant d'affligeantes productions, lampadaires ou porte-pot, noirs de peinture à fourneaux... encouragés par ces amateurs de « fermettes », bardant le moindre volet de bois de pentures « rustiques » ou laissant pendre ici et là, comme des fruits vénéneux, des lanternes « vénitiennes », fabrication de bord de route !

Le fer véritablement forgé se reconnaît facilement. Il suffit d'un peu de bon sens. Un bloc ou une barre de fer devaient autrefois être étirés, aplatis, formés au marteau, d'où une relative irrégularité, un relief légèrement modelé, même sur des pièces très soignées. Les différences de volumes sont toujours ou presque obtenues « dans la masse ». Les raccords d'ornements sont soudés « à la forge ». Ce procédé demande une explication : les pièces à souder étaient chauffées à l'excès, jusqu'au point très précis où débute le processus de fusion. On rapprochait alors les éléments et on les martelait pour parfaire leur adhérence. On aboutissait ainsi à un type d'assemblage très reconnaissable. Faute de pouvoir traduire l'aspect de cet assemblage, contentons-nous de présenter les « autres, ceux qui trahissent toujours un travail récent ».

La soudure autogène.

Si vous avez un jour observé le travail d'un soudeur, vous avez remarqué que, d'une main, il dirige son chalumeau et, de l'autre, il tient une barre métallique. La destination de cette barre est d'être fondue à la flamme et d'apporter du métal sur le point à souder. Il est donc facile de retrouver les traces de cette technique. On remarque alors des empattements successifs, plus ou moins réguliers. Parfois, on lime ces traces, mais elles subsistent toujours plus ou moins.

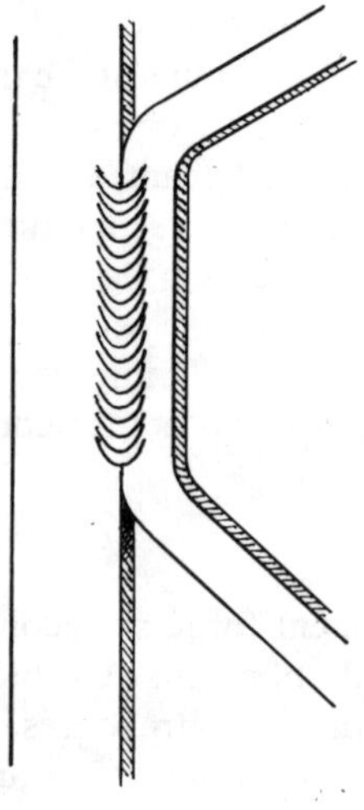

La soudure électrique.

La plupart des «ferronneries» de bord de route dont nous parlions plus haut font appel à cette technique. Vous remarquerez alors sur les joints un ou deux points ronds presque réguliers. C'est la marque de la soudure électrique, dite d'ailleurs «par points».

Le rivetage.

Il ne s'agit pas là d'une technique d'aujourd'hui. Des pièces fort anciennes font appel aux rivets, ou au principe du rivetage qui est l'assemblage de deux pièces de métal à l'aide d'une tige cylindrique qui les traverse (on les a transpercées en conséquence). Cette tige est écrasée au marteau à chaud, de part et d'autre de son logement, ce qui fixe solidement les parties en présence. On peut extrapoler le procédé : on peut parler également de rivetage même lorsque la tige cylindrique (carrée, ou rectangulaire dans certains cas), fait partie intégrante d'un des deux éléments à rapprocher. Les tiges de chandeliers ou de landiers sont réunies à leur piètement ou leur socle par ce procédé.

Pourtant, on peut engager un amateur à observer soigneusement ces rivets. Les rivets industriels modernes ont une tête ronde ou plate parfaitement régulière, un martelage ne fera pas totalement disparaître cette particularité.

Deux observations importantes sont à souligner :

✱ Pour un connaisseur en fer forgé ancien, le rivetage sera considéré avec moins d'intérêt que les pièces obtenues d'un seul bloc ou soudées à la forge. Il est excessif d'en faire une règle, nous ne l'exprimons que pour tenter de fixer les esprits.

✶ Le fer industriel livré aux ferronniers d'aujourd'hui est façonné de telle manière que leur travail s'en trouve facilité. Il faut s'en réjouir pour les véritables créateurs. Pourtant, la plupart ont remarqué que la composition du métal actuel ne se prête absolument pas à l'ancien procédé de soudure à la forge. Le fer d'autrefois était sans doute plus doux et moins homogène.

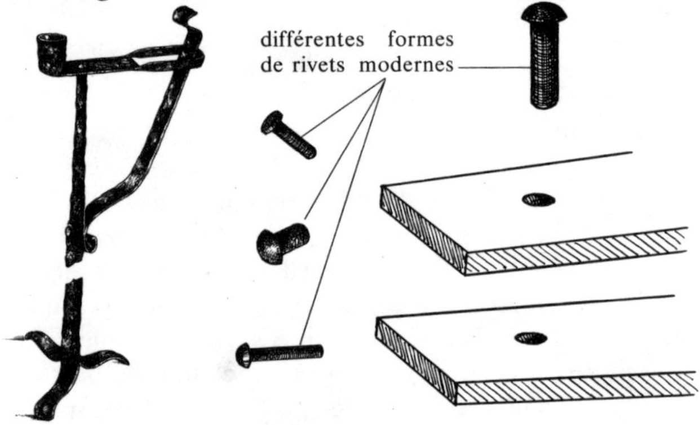

La patine du fer et son langage

Le fer ne doit pas être masqué par des croûtes plus ou moins épaisses d'oxyde, de « patine » indistincte ou, ce qui est pire que tout, de noir à fourneaux, comme nous l'avons vu trop souvent. Le fer doit briller de son propre éclat – mais faut-il rappeler les amateurs au sens des nuances. On polit le fer à tour de meule depuis des années ; on ne saurait plus vendre le fer « dans son jus », comme disent les antiquaires. On le donne aux polisseurs qui le mettent totalement et irrémédiablement à nu. L'excès est condamnable en tout et nous frémissons à l'idée qu'une pièce authentique de belle ferronnerie pourrait subir ce traitement. Passe encore pour les lits romantiques (d'ailleurs en fonte), les anciens étalages de boucher, quelques outils agraires promus objets d'art... mais respectons la marque du temps sur le fer forgé ! Imaginez-vous les pentures de Notre-Dame brillantes comme une enseigne de notaire, les volutes admirables des coffres et armoires du XIIIe siècle du musée des Arts décoratifs ou du musée Carnavalet fourbies comme de l'argenterie? Ne trahissons pas l'esprit des choses. Les forgerons qui ont armé ces coffres, ces armoires, ces portes ont posé ces pièces telles qu'elles sont sorties de leur enclume, brutes de forge. Une infinité d'objets en fer forgé ont été peints et gardent des traces de polychromie : les coffres dits «de corsaire», les enseignes, certains chandeliers, probablement les ferronneries des meubles furent rehaussés. Généraliser le polissage, c'est sacrifier à une mode avec, comme aboutissement, l'élimination des polychromies, des patines vraies, éliminant du même coup autant de documents irremplaçables.

Un expert vous dirait que le fer, selon les époques, les provenances, ne présente pas toujours les mêmes patines, le même aspect. Cela peut se soutenir; mais avec une telle marge d'erreur qu'il est impossible de codifier, même vaguement, quelques observations.

Il est des patines noires (qui ne doivent rien au noir de fourneaux), d'autres tirent sur le marron foncé (certains fers espagnols) et une infinité de nuances qui tiennent davantage à un état du métal lui-même : si une ferronnerie a été correctement entretenue, la patine sera transparente avec le reflet gris clair du métal par endroits; la même, laissée à l'abandon, oxydée, érodée par le temps, même nettoyée par des mains vigoureuses, risque de garder les reflets marron roux de la rouille qui subsistera çà et là.

Une observation vaut la peine d'être livrée : *le fer forgé, véritablement ancien, rouille peu.* Cela tient peut-être au taux de carbone ou de phosphore que contenaient les fers d'antan. C'est un fait bien réel que personne ne contestera. Les grilles, balcons, épis de faîtage, potences de puits, enseignes, luminaires qui ont passé des années, des siècles aux intempéries ne sont généralement pas profondément atteints par l'oxydation. Les serrures du Moyen Age qui ornent les coffres des hautes époques *fonctionnent toujours,* si l'on se donne la peine de faire reproduire leur clé (on ne peut pas en dire autant des serrures du siècle dernier, plus compliquées aussi, il faut bien l'admettre).

Plus frappant encore, le cas des épaves qui restent hérissées de chevilles, de clous et de tirants de fer forgé presque intacts, alors que le bois a pourri depuis longtemps.

On peut donc conclure que le fer forgé peut traverser le temps sans dommage lorsque les hommes ne s'en mêlent pas abusivement.

Nettoyer le fer forgé

Tout dépend de son degré d'oxydation, de la taille des objets à traiter. L'idéal consiste en un trempage prolongé dans le pétrole. Est-ce toujours possible ? Dans tous les cas, le pétrole reste un des meilleurs produits pour décoller les plaques d'oxydation et les souillures. Il pénètre par capillarité jusqu'au métal et facilite l'action ultérieure du brossage.

Vous pouvez chauffer un objet rouillé et le plonger dans le mazout ou l'huile de vidange. Bien entendu, le mazout présente un risque : celui de s'enflammer. Ne portez pas au rouge le fer à traiter, ce serait une double faute : tout d'abord, par le danger que cela vous ferait encourir avec le mazout et même l'huile, ensuite le fer se marbre de taches disgracieuses et s'abîme davantage.

L'emploi de « dérouillant » est déconseillé. Ce sont des acides puissants qui mettent le fer effectivement à nu, mais attaquent les surfaces intactes. Le problème n'est pas insoluble pour les chimistes, mais des progrès restent à accomplir, avant de pouvoir conseiller utilement certains produits.

Le *sablage* — procédé qui consiste à mettre le fer à nu à l'aide d'un jet de sable sous pression — est inacceptable. Il provoque en effet une érosion générale, esthétiquement très discutable, sauf recherche d'effet particulier. En tout cas, à n'appliquer que sur des objets sans valeur.

Le *brossage mécanique :* les brosses métalliques employées pour le brossage du fer sont adaptées aujourd'hui sur des moteurs électriques. C'est un progrès intéressant. Elles se présentent sous deux

Forgeron dans son atelier.

aspects : *brosses rondes* qui travaillent comme une meule dans le sens de la rotation du moteur, et les *brosses « plateaux »* ou brosses « soucoupes » qui travaillent dans l'axe de la machine. Elles assurent un service supérieur à tout point de vue au brossage manuel. Toutefois, l'expérience prouve qu'elles « matent » un peu le fer. Vous pouvez, après brossage, leur substituer une polisseuse, ou meule « chiffon », constituée de rondelles de toile de coton ou de feutre selon les cas. L'emploi d'une pâte à polir (en pain) est nécessaire. Vous appuyez le pain de pâte à polir sur la meule « chiffon » qui s'enduit ainsi naturellement, sans excès. Vous pouvez ensuite traiter le fer. Mais nous renouvelons notre mise en garde. Ne commettez pas l'erreur de polir des fers forgés qui ont reçu une polychromie, ni de donner aux fers forgés bruts l'apparence d'ustensiles ménagers en « inoxydable ». Le brossage et le polissage que nous évoquons ont pour but de nettoyer le fer et d'aviver ses reliefs, sans plus.

La *toile émeri :* elle a toujours donné satisfaction dans le nettoyage du fer et rien ne s'oppose à son emploi courant. Evidemment, c'est un abrasif qu'il faut choisir aussi fin que possible pour ne pas rayer le métal.

La *laine d'acier :* c'est une matière que les ménagères connaissent bien, car de célèbres tampons à récurer les casseroles en sont composés. Les antiquaires emploient la laine d'acier dans une infinité de circonstances. Notamment pour nettoyer et polir les armes blanches ou à feu. On la dénomme d'ailleurs « paille d'armurier ». On peut l'employer à sec ou trempée dans le pétrole. Pour insister un peu sur le chapitre des armes, disons qu'aucun des procédés que nous avons conseillés pour nettoyer le fer ne leur sera nuisible. Toutefois, il est impératif d'éliminer

Serruriers posant la grille de la Terrasse des Tuileries en 1807.

la moindre trace de rouille sur les armes. Sur des « piqûres », on peut admettre l'emploi modéré de « dérouillants » qui pénétreront en profondeur. Pour ne pas étendre l'effet de ces produits puissants, contentez-vous d'y tremper une allumette taillée en pointe, ou un cure-dents avec lequel vous touchez l'emplacement précis à dérouiller. Après l'effervescence qui se produit instantanément, rincez et séchez l'objet.

La *protection de la cire* est tout indiquée pour les armes blanches, par exemple ; plus discutable sur les armes à feu, où elle peut encrasser un mécanisme. Usez donc de *graisse spéciale* pour les armes. L'huile de vaseline s'élimine un peu trop vite pour être d'une efficacité durable, l'huile de lin a l'avantage de « nourrir » le bois des crosses en même temps qu'elle protège le métal. Pourtant, elle ne sèche pas assez vite et peut retenir des poussières.

La conservation du fer

Une seule protection est inaltérable et ne modifie pas l'aspect du métal. Nous l'avons déjà évoquée au cours d'autres chapitres : c'est la *cire d'abeilles*. L'objet pourra être utilement chauffé avant d'être enduit de cire dure naturelle. En fondant au contact du fer chaud, elle pénétrera dans le moindre interstice. Essuyez tout excès. Laissez refroidir et sécher. Faites briller avec un chiffon doux. Il n'y a pas d'autres procédés dignes d'être signalés, donnant des résultats aussi satisfaisants et définitifs.

Reconstituer une patine

Si vous redoutez l'aspect trop « neuf » d'un objet de fer forgé récent, ou abusivement poli, vous pouvez lui conférer des nuances plus sombres en procédant de diverses façons.

✶ Votre objet sera trempé dans de l'huile de vidange, puis violemment chauffé jusqu'au dessèchement de l'huile. Il subsistera une patine sombre, gris foncé, légèrement bleutée. Vous frottez l'objet avec un chiffon doux et vous obtenez instantanément un beau brillant. Rien ne vous empêche d'ailleurs de le cirer.

✱ Un «truc» d'antiquaire donne aussi toute satisfaction. Il consiste à exposer l'objet à patiner à la flamme de vieux papiers imprimés (journaux, revues, affiches, etc.). Les vapeurs d'encre combinées au noir de fumée déposent sur le fer un film solide qu'il suffit alors de cirer.

✱ Le cirage peut être employé à la place de l'huile de vidange ; chauffé jusqu'à dessiccation, il abandonnera son pigment teinté sur le fer (cirage noir ou marron foncé).

✱ L'acide : sur du fer nu, les vapeurs d'acide provoqueront rapidement l'apparition d'une très fine oxydation presque pulvérulente au toucher, qu'il suffit de cirer pour la transformer en patine brune.

Pour obtenir ce résultat, enfermez vos objets en fer dans un endroit clos, caisse, placard, avec un peu d'acide de ménage, sulfurique ou chlorhydrique, versé dans un récipient de verre. N'attendez pas trop longtemps. Vingt-quatre à quarante-huit heures suffisent largement pour aboutir à une oxydation régulière des objets.

Nous aimerions terminer ce chapitre du fer par un conseil dont nos lecteurs mesureront la valeur après l'avoir suivi. Prenez la résolution de visiter le musée «Le Secq des Tournelles», à Rouen. Le plus merveilleux, le plus riche des musées spécialisés qui soient au monde, consacré entièrement au fer, du haut Moyen Age aux époques contemporaines.

A travers l'artisanat du fer, vous participerez à une «leçon de choses» d'une exceptionnelle tenue, dont l'évolution est inséparable de la vie des hommes.

Dans le mobilier funéraire de la tombe de Tout Ankh Amon, on a découvert un poignard. Cette arme avait tout pour surprendre les spécialistes : elle était en fer, ce qui devait représenter une rareté sous le règne de ce pharaon où le cuivre et le bronze représentaient l'essentiel des métaux courants. Ce poignard n'avait pas subi la moindre oxydation. Ce phénomène fut attribué à juste raison à l'atmosphère parfaitement sèche qui régnait dans le sépulcre.

DOUZIEME PARTIE

LES GRAVURES

Fig. 1.

Fig. 2.

RENDRE AUX GRAVURES LEUR BLANCHEUR PERDUE

Un clin d'œil dans les cartons d'un brocanteur ou la visite d'un poussiéreux grenier aux mille richesses, ou encore l'héritage d'un parent vous ont fait entrer en possession de gravures. Certaines sont partiellement souillées par des taches qui dégradent la beauté du dessin et altèrent la finesse du trait.

Que peut-on faire en pareil cas ?

Les taches n'ont pas toutes la même origine. Le vieillissement ainsi que l'humidité sont généralement à la base de ces altérations. Parfois, un corps gras ou la rouille peuvent eux aussi avoir endommagé une gravure. Et comment évoquer le rôle des mouches ?

Lorsque vous pouvez reconnaître la nature de ces souillures, il vous est facile de rafraîchir l'image à l'aide des quelques « recettes » suivantes.

Pour faire disparaître les taches grasses

Sur une feuille de papier absorbant ou un buvard, vous étendez une couche uniforme de terre de Sommières (à défaut, on peut se servir de talc, ou encore de plâtre fin). Imprégnez alors, très délicatement, la tache avec de l'essence de térébenthine; cela fait, vous retournez la gravure, côté face en contact avec la couche de terre de Sommières.

Sur l'envers de la gravure, et toujours à l'endroit de la tache, vous saupoudrez également de la terre de Sommières (comme pour la première opération, il est inutile de répandre votre terre sur une grande surface, il suffit simplement de recouvrir un peu largement la superficie de la tache), vous couvrez d'une autre feuille de papier ou de buvard maintenu par un poids raisonnable : livre, cendrier, etc. Laissez reposer pendant au moins vingt-quatre heures.

Ce délai passé, si le résultat obtenu vous paraît peu concluant, opérez alors de la façon suivante :

Branchez un fer électrique dont vous aurez soin de régler la molette sur la position « soie » (si votre fer ne comporte pas de thermostat de réglage, laissez-le chauffer de manière à obtenir une température correspondant aux repassages délicats) et passez-le avec précaution sur le papier ou le buvard jusqu'à disparition de la tache. Ce procédé est également valable pour les dessins au crayon.

Pour effacer les taches de moisissure

Dans une cuvette assez grande ou dans un lavabo, préparez un bain composé pour un tiers d'eau oxygénée à 130 volumes (celle-ci n'est pas vendue dans les pharmacies ; vous pouvez l'acquérir chez les fournisseurs pour ébénistes) et pour deux tiers d'eau minérale. Une recommandation s'impose : ne vous servez pas de l'eau du robinet, dont la teneur en calcaire nuirait à cette solution. A ce bain, vous ajoutez encore un peu d'ammoniaque (quelques gouttes).

Plongez alors votre gravure dans la préparation ainsi obtenue. Il faut qu'elle soit immergée totalement. Laissez-la baigner pendant une heure environ.

La première fois, il est fort possible que vous n'obteniez pas le résultat souhaité. Ne vous découragez pas si des taches persistent encore et recommencez l'opération une ou deux fois si cela est nécessaire.

Toutefois, il peut arriver que, malgré votre opiniâtreté, des taches particulièrement tenaces subsistent. Dans ce cas, vous préparez un autre bain, formé, celui-là, d'un tiers d'eau de Javel et de deux

Préparation des plaques destinées à la gravure en taille-douce.

tiers d'eau minérale très chaude. Etendez de nouveau la gravure dans cette solution et laissez-la reposer comme les fois précédentes. De temps en temps, vérifiez si les taches disparaissent peu à peu. Le résultat désiré étant obtenu, vous rincez alors abondamment à l'eau claire (à ce stade, l'eau du robinet n'est plus nuisible).

Après rinçage, vous constaterez peut-être que si la moisissure n'enlaidit plus la gravure, le papier, en revanche, présente maintenant un léger jaunissement ; ce petit dommage est facilement réparable. Il suffit de passer une nouvelle fois la gravure dans la préparation précédemment citée (eau oxygénée, eau minérale et ammoniaque) pour que cette marque de vieillissement « prématuré » n'existe plus.

Pas de bonne solution contre la rouille !

Parmi toutes les taches qui peuvent souiller une gravure, la rouille est sans aucun doute la plus rebelle aux solutions connues. Toutes ont été essayées, très peu se sont avérées efficaces. Cependant en voici deux qui, si les taches y mettent du leur, peuvent parfaitement donner un résultat.

Vous devez commencer par effectuer des lavages à l'eau tiède et les répéter plusieurs fois en insistant (avec délicatesse!) à l'endroit des taches. Ensuite, vous saupoudrez ces dernières avec du sel d'oseille. Ensuite, rincez abondamment.

On peut aussi tenter d'user des produits antirouille pour le linge, vendus chez les droguistes.

Nous l'avons dit, la rouille résiste souvent à toutes les solutions; aussi, ne vous attendez pas à des miracles. Toutefois, vous aurez sans doute la satisfaction de constater que, si les taches n'ont pas disparu, elles seront sensiblement atténuées.

Ces autres taches...

Il n'y a pas que les corps gras, la moisissure et la rouille qui peuvent altérer une gravure. Les taches produites par l'humidité ainsi que d'autres, incertaines, dont la cause et la provenance restent mystérieuses, déshonorent parfois une œuvre d'art. Voici comment on peut, avec plus ou moins de bonheur, y remédier.

Dans le fond de votre baignoire, vous étendez la gravure bien à plat, puis, à l'aide de gros sel de cuisine, vous la saupoudrez largement sur une bonne épaisseur. Coupez alors deux ou trois citrons et pressez-les sur le sel. Ne vous montrez pas trop parcimonieux, il faut que le jus extrait du citron imbibe suffisamment le sel. Laissez reposer ainsi une heure ou deux. Rincez ensuite à grande eau.

Une autre opération consiste à préparer un bain qui sera composé avec les proportions suivantes :

Deux cuillerées à soupe de chlorure de chaux pour deux cuillerées également à soupe de cristaux de soude par litre d'eau.

Faites tremper la gravure dans ce liquide et attendez une dizaine de minutes. Pour le rinçage, qui, là encore, sera abondant, additionnez l'eau de vinaigre (quelques gouttes).

On se sert aussi de ces deux solutions pour traiter une gravure que les ans ont peu à peu jaunie. Mais ne soyez pas trop optimiste. Après l'un ou l'autre de ces procédés, le papier ne va pas retrouver soudainement son impeccable blancheur d'antan. Certes, le jaunissement sera estompé mais, malgré tous vos efforts, il peut subsister encore légèrement.

Le séchage des gravures

Pour faire sécher une gravure, servez-vous de préférence d'un buvard de sous-main neuf posé sur une surface bien plane (une vitre de bureau conviendra fort bien) ; il ne vous reste plus qu'à étaler votre papier sur le buvard. Mais, attention, vous devez procéder soigneusement pour éviter les plis et les « cornes » qui pourraient se produire et seraient presque irréversibles.

Pour des surfaces plus importantes, il suffit de retirer la gravure de l'eau de rinçage et de la coller sur un des bords intérieurs de la baignoire. Elle se décollera d'elle-même lorsqu'elle sera sèche.

Recommandation importante : en aucun cas il ne faut exposer un dessin ou une gravure aux rayons du soleil. Le séchage doit se produire lentement et toujours à l'ombre.

A proscrire également : l'étendage sur un fil, où les pinces laisseraient leur empreinte sur le papier.

Comment réparer un léger accroc

Si en rafraîchissant une gravure vous avez eu un geste maladroit qui a occasionné une légère déchirure dans le papier ne vitupérez pas contre vous-même, cela n'est pas si grave, et le mal sera vite réparé si vous procédez de la façon suivante :

Retournez la gravure et posez sa face bien à plat sur une surface unie. Puis enduisez les bords de la déchirure de colle de pâte et appliquez une bande de papier de soie large de 2 à 3 centimètres. Avant d'appliquer ce papier de soie, vérifiez soigneusement que les bords de la déchirure se joignent parfaitement. Laissez sécher quelques heures et déchirez très soigneusement le surplus du papier de soie de part et d'autre de la réparation. Si vous êtes raffiné, vous passerez un très léger coup de papier de verre fin et l'accident deviendra tout à fait invisible.

Ne jamais employer pour ce genre de réparation de papier collant ordinaire ou plastique qui, à la longue, fait jaunir le papier, se rétracte en cassant son support.

Les taches sur une aquarelle

En règle générale, les taches de quelque nature qu'elles soient sont pratiquement impossibles à faire disparaître de la surface d'une aquarelle. Pourtant, un procédé très simple donne quelquefois certains résultats. Nous vous le livrons, mais sous réserves.

Dans une coupelle de faïence servant justement pour l'aquarelle ou, à défaut, dans une cuillère à soupe, vous mélangez 5 gouttes d'ammoniaque à de l'eau oxygénée à 20 volumes.

Munissez-vous d'un pinceau fin et pointu (n° 4 de préférence) que vous trouverez chez les commerçants en matériel de dessin. Trempez-le dans la solution et humectez l'endroit précis de la tache. Agissez avec précaution. Si un excédent de liquide se dépose sur le dessin, il faut le sécher rapidement en tamponnant très légèrement avec un morceau de coton.

Vous pouvez recommencer trois ou quatre fois de suite ; toutefois, il est bon de laisser quelques minutes s'écouler entre chacune de vos interventions.

Et les mouches ?

Leurs traces sont tenaces, surtout sur le papier. Les divers procédés que nous vous avons livrés dans ce chapitre peuvent les atténuer, en supprimer de nombreuses, mais nous vous conseillons, avant d'entreprendre quoi que ce soit, de les gratter avec une plume de retoucheur en photographie (vaccinostyle). Il faut que le papier soit absolument sec pour un bon résultat. N'insistez pas trop sur les taches rebelles, contentez-vous d'un grattage superficiel. Les « bains » que nous préconisons feront alors le reste avec efficacité.

TREIZIEME PARTIE

LES HORLOGES

LES HORLOGES DE GRAND-MERE DEFIENT LE TEMPS

On a dit qu'elles grignotaient le temps, que leur balancier de cuivre poli donnait l'image obsédante de l'inéluctable fuite des heures, des jours, des mois...

Si vous préférez le bruit pressé d'un réveil *made in Germany,* c'est votre droit, mais vous n'en vieillirez pas moins et serez plus vite essoufflé par leur mécanique rageuse. Il y avait de la noblesse dans le train des pendules d'antan, et leur rythme binaire n'allait jamais au-delà de celui des battements du cœur. Ces grosses horloges dans leur armoire de bois étaient, je l'affirme, les auxiliaires du silence. Le calme de la nuit prenait, entre les « tics » et les « tacs », une qualité toute particulière. Question de goût, sans doute. Pourtant, elles ont retrouvé sans mal leur place dans les habitations secondaires. Souvenez-vous, elles « tiennent » huit jours et à chaque week-end, grâce à elles, c'est une maison habitée qui vous accueille. Votre premier geste n'est-il pas de remonter les contrepoids ? C'est une façon de reprendre possession d'un endroit que l'on aime, de dépouiller la livrée citadine... et de s'apercevoir qu'avec une force immuable, votre horloge traite le temps comme le paysan son casse-croûte, lentement, en mastiquant chaque bouchée pour en extraire toute la saveur, avec une parfaite connaissance du prix des choses. C'est un défi au temps qui n'empêche pas d'être à l'heure ; Einstein, dans sa théorie de la relativité, ne prétend pas autre chose.

Petit cours d'horlogerie pour amateur d'ancien

Il n'est pas dans notre propos d'étudier les détails techniques qui caractérisent et marquent l'histoire de l'horlogerie. Il existe d'excellents ouvrages spécialisés qui peuvent répondre à ce souci. Pourtant, dans le chapitre bien précis qui nous intéresse, celui des bonnes horloges « de grand-maman », que l'on dénomme le plus souvent à tort « comtoises » ou « normandes », il est des différences qui peuvent nous permettre de juger de l'ancienneté (relative) du mécanisme et d'apprendre ainsi à les reconnaître et, partant, à les entretenir.

Les horloges à contrepoids existent depuis le haut Moyen Age. On en conserve des exemples en fer forgé dont la conception est très proche des tournebroches rustiques (également à contrepoids). La tension exercée par un poids sur un câble enroulé sur un axe détermine sa rotation. Un jeu de pignons ralentit et régularise cette rotation. Les premières horloges se contentaient d'*une seule aiguille*. On lisait l'heure avec une précision relative selon la position de cette aiguille sur un cadran gradué : l'espacement entre deux chiffres s'évaluait en « demies » et en « quarts », avec, parfois, un deuxième cadran de format réduit où s'inscrivaient ces divisions.

Ce système donna satisfaction jusqu'au XVIe siècle, où apparaît la deuxième aiguille, qui divise l'heure en minutes et éventuellement en secondes, puis apparut une troisième aiguille, indiquant les jours du mois, et un système de sonnerie-réveil. Mais, c'est le XIXe siècle qui consacra le succès de l'horloge dans sa gaine de bois dont l'image nous est familière.

Pourtant, nous venons de l'évoquer, son existence est avérée depuis des siècles.

Le style de la « caisse », comme disent les antiquaires, est une précieuse indication. Droite, en bois massif, sulptée, étroite, propre à renfermer un mécanisme relativement réduit : sa fabrication est vraisemblablement antérieure au siècle dernier : elle dénote souvent les attributs stylistiques de son époque : panneaux à accolades régulières en « chapeau de gendarme » pour le Louis XIV ; panneaux à accolades asymétriques, sculptures à décor de fleurettes pour le Louis XV ; panneaux simples, rectangulaires, décor sculpté d'attributs champêtres, de perlage, de gorges pour le Louis XVI.

Cette forme droite a, bien entendu, un rapport avec la mécanique qu'elle renferme : le balancier n'a qu'une importance relative. C'est souvent une simple masselotte de plomb. Dans des constructions un peu plus raffinées, ce poids affecte la forme d'un soleil, d'un visage (sous Louis XIV), parfois est-ce un disque de cuivre poli, mais son diamètre est réduit à quelques centimètres (4 à 5 au maximum).

Le renflement qui ne tarde pas à apparaître, donnant aux « caisses » une ressemblance avec les étuis de contrebasse, est une nécessité imposée par l'augmentation considérable du diamètre du balancier. Pour rester dans le sujet typiquement ébénisterie, avant de vous plonger dans la mécanique, disons que les gaines de pendules suivent l'évolution *régionale* des styles pour s'assortir parfaitement au mobilier en usage dans les provinces. Plus tard, on note une uniformisation : les gaines sont en bois léger, sapin ou peuplier, et peintes de couleurs diverses ou en « faux bois », avec des décors, des fleurettes, des rinceaux de feuillage, des attributs champêtres. C'est la fin.

Nous venons de l'évoquer, les formes des gaines ont évolué selon les styles en honneur à leur époque, mais principalement en fonction de la taille du mécanisme ou du balancier. Ce dernier élément donne une indication précieuse sur l'ancienneté d'une horloge. Les balanciers constitués par une simple tige ronde ou plate, terminée par un poids, un sujet ou un disque de métal de petite taille, sont, nous l'avons vu, antérieurs au XIXe siècle.

Au XIXe siècle, le disque de cuivre poli prend rapidement de l'extension ; sa surface augmente : d'abord simple lentille de métal, il passe de la taille d'une soucoupe à celle d'une assiette. Sans pouvoir situer une époque avec précision, on peut affirmer que le réglage du balancier par coulissage sur la tige est sans contestation le plus ancien. La décadence de l'horloge de « grand-maman » est marquée par l'apparition des balanciers ouvragés, enluminés et animés. Ce genre d'horloges est à peine antérieur à 1900. On y voit un garnement volant des pommes, chassé à coups de balai par la fermière, ou même un âne hochant la tête devant une carotte ; parfois, une fillette se balançant sur une escarpolette. Le charme de ce genre d'objet est indéniable, mais le carillon « Westminster » qui détrônera définitivement la vieille horloge à contrepoids n'est pas loin et, si on y réfléchit un peu, la pendule de cuisine reproduisant le tortillon « ubuesque » de l'horloge de la télévision, non plus.

Revenons à l'époque plus paisible qui nous intéresse. Le type de balancier n'a pas fini de nous livrer tous ses secrets. La suspension de ce balancier au mécanisme a aussi son langage caché. Pour simplifier, disons que deux systèmes se rencontrent le plus fréquemment. Soit que le balancier est accroché par une ficelle fine, soit par une étroite lame d'acier. Le premier est considéré comme le plus ancien.

Laissons le balancier pour considérer le cadran. C'est souvent ce qui attire le regard et l'intérêt de l'amateur. Dans l'ordre des époques, on trouve des cadrans en laiton ou en étain ; parfois, les chiffres sont émaillés sur des cabochons qui sont fixés sur le cadran de métal. Viennent ensuite les cadrans entièrement émaillés, des cadrans en faïence et, pour certaines fabrications rustiques, des cadrans en bois. Là encore, transparaissent les styles dans le caractère général du cadran, sa qualité, le graphisme de ses chiffres. A ce propos, soulignons une vieille tradition horlogère qui consiste à marquer le 4 en chiffres romains, par autant de barres droites, et non, comme il serait logique, par le signe IV.

L'habillage du cadran est lui aussi essentiel : en métal massif, moulé, avec des motifs représentant un coq ou des arabesques ajourées sur le fronton. Vous avez des chances d'être en présence d'une horloge véritablement ancienne (antérieure au XIXe siècle). Un fond uni de bois ou de tôle peut trahir l'Empire. Ensuite, vous trouvez les fonds en laiton repoussé avec une grande luxuriance dans le décor : des motifs champêtres presque essentiellement. Lorsque ce décor devient polychrome, c'est le dernier avatar de nos horloges familières.

Poursuivons par un examen plus technique. A ce propos, nous insistons sur le cadre précis de notre sujet. Rappelons-le l'horloge rustique « comtoise ». En effet, sur d'autres fabrications, nos conclusions pourraient être erronées.

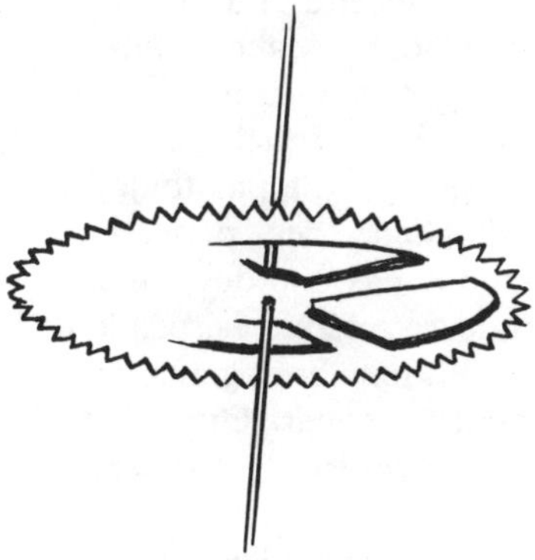

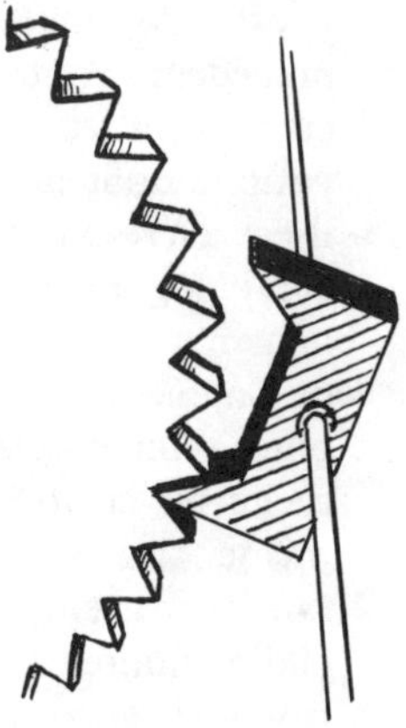

Observons la roue d'échappement. Il s'agit de ce rouage essentiel qui avance par saccades au rythme du balancier et d'une pièce caractéristique dénommée

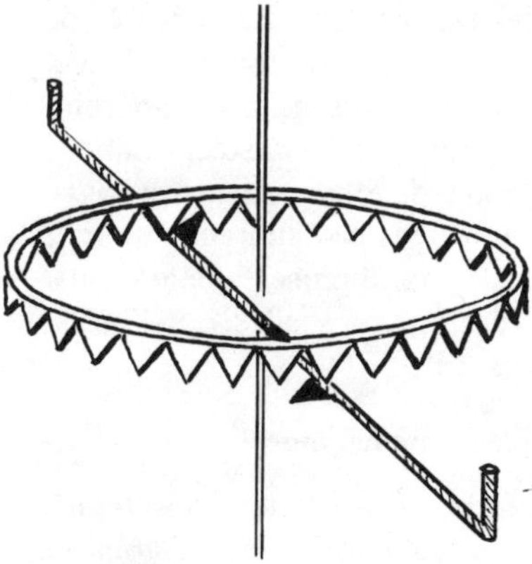

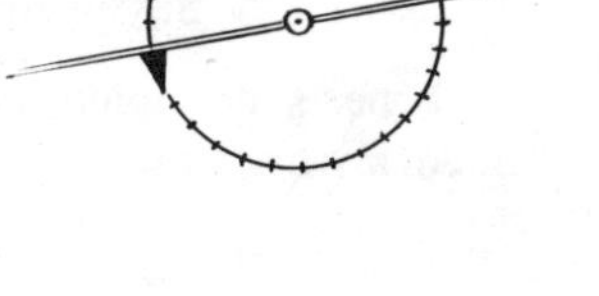

« ancre » (voir croquis). Lorsque l'axe de cette roue d'échappement est vertical, le mouvement est antérieur à ceux qui sont munis d'un axe horizontal.

L'« ancre », comme son nom l'indique, peut se comparer à cet accessoire dont il rappelle la forme. A chaque mouvement de balancier, une de ses extrémités s'élève pendant que l'autre s'abaisse, libérant, dans l'intervalle, une dent de la roue d'échappement. Cet ingénieux mécanisme n'est pas toujours présent dans nos vénérables horloges. On en découvre dont l'ancre est remplacée par une tige de métal munie de deux ergots (échappement à verge ; voir croquis). C'est, de toute évidence, l'ancêtre du système précédent. Toutefois, ces indications restent relatives et doivent être complétées par une série d'observations dont nous avons donné l'essentiel. En effet, il est avéré que l'horlogerie rustique n'a pas toujours suivi logiquement la chronologie des perfectionnements techniques. N'oublions pas que des villages de Savoie, du Jura ont tiré leurs ressources, pendant plus d'un siècle, d'une tradition horlogère, sans réelle ouverture sur le monde extérieur. On connaît même des horloges d'une précision satisfaisante fabriquées entièrement en bois. Ces mouvements rudimentaires fonctionnaient et probablement fonctionnent encore si les vrillettes n'y ont pas mis bon ordre. Il n'en est pas de même de la montre en bois que l'on peut voir au musée de Magdebourg : cadran, engrenages, aiguilles, boîtier sont en bois. Seule la roue motrice est en os. La finesse de l'exécution en est stupéfiante mais, de toute évidence, *elle ne marche pas*. Cette curiosité ne nous apprend pas grand-chose, comme tout ce qui est exceptionnel ! C'est pour cela que nous devons considérer avec tendresse et respect ces horloges de campagne qui ont régi la vie laborieuse de nombreuses générations. Elles ne sont pas des raretés, mais elles ont l'indiscutable beauté des choses utiles.

Savoir placer une horloge

Il ne s'agit pas ici de vous dicter des règles décoratives. Votre horloge sera très bien où vous la placerez. Avez-vous remarqué comme leur caisse étroite et allongée garnit bien un espace réduit entre deux fenêtres, une entrée, un coin peu utilisable ? Les conseils que nous vous réservons concernent directement le *bon* fonctionnement de votre horloge.

Vous avez placé la caisse aussi droite que possible, remonté les mouvements après avoir raccroché les poids. *Attention, le plus lourd au mécanisme régulateur, le plus léger à la sonnerie.* Cela dans l'hypothèse la plus courante où vous êtes en présence de poids inégaux. Là encore, l'exception n'est pas rare et quelques fabrications présentent des poids semblables, ce qui résout le problème.

Attention, votre sens du rythme va être mis à l'épreuve. Vous allez devoir mettre votre horloge « d'échappement », c'est-à-dire parfaitement de niveau. Cela ne s'obtient pas à l'aide d'un outil, mais *à l'oreille :* vous allez écouter attentivement le bruit de votre pendule. L'idéal veut que le « tic » et le « tac » soient séparés par le même temps. Cela semble subtil ; en fait, vous remarquerez sans difficulté une anomalie même légère, pour peu que vous y prêtiez attention. Rectifier un rythme défaillant peut entraîner quelques tâtonnements, mais de courte durée. Il faut donc caler le mécanisme (et non la caisse). Munissez-vous de lamelles de carton, de bristol, surélevez un côté du mécanisme (après avoir ouvert la caisse, bien entendu), glissez le nombre de cales suffisant et écoutez. Commencez toujours par placer de fines cales et remplacez-les par de plus fortes, si nécessaire.

Contrôlez la régularité : vous ne tardez pas à vous apercevoir que votre horloge avance ou retarde. Ce léger décalage dans le temps se rectifie très facilement, en modifiant la longueur du balancier. Pour avancer, montez le balancier. Descendez-le pour retarder. Vous verrez facilement la façon d'obtenir ce résultat. Généralement, un petit écrou *sous* le disque du balancier permet ce réglage. Sinon, le disque coulisse sur la tige par friction.

Nettoyer une horloge

Cela peut être rendu nécessaire par l'accumulation de poussières, de toiles d'araignées, conséquences d'un abandon plus ou moins prolongé. Vous l'avez constaté : le mécanisme de ces horloges est d'une robustesse très rassurante ; aussi ne craignez pas les méthodes vigoureuses.

Dans les fermes des Landes, on procédait périodiquement au nettoyage de l'horloge : cette opération était rendue nécessaire par l'emploi de chandelles de résine qui libéraient dans l'atmosphère une fumée grasse qui finissait, à la longue, par encrasser les mouvements. Parfois aussi, la superstition s'en mêlait. Une tradition, émaillée de multiples histoires plus ou moins véridiques, voulait que les horloges s'arrêtent lorsque leur propriétaire décédait. On ne cherchait pas alors à relancer le mouvement. On jugeait que le moment était venu de les remettre à neuf. Voici la méthode que l'on employait, et nous en avons été témoins.

Le mouvement, ôté du boîtier, débarrassé des fils des contrepoids, puis plongé dans une cuve remplie d'eau additionnée de lessive, était mis à bouillir pendant une heure ou deux. Abondamment rincé à l'eau chaude, il restait en plein vent, sous le soleil d'été, le temps nécessaire à un séchage parfait. Ce traitement se complétait d'une lubrification très spéciale, à l'aide d'une plume fine trempée dans de la graisse d'oie.

Cet exemple n'a pour but que de démontrer le caractère simpliste de cette opération, en adaptant légèrement le procédé des paysans landais. Car, aussi surprenant qu'il y paraisse, les horlogers professionnels les plus pointilleux ne renient pas le lessivage, au contraire.

Votre horloge sera débarrassée, si possible, de ses aiguilles et du cadran, puis des fils de contrepoids, partiellement dépoussiérée avec un pinceau plat éventuellement trempé dans du pétrole, puis effectivement plongée dans une solution bouillante de lessive Saint-Marc (50 grammes par litre). Vous obtiendrez d'excellents résultats en additionnant votre eau d'alcali (une ou deux cuillères à soupe) et de sels d'oseille (une demi-cuillère à soupe). Si vous le pouvez, faites donc bouillir l'ensemble car, pendant l'ébullition, le mouvement de l'eau la fait pénétrer dans les moindres rouages. Le rinçage et le séchage sont essentiels. Rincez longuement à l'eau courante chaude et procédez au séchage avec les moyens que vous avez à votre disposition : un sèche-cheveux, devant un four ouvert, sur un radiateur, etc.

Ne graissez surtout pas les pignons, ce serait le meilleur moyen de faire adhérer les poussières et d'avoir à recommencer le nettoyage dans peu de temps. Usez d'un peu d'huile de vaseline pour les axes, sans excès ni coulures. C'est tout.

Une pendule ainsi nettoyée peut fonctionner vingt-cinq ans sans problème, à condition de la rehuiler tous les deux ans. Vous compléterez votre travail par un dérouillage à la toile émeri fine de la boîte métallique qui protège le mouvement. Une couche de peinture anticorrosion sera également souhaitable.

Les fils seront changés si nécessaire. Les cordonnets de chanvre qu'utilisaient les horlogers d'antan sont avantageusement remplacés par des cordonnets de nylon tressé que l'on achète couramment dans le commerce et plus précisément dans les boutiques spécialisées dans l'accastillage de marine.

Attention, ces fils seront enroulés la première fois *à spires jointives* ; par la suite, elles retrouveront automatiquement leur place lors des remontages à la manivelle. Le réglage de longueur est simple, les contrepoids doivent toucher juste le fond de la caisse (parfois le sol) lorsque le fil est déroulé.

Votre horloge débutera alors une nouvelle et longue carrière.

QUATORZIEME PARTIE

L'IVOIRE

LA DOUCE CARESSE DE L'IVOIRE... A L'AGE DES MAMMOUTHS DEJA !

Il est certain que le travail de l'ivoire date des temps les plus éloignés. Les « Vénus » de l'époque aurignacienne, statuettes très caractéristiques aux abondants attributs féminins, posent une énigme aux spécialistes par l'admirable répartition des volumes, dénotant une indiscutable doctrine artistique, et aussi par l'ère de distribution de ces surprenantes figurations (du sud-ouest de la France à la Sibérie).

Il est tout aussi vraisemblable que la Chine ait connu l'art de l'ivoire depuis la plus haute antiquité. Toutefois, les preuves tangibles d'un art plus perfectionné, à la fois plus usuel et plus nettement décoratif, sont assez récentes. C'est en effet en 1930, à la suite de fouilles effectuées par deux archéologues français, MM. Schaeffer et Chenet, dans les ruines de Ras Shamra, en Syrie septentrionale, juste en face de l'île de Chypre, que l'on dégagea de très beaux vases d'ivoire sculptés que l'on peut dater de 1400 avant Jésus-Christ. Deux ans plus tard, en 1932, des fouilles commencées par une expédition anglo-américaine, et pousuivies en 1934 par la Welcome Archaelogical Research Expedition, à Tel Duweir, ancienne place de la Palestine, à 50 kilomètres au sud de Jérusalem, permirent de découvrir alors de nombreux objets d'ivoire, notamment une bouteille à parfum dont la forme affectait celle d'une femme portant une longue tunique, ainsi qu'un portrait en miniature.

De semblables découvertes abondent en Egypte, attestant que, sous le règne des Pharaons, le travail de l'ivoire était fort répandu. Ce noble matériau servait non seulement à l'ornementation des temples et palais, mais aussi à la confection de meubles et sièges dont certains ont été retrouvés dans des tombeaux égyptiens.

Navigateurs audacieux, commerçants incomparables, les Phéniciens, pour leur part, fournirent l'ivoire en Grèce. Pour que leur négoce soit plus florissant encore, ils enseignèrent aux Grecs l'art de le travailler.

Dans *L'Odyssée*, Homère nous révèle que ses compatriotes utilisaient l'ivoire pour orner des brides et des clefs, et décorer des chaises et des lits. Ils en faisaient aussi des fourreaux d'épées ainsi que des peignes.

C'est également Homère qui, dans ses Chants, nous a transmis le nom du plus ancien ivoirier connu : un certain Ismalius. Par assemblage de plaquettes d'ivoire, habilement juxtaposées et assujetties sur une forte charpente en bois, Phidias fit des statues de grandes dimensions ; elles atteignaient quelquefois 10 à 12 mètres de haut ! C'était le cas du fameux Zeus d'Olympie, considéré comme une des « merveilles du monde ».

Rome fit de l'ivoire un usage immodéré : statues de divinités dans les temples, objets à l'usage de divers sacrifices, décoration intérieure des lieux sacrés. Les sénateurs de l'époque avaient droit, par leur charge, au sceptre et au siège d'ivoire. La tradition en demeura dans la littérature : dans *Salammbô,* Flaubert évoque avec lyrisme un inventaire surabondant des somptueuses portes, des magnifiques lits, des trônes, et tout un mobilier d'ivoire et d'or. Victor Hugo, dans *Les tables tournantes de Jersey*, nous offre à son tour une description imaginaire de Carthage : « ... C'était une cité géante. Elle avait soixante lieues de tour, six mille temples dont trois mille en marbre, deux mille en porphyre, six cents en albâtre, trois cents en jaspe, cinquante en stuc, quarante-cinq en ivoire », etc.

Devenant la capitale de l'empire d'Orient, Byzance hérita des arts gréco-latins. Une intense activité ivoirienne se manifesta alors. D'inestimables icônes sur feuille d'ivoire en font foi.

Bien plus tard, vers le XIe siècle, la sculpture sur ivoire de statues, meubles, sièges et objets plus ou moins importants tend à disparaître. Désormais, l'activité des ivoiriers va se développer dans la fabrication et la décoration d'objets courants. C'est à cette époque que la France va distancer la plupart des autres nations de l'Europe et, au XIIIe siècle, on peut affirmer que *l'art de l'ivoirerie est essentiellement français*, en même temps qu'un art industriel au sens moderne du mot.

Eventail en « dentelle » d'ivoire.

Aux siècles suivants, la matière devint peu à peu plus abondante à la suite des grands voyages et des découvertes.

Les Pays-Bas ainsi que l'Allemagne, renouant avec les grandes traditions artistiques occidentales, vont se manifester avec un certain éclat pendant cette période. Aux XVIe et XVIIe siècles, les tabletiers ne se consacrent qu'accessoirement à l'art, car leur activité s'étend sur une multitude d'objets usuels, manches de couteaux, pots à tabac, éventails, navettes, crosses, pommeaux de cannes, chapelets, flacons, etc. Sous Louis XIV, le billard fait son apparition dans les salons. Les boules sont en ivoire et les queues également. Dans les mêmes années, le clavecin et l'épinette connaissent une grande vogue ; outre certaines incrustations dans le bois, les touches de ces instruments de musique sont, bien entendu, recouvertes d'ivoire.

Sous le règne de Louis XV apparaissent de très belles garnitures de toilette ; les plus célèbres furent celles que détenaient la marquise de Pompadour et la comtesse du Barry. L'approvisionnement en matière première provoqua à Dieppe, l'un des ports de l'Orient et de l'Afrique, l'installation d'une industrie qui devait vite devenir très prospère.

Une tradition veut que l'ivoire ait été sculpté à Dieppe depuis le XVe siècle. Si l'on en croit Villaut de Bellefond qui, dans *La Relation des côtes d'Afrique appelées « Guinée »,* ouvrage paru en 1669, raconte qu'à la suite du voyage de deux vaisseaux équipés par les Dieppois, ceux-ci rapportèrent une telle quantité d'ivoire que les citadins commencèrent à le sculpter et le travailler. Toutefois, malgré l'affirmation de Bellefond, on se doit de dire que l'on n'a pas retrouvé trace de l'existence d'ateliers importants dans la ville à une date aussi reculée. En revanche, dès le début du XVIe siècle, en 1507, les sculpteurs sur ivoire font leur apparition sur la liste des artistes énumérés dans les statuts des peintres et sculpteurs imagiers de la ville de Rouen.

C'est vraisemblablement un siècle plus tard que Dieppe verra s'installer un certain nombre de tabletiers. En effet, un Anglais, Evelyn, publia un ouvrage en 1694 dans lequel il remarque que « la ville est pleine de toutes sortes de curiosités d'ivoire ». A cette date, Dieppe est passée maîtresse dans l'art de travailler cette matière. Partout, on cite la délicatesse de ses ouvrages et sculptures, qui l'emportent de loin sur ceux des autres villes.

Bien plus tard, la Révolution portera un coup terrible à l'industrie dieppoise, la clientèle se composant surtout de touristes anglais et de quelques voyageurs.

En 1794, il n'y avait plus que 8 marchands, 2 ivoiriers et 6 sculpteurs...

Pendant le Premier Empire, la tabletterie se ranime peu à peu et, à la chute de Napoléon, après une légère crise, le travail et le commerce de l'ivoire renaissent complètement à Dieppe.

Cette prospérité durera quelques années. C'est ainsi qu'en 1855, à l'Exposition, la confrontation du travail dieppois avec celui des artisans parisiens, entre autres, permit de conclure à la supériorité des premiers. C'est pour cette raison que de nombreux sculpteurs et artisans dieppois furent, par la suite, sollicités pour venir travailler à Paris. Les offres devaient être alléchantes, car beaucoup s'installèrent dans la capitale. Ce qui, en 1867, fera dire à Barbien, dans son *Esquisse historique sur l'ivoirerie,* qu'il existait une véritable phalange de sculpteurs dieppois vivant dans les ateliers parisiens. De ce fait, l'industrie de l'ivoire à Dieppe entre alors en décadence. Faute d'artistes, les magasins ferment les uns après les autres. S'il en existe 18 à Dieppe en 1854, il n'en reste plus que 4 en 1900.

Aujourd'hui, seul le musée de Dieppe reste le témoignage de ce que fut la notoriété et la prospérité de l'ivoirerie en cette ville.

IVOIRE VERITABLE OU « SIMILI » ? ETES-VOUS BIEN SUR DE VOUS Y CONNAITRE ?

D'après le dictionnaire Larousse, l'ivoire est une substance d'un aspect laiteux de même nature chimique que les os, mais plus compacte, plus homogène.

Il provient en général des défenses de l'éléphant, du rhinocéros, du morse et des dents de l'hippopotame.

Toutefois, l'ivoire employé est généralement celui de l'éléphant qui, légalement, est le seul à avoir droit à l'appellation d'ivoire.

Cet ivoire est classé en deux catégories : l'ivoire dur et l'ivoire doux.

L'*ivoire dur* provient des défenses d'éléphants ayant vécu dans des régions boisées, à l'ombre, près des fleuves, rivières et marécages, dans les climats humides de Guinée, du Gabon et du Congo.

Celui-ci, plus pesant que l'ivoire doux, est sans grain, c'est-à-dire sans veinage. Sa couleur est d'un beau blanc rosé qui blanchit en vieillissant. Il est utilisé par les statuaires, peintres miniaturistes, sculpteurs, tabletiers et couteliers.

L'*ivoire doux* provient des régions non boisées, au climat sec. Les défenses du mammifère, soumises en permanence aux rayons brûlants du soleil, perdent peu à peu leur sève. Généralement, leur pointe est craquelée.

Sa provenance est limitée à certaines régions de l'Ethiopie, de l'Egypte et des côtes du Zanzibar.

Tendre, très élastique, l'ivoire doux est recherché particulièrement par les fabricants de boules de billard et de touches de piano parce qu'il permet d'obtenir des objets très homogènes.

C'est l'éléphant d'Afrique qui fournit aux sculpteurs et artisans d'Europe et de l'Asie la quasi-totalité de l'ivoire qui s'y traite.

La géographie de l'ivoire

Voici les principales régions de l'Afrique productrices d'ivoire et les caractéristiques principales de ces productions :

Sénégal : ivoire gris, demi-doux, de qualité inférieure ;

Soudan : ivoire gris, demi-doux et doux ;

Guinée : ivoire dur, de première qualité ;

Côte-d'Ivoire : ivoire gris, doux et demi-doux, de qualité défectueuse ;

Niger : ivoire dur et doux ;

Cameroun, Gabon, Angola : ivoire dur et de couleur rose ;

Congo : ivoire vert, dur et doux ;

Cap : ivoire rose ;

Mozambique : ivoire gris, dur et doux ;

Zanzibar, Tanganyika, Kenya : ivoire dur et doux.

Le plus grand fournisseur d'ivoire en Afrique est le Congo. On trouve cet ivoire dans la partie orientale de cet Etat et spécialement dans les districts de Stanleyville, du Bas-Véla et de l'Ituri.

Avant la Seconde Guerre mondiale, les grands marchés de l'ivoire avaient lieu tous les trois mois. Les plus importants se tenaient, dans l'ordre, à Anvers, Londres et Liverpool.

De nos jours, ces marchés n'existent pratiquement plus.

En effet, depuis 1920, où s'exportaient annuellement 300 à 400 tonnes d'ivoire brut, le tonnage de l'ivoire exporté d'Afrique a connu une nette diminution (plus de deux tiers). La réglementation du droit de chasse en Afrique, et non la demande, a déterminé la diminution des quantités d'ivoire mises en vente chaque année. La répartition de ces quantités entre les pays producteurs montre que cette législation a été variable selon les différents pays d'Afrique. Cer-

Peigne en ivoire du XVIe siècle.

taines provenances avaient déjà presque disparu des marchés mondiaux avant 1940. En particulier celles des possessions françaises, où il était strictement interdit d'abattre des éléphants.

Actuellement, la France « consomme » 12 à 15 tonnes d'ivoire brut chaque année. C'est très peu. Le poids d'une défense varie selon sa longueur et son diamètre. Il n'est pas rare de trouver des pièces qui pèsent de 75 à 80 kilos et mesurent entre 2,30 et 2,50 m. Le prix de l'ivoire brut est stable : de 40 à 80 francs le kilo, suivant la qualité.

La loi défend l'acheteur d'ivoire

La matière plastique a non seulement porté un coup mortel à l'ivoire dans la fabrication d'accessoires usuels, mais aussi dans les objets d'art, tout en favorisant la fraude. C'est ainsi que des statuettes de styles occidental et oriental sont apparues sur le marché, tout en matière plastique. La densité de l'ivoire est de beaucoup supérieure à celle de la matière plastique. Une confrontation entre le poids d'un objet authentique et du faux est révélateur. Pour pallier cette différence, certains falsificateurs n'ont pas hésité à mélanger de la poudre d'ivoire (facilement récupérable dans les déchets) à des résines plastiques, obtenant de cette façon un aggloméré d'une ressemblance assez troublante.

Une grande usine de produits chimiques a même réussi à rendre le grain et les veines que possèdent certaines qualités d'ivoire.

Dans l'un comme l'autre cas, ces productions sont vendues honnêtement sous les noms d' « ivoirine » et « ivorine », mais pas toujours!

Un industriel anglais n'hésite pas à dénommer *ivory parisiana* une substance de sa composition! Heureusement, ces «innovateurs» se heurtent à un décret du ministère de l'Agriculture en date du 17 octobre 1950, portant règlement d'administration publique en ce qui concerne le commerce des objets en ivoire.

L'*article 2* stipule que la dénomination «ivoire» est réservée à la matière naturelle constituant les défenses d'éléphant.

L'*article 5* interdit de mettre en vente ou de vendre sous le nom d' «ivoire», avec ou sans qualificatif, des objets comportant une quantité, même minime, de matière autre que l'ivoire.

L'*article 7* déclare que lorsque des produits ou objets visés au présent décret sont présentés sous une étiquette portant le mot «ivoire» dans une vitrine ou un magasin de vente avec des objets en matière d'imitation, ces derniers devront être accompagnés d'une étiquette visible du public et portant, en caractères trés apparents, le nom de la matière les constituant ou le mot «imitation», sans autre mention.

L'*article 8* interdit encore l'emploi, sous quelque forme que ce soit, de toute indication, de tout mode de présentation, tels que dessin, illustration ou signe quelconque, ou de toute appellation susceptible de créer, même phonétiquement, une confusion, dans l'esprit de l'acheteur, sur la nature, l'origine, les qualités substantielles, la composition des produits ou objets visés au présent décret.

Outre l'ivoire, ce décret concerne aussi l'écaille, l'ambre et l'écume.

Ce décret a une importance primordiale pour la protection de l'acheteur, car il ne peut prêter à aucune interprétation ni à la moindre équivoque.

REPARER L'IVOIRE

L'ivoire se travaille comme le bois. Comme lui, il a un fil. Toutefois, sa souplesse est bien plus grande et il est rare qu'il se brise au cours d'un ouvrage. C'est avec le temps et les facteurs atmosphériques, surtout la trop grande sécheresse, que l'ivoire s'altère et se fendille. Une maladresse, un choc, et c'est la cassure.

Par bonheur, les cassures de l'ivoire sont généralement nettes, presque géométriques. Il n'y a aucune difficulté à en rapprocher les deux parties. Toujours comme le bois, l'ivoire se colle avec les mêmes produits. Pourtant, on constate un assez mauvais « accrochage » des adhésifs. Aussi doit-on compléter leur action par des soutiens mécaniques, chevilles, petits goujons, etc. Cela demande un soin extrême. Comment procéder ?

Sur une pièce en porte à faux, comme un bras de statuette, un ornement, vous pouvez essayer de placer un goujon de métal (laiton ou cuivre rouge). Cela dans la mesure où il ne risque pas d'être vu en transparence. L'ivoire en faible épaisseur est translucide. Dans le cas contraire, vous devez tailler une fine cheville dans un déchet d'ivoire. Pour placer goujon ou cheville, vous devez percer un avant-trou en prenant soin de ne pas transpercer la pièce à réparer de part en part ; votre travail devra être invisible après collage. L'ivoire se perce extrêmement facilement avec des forets à bois ordinaires, la vitesse de rotation de votre perceuse doit être assez lente.

Les colles vinyliques sont bien tolérées et ne tachent pas l'ivoire. Un serrage modéré est souhaitable.

Selon la forme de l'objet, vous userez de bandes adhésives, de bracelets de caoutchouc, en vous armant d'ingéniosité.

Un procédé moderne : pour éviter des manipulations dangereuses sur des objets fragiles, usez tout simplement de colles époxydes (1 résine + 1 durcisseur). Ne laissez pas de bavures de colle, enlevez-les à l'alcool et laissez durcir à une température ambiante de 20 degrés si possible (pas en dessous de 15/16 degrés). Ce sera une réparation définitive et invisible.

Une pièce un peu lourde, en porte à faux, sera justifiable du même traitement, avec une légère variante. Vous percez des trous comme pour placer des goujons de métal ; ils seront emplis de colle époxyde que vous armerez avec quelques brins détachés d'une toile de fibre de verre. L'autre extrémité de ces brins devra, bien entendu, pénétrer dans les trous correspondants. Vous verrez, il est facile de les agglomérer entre eux afin qu'ils soient rassemblés comme une chevillette pour ne pas buter contre les bords du trou. Le reste de la cassure recevra une couche mince de colle époxyde. Rassemblez et serrez. Laissez durcir à la chaleur ambiante pendant vingt-quatre heures environ. On ne peut souhaiter réparation plus résistante.

Conseils complémentaires.

Quelques brins de fibre de verre suffisent. Ne vous croyez pas obligé d'en garnir le trou. Leur importance se justifie par une particularité des colles époxydes. Sèches, elles présentent une dureté quasi minérale ; en couche mince, elles sont indestructibles ; en épaisseur, elles peuvent se casser net comme du verre, d'où la nécessité d'une armature.

Un objet déformé

Une déformation peut survenir sur un objet qui a subi une humidité prolongée ou se présente en faible épaisseur : brosse à cheveux, peigne, etc.

Il faut pour le reformer ramollir l'ivoire. Vous plongez complètement l'objet dans de l'eau additionnée de 1/5 d'acide nitrique environ et vous le laissez séjourner ainsi trois ou quatre jours. A ce stade, l'ivoire présente un aspect assez translucide et une plasticité surprenante. Mettez l'objet dans la forme souhaitée et laissez-le sécher ainsi. Il retrouvera rapidement sa consistance et son opacité. Evitez toutefois de le laisser dans de l'eau chaude, il ramollirait de nouveau.

Ce procédé a l'avantage de faciliter les travaux de marqueterie, de gainage. L'ivoire ainsi traité se galbe à volonté. Un détail important : pour tous collages de lamelles d'ivoire sur une surface plus sombre (bois, éventuellement métal), interposez une feuille de papier blanc. Cela évite des transparences disgracieuses.

La patine de l'ivoire

Les spécialistes vous diront que l'ivoire est blanc et que toutes patines ne sont que des apports plus ou moins douteux. En vérité, les ivoires vieillissent différemment selon leur qualité. La plupart ne jaunissent pas avec le temps, au contraire, ils blanchissent.

Pour les amateurs de « patine »-malgré-tout, voici quelques procédés sans danger.

Exposez l'ivoire à la fumée de bois (pas à la chaleur).

Un goudron léger se répartira dans les creux et formera, après séchage de quelques heures, une patine solide et durable. Frottez avec un chiffon de laine.

Les décoctions de thé et de chicorée composent également des patines brunes ou dorées. Il suffit d'enduire l'objet avec le liquide obtenu et d'attendre un séchage complet.

Les teintures « naturelles » du bois, comme le « brou de noix ou l'extrait de Cassel », donnent d'excellents résultats. Avec le temps, il peut même se produire une imprégnation assez profonde de l'objet.

Certains ivoires exotiques brun-rouge sont teintés par les indigènes avec du bétel ou de la noix d'arec, fruit dont est issu le cachou.

Les Chinois sont passés maîtres dans la teinture de l'ivoire. Ils lui appliquent les couleurs les plus diverses : bleu, vert, rouge, etc. Ils font appel actuellement à des colorants chimiques classiques ou à des bains comparables en tout point aux teintures pour textiles.

Pour les amateurs de bizarreries, citons tout d'abord une recette pour donner à l'ivoire une couleur vert bronze :

Faites dissoudre dans de l'acide nitrique autant de bronze qu'il pourra en assimiler, puis faites tremper l'ivoire pendant une nuit entière dans cet acide. Il deviendra d'un très beau vert. (Ne dissimulons pas que ce procédé est dangereux pour un ivoire de valeur).

Autre procédé — très extrême-oriental — pour conférer aux ivoires une patine jaune doré. Le porter à même la peau. A ne pas appliquer aux objets volumineux !

Entretenir l'ivoire

Les recettes de « bonne femme » pour nettoyer l'ivoire abondent et sont généralement novices. Spécialement celles qui font appel au jus de citron (acide).

✱ L'ivoire s'entretient simplement à l'eau et au savon. La lessive Saint-Marc (15 grammes par litre d'eau tiède) est également bien tolérée.

✱ On repolit un ivoire rayé avec du blanc d'Espagne dissous dans de l'eau tiède. Dès que le blanc est sec, frotter avec une peau de chamois.

✱ Les objets usuels comme les brosses, les peignes, les nécessaires de toilette, les manches de couteau ou les touches de piano subiront un entretien courant avec un peu de blanc d'Espagne mélangé à de l'alcool à brûler.

✱ Lorsqu'un ivoire très sculpté est incrusté de poussière, et de saletés tenaces, offrez-lui un bain prolongé (quelques heures) dans du lait cru. Brossez-le ensuite avec un pinceau à poil raide. Frottez avec un chiffon sec et doux jusqu'à séchage complet.

Blanchir l'ivoire

✱ Pour donner une teinte laiteuse et mate à l'ivoire, l'enduire d'essence de térébenthine et l'exposer aux rayons du soleil pendant quelques heures.

✱ L'eau oxygénée à 120 volumes est sans danger pour blanchir l'ivoire. Son effet est immédiat. Vous pouvez procéder par trempage ou par badigeonnage. Servez-vous d'un coton, un pinceau serait brûlé. Rincez et séchez.

Une vieille recette pour blanchir et nettoyer l'ivoire reste parfaitement applicable, à condition de se conformer à certaines précautions. Dissoudre de l'alun de roche dans de l'eau. Y plonger l'ivoire à blanchir. Porter le tout à ébullition pendant une heure. Brosser ensuite si des salissures restent incrustées. L'envelopper dans plusieurs chiffons mouillés et laisser sécher le tout à l'air.

L'enveloppement humide a pour but de ralentir le séchage et d'éviter les fendillements qui se produisent lorsque l'ivoire passe brutalement d'un état hygrométrique à un autre.

Conserver l'ivoire

Vos objets représentent un capital dont le principal intérêt réside dans le plaisir esthétique qu'ils vous procurent. Gardez-les à l'abri d'un mal sournois : le dessèchement. En effet, l'ivoire reste une matière vivante; dans une atmosphère trop sèche, il se fendille et s'altère rapidement. Munissez vos radiateurs d'humidificateurs d'air, n'exposez jamais ces objets à une chaleur trop forte (ampoule de projecteur), ils resteront pendant des décennies dans l'état parfait que vous appréciez.

Une des collections d'ivoire les plus originales que nous connaissions est sans doute celle de M. R. Brejoux, président de la Chambre syndicale de l'Ivoire. Toutes les pièces qui la composent sortent de ses mains. Il reproduit au 1/100 des maquettes de navires anciens. C'est un travail unique au monde. M. R. Brejoux a inventé une technique pour « filer » l'ivoire et étirer dans une même veine de défense des filins de 3/10 de millimètre pour gréer ses navires, dont le plus simple lui a demandé 3 500 heures de travail !

A l'origine de cette vocation, une curieuse anecdote que la «petite histoire» devra retenir. En 1964, la France s'apprêtait à accueillir le président Kennedy en visite officielle. M. André Malraux, ministre des Affaires culturelles, eut alors l'idée de demander aux spécialistes du musée de la Marine de réaliser une maquette du *Flore*, premier navire de la flotte de Louis XVI à avoir salué un navire américain, reconnaissance *de facto* des futurs Etats-Unis par la France. Cela pour l'offrir au président des Etats-Unis, ancien marin. Pourtant, si l'idée était excellente, le ministre songea que le cadeau serait insuffisant pour un chef d'Etat. Pour concilier l'intention avec le résultat, André Malraux se détermina à faire réaliser le *Flore* en ivoire, et la commande fut passée à M. R. Brejoux qui, pour la première fois, dut résoudre des problèmes techniques imprévus, car, des voiles aux filins, tout devait être en ivoire, sans apport d'aucun autre matériau.

La mort du président Kennedy fit oublier le *Flore* achevé et merveilleusement réussi. M. R. Brejoux débutait sa collection par un «laissé-pour-compte» doublement historique. Loin d'être déçu, il découvrit une passion : après le *Flore* il réalisa l'*Astrolabe* de Dumont d'Urville, puis quatre chebecs sur le modèle de ceux commandés par Colbert aux chantiers méridionaux, d'une extraordinaire élégance et d'une extravagante difficulté d'exécution, avec leurs pièces minuscules : 32 espingoles, 24 canons et leurs voiles d'un modèle particulier qui, pour elles seules, mobilisèrent M. Brejoux pendant onze mois.

Au mois de mai 1960, il terminait un brick négrier, *L'Ouragan*, et sur des documents d'une rareté insigne débuta la reconstitution du *Paradis*, nef qui amena saint Louis en Terre sainte.

Une telle collection n'est pas seulement inestimable, elle est aussi un testament professionnel.

QUINZIEME PARTIE

LE MARBRE

UN MARBRE CASSE : NE VOUS DESOLEZ PLUS !

Un dessus de commode brisé, une cheminée mutilée, tout cela n'est plus irrémédiable ! Avec du goût, quelques connaissances et du doigté, vous arriverez à réparer de façon presque invisible la cassure la plus irrégulière.

Suivez nos conseils : ils vous seront utiles aujourd'hui où la profession de marbrier est peu répandue, la matière première chère et les factures élevées.

Une cassure nette n'est jamais un avantage. Sa régularité la rendra difficile à camoufler. De surcroît, elle risque de glisser au serrage (tout à l'heure, quand nous serons arrivés à cette étape).

Nous allons examiner le cas le plus répandu : une cassure irrégulière... qui, souvent, a déjà subi une réparation, il y a longtemps.

1. Avec une lime, une brosse métallique, du papier abrasif à gros grain, vous allez rafraîchir la cassure et enlever soigneusement toute trace de colle ancienne.

2. Préparez votre colle. Nous vous conseillons les colles époxydes à deux composants. C'est ce qui, pour l'instant, présente le maximum de solidité. Donc, ce produit se présente en deux tubes : adhésif et durcisseur. Vous effectuez le mélange très soigneusement.

3. Enduisez les parties à mettre en présence. Surtout, pas d'épaisseurs ! Usez d'une petite spatule souple. La pellicule de colle doit être fine et régulière.

4. Vous présentez les morceaux, non sans avoir déterminé à l'avance le moyen par lequel vous les maintiendrez en place : presses de menuisier, rondelles de caoutchouc (de chambre à air), cales, etc.

Pour un marbre de meuble, il n'y a pratiquement pas de difficultés. Pour une cheminée, ou certains objets, ce n'est pas si simple. Les bracelets de caoutchouc peuvent rendre de nombreux services sur une pièce réduite, les rubans adhésifs aussi. Nous ne pouvons vous conseiller utilement à ce propos, les cas d'espèce abondent et les solutions varient à l'infini.

✶ Dans un panier, vous aurez recueilli les poussières tombées de votre lime ou de votre papier abrasif. Au besoin vous pouvez vous en procurer en grattant légèrement l'envers du marbre. Cette poudre mélangée avec un peu de colle composera un mortier qui reconstituera un petit éclat ou égalisera les bords de la fente. Pour le marbre blanc, le talc donne de bons résultats.

✶ Le morceau en place, impeccablement collé, vous nettoyez les bavures de colle *à l'alcool*, très soigneusement, avec un coton.

✶ Vingt-quatre heures plus tard, lorsque le séchage est terminé, vous allez polir votre ouvrage. Cela avec du papier abrasif spécial pour carrosserie (qui s'emploie mouillé), choisi dans la plus fine qualité possible. Vous poncez donc la fente, qui doit devenir (presque) invisible par ce polissage.

✶ Malgré vos recherches, vous n'avez pu retrouver tous les morceaux du marbre cassé. Le recollage accompli, manquent des éclats parfois importants. Qu'à cela ne tienne ! Vous trouverez chez les marchands de couleurs des « gommes laques » assorties qui se coulent à chaud dans les cavités à garnir (employez toujours un fer chauffé pour fondre la gomme laque, jamais une flamme qui carboniserait cette matière). Le trou bouché, vous poncez comme précédemment.

La technique moderne à votre secours

Les colles à deux composants qui deviennent d'une dureté minérale vous assurent des collages ultra-résistants. C'est un progrès remarquable. Toutefois, il existe depuis peu des produits basés sur le même principe (deux composants : plastique + durcisseur, ou adhésif + durcisseur) qui, en plus, se proposent d'*imiter le marbre*. Leur pouvoir adhésif ne vaut pas celui des produits que nous avons déjà évoqués, mais ils sont sensationnels pour remplacer un morceau manquant, même d'une certaine importance.

Vous choisissez dans la gamme de ces produits celui qui correspond à la qualité de votre marbre, comblanchien, granit, turquin, ophite, etc.

Vous en prélevez la quantité que vous pouvez mettre rapidement en œuvre, car le temps de « prise » est parfois bref. Vous suivez les instructions du fabricant pour adjoindre le durcisseur et vous mélangez soigneusement.

Attention ! Vous devez faire pénétrer le composé dans tous les interstices avec une spatule en appuyant bien. La consistance, celle du miel épais, facilite cette opération, mais il convient d'éviter la formation de bulles dans votre plastique, car cela ferait des trous au polissage ultérieur.

Le durcissement ne tarde pas. Le produit résiste en quelques minutes à la pression du doigt et dégage une forte chaleur. Progressivement, le durcissement augmente. Profitez de cet état intermédiaire pour enlever les bavures et affleurer la pièce à réparer avec un ciseau à bois, une râpe ou une lime. Lorsque le durcissement sera total, il vous sera encore possible de « travailler » votre pièce, mais ce sera beaucoup plus difficile. Vous polirez le plastique comme nous l'avons indiqué au papier abrasif de carrossier.

L'intérêt de cette méthode est à souligner. Tout serrage devient inutile, les pièces à réunir sont mises en présence à la main et maintenues ainsi le temps très bref nécessaire à la polymérisation de la résine, et il est inutile d'attendre pour parfaire la réparation.

Apprenez à faire un moule

Pour refaire un coin, une moulure, un motif de cheminée, par exemple, ou de pendule, vous allez

faire un moulage d'une partie intacte. Pour cela, deux techniques très simples. *Au plâtre :* c'est la meilleure, mais peut-être la plus délicate. La pièce à reproduire sera huilée sans excès (avec un chiffon imbibé d'huile de vaseline ou de table). Prévoyez un petit « coffrage » de carton pour éviter que le plâtre ne coule et ne se répande. Le plâtre, contrairement au ciment, s'emploie pur et se « gâche » non pas en y ajoutant de l'eau, mais en le jetant dans l'eau (user d'une quantité de liquide correspondant au volume de plâtre que vous voulez obtenir).

Lorsqu'il effectue sa « prise » et qu'il a la consistance d'une bouillie un peu liquide, versez-le dans votre coffrage en tapant dessus avec un petit outil pour provoquer une vibration qui le fera pénétrer dans tous les détails.

Quelques minutes plus tard, votre plâtre est dur. Vous pouvez le démouler. L'empreinte du motif est marquée en creux. Il vous suffira de présenter ce moule en face de la partie à reproduire et de couler votre plastique.

Attention ! La forme de certains motifs peut interdire ce démoulage. Vérifiez bien, avant de vous lancer dans ce travail, que le moule pourra se retirer...

La pâte à modeler... pour un petit motif simple, c'est l'idéal. Vous prenez l'empreinte à la pâte à modeler en la pressant contre le motif.

Attention ! Ne pas déformer votre moule improvisé en le retirant.

L'avantage de ce procédé réside dans sa rapidité et sa simplicité. Son inconvénient demeure la possibilité de déformation que nous avons déjà évoquée. Vous pouvez alors maintenir votre pâte avec des planchettes ou des cartons.

Tout nouveau ! Sur des motifs compliqués, sculptés en creux, extrêmement délicats à mouler au plâtre ou à la pâte à modeler, les composés latex-élastomères offrent des ressources illimitées.

Il s'agit de caoutchouc liquide ou pâteux qui se vulcanise à la température ambiante et à l'humidité de l'air. La viscosité initiale du produit le fait pénétrer dans les moindres cavités. Après vulcanisation, le moule, qui garde la souplesse du caoutchouc, s'enlève facilement sans aucune déformation et tolère les matériaux plastiques qui vous serviront à reproduire les pièces manquantes.

L'ENTRETIEN DU MARBRE

✱ Le marbre se nettoie avec du *savon noir* (un bon rinçage est essentiel). A défaut, de la lessive Saint-Marc très diluée convient très bien.
✱ La cire vierge est la meilleure protection du marbre. On peut diluer la cire avec une goutte de pétrole.

Enlevons les taches

Le marbre absorbe les taches qui, souvent, se marquent en profondeur. Le vin (rond de verre ou de bouteille) avec le vinaigre et le citron (acides) sont les pires ennemis des surfaces en marbre.

Un *marbre attaqué* devra être repoli. C'est un travail de professionnel, pourtant, avec le papier abrasif spécial pour carrosserie, on peut obtenir un résultat satisfaisant.

Une *tache d'encre* n'est pas toujours définitive. Une application d'eau oxygénée peut vous procurer l'heureuse surprise de faire disparaître complètement la souillure. En cas d'échec partiel, recommencez. L'eau oxygénée doit agir en profondeur si la tache a pénétré dans les porosités du marbre. Ajoutez au besoin quelques gouttes d'ammoniaque à l'eau oxygénée.

La *rouille* marque souvent profondément le marbre blanc. L'oxyde de fer pénètre insidieusement et devient très difficile à déloger. Essayez tout d'abord l'eau oxygénée. En cas d'insuccès, procurez-vous un peu de bisulfite de soude (en pharmacie), quelques gouttes suffisent. Saupoudrez la tache de limaille de zinc et versez dessus le bisulfite. Attendez quelques minutes et lavez à l'eau claire. Si vraiment c'est l'échec complet, il vous reste une solution : les « antirouille » pour le linge. Mais soyez prudent, ces produits sont généralement à base d'acide oxalique et peuvent légèrement attaquer le marbre. Faites un essai rapide, saupoudrez la tache d'antirouille, mouillez au compte-gouttes, attendez cinq à six minutes et rincez. Si vous constatez une rugosité du marbre à l'endroit traité, n'insistez pas, sinon récidivez et laissez agir plus longtemps (une rugosité légère sera repolie facilement au papier « carrosserie »).

Taches de fruits, de café, de nicotine sont justiciables d'un bon savonnage (savon noir), éventuellement d'un nettoyant ammoniaqué.

Reconnaissez un marbre ancien

On reconnaît un marbre ancien à plusieurs critères :

* *Son aspect général.* Sa surface, d'un beau poli, porte ici et là des traces de coups et d'usure, indices d'une longue vie.
* En posant une règle sur sa surface, on constate qu'*elle n'est pas parfaitement plane* (les marbriers anciens ne travaillaient pas à la machine).
* *Son envers,* ou la partie située contre le mur, est grossièrement taillé (regarder avec une lumière frisante).
* *Les gorges, moulures ou motifs décoratifs* sont légèrement irréguliers (encore le travail à la main !).

* *Une intéressante vérification.*

Profitez d'avoir à déplacer votre marbre pour le réparer pour vous livrer à un examen intéressant du meuble qu'il recouvre. En général, les ébénistes *signaient* leurs créations dans des endroits bien dissimulés. Les commodes sont généralement signées *sous leur marbre*, sur la ceinture du tiroir supérieur.

Procédez ainsi : en posant une feuille de papier sur les traces souvent indistinctes que vous trouverez et en frottant avec une mine de crayon, vous verrez apparaître alors la signature très distinctement (si cela en est une).

Si vous être déçu dans cette recherche, consolez-vous en pensant que les tableaux des plus grands maîtres ne portent pas toujours leur signature. La satisfaction du devoir accompli suffisait à leur amour-propre !

SEIZIEME PARTIE

LA PAILLE

DEVENEZ REMPAILLEUR

Ne cherchez pas, c'est inutile, vous ne découvririez plus cet artisan qui, il y a quelques années encore, pratiquait son art à tous vents dans nos villes et campagnes et que certaines gravures mettaient en valeur en particulier dans la série des « cris de Paris ». En effet, le rempaillage des chaises, artisanat itinérant, étrange et populaire, a presque totalement disparu de nos villes.

Or, vous possédez des chaises rustiques de belle facture dont la paille donne des signes d'usure avancée et laisse apparaître parfois des brêches inquiétantes et inesthétiques. Que faire en pareil cas, si vous ne découvrez pas un spécialiste oublié dans une arrière-cour de quartier, ou un refuge de campagne ? Tout simplement mettre la main à la... paille et devenir votre propre rempailleur.

Une difficulté se présente alors instantanément, malgré votre évidente bonne volonté : où trouver de la paille ? et pas n'importe quelle paille ! Il vous faut du seigle, qui ne se cultive presque plus de nos jours. Vous allez donc devoir courir la campagne et interroger les paysans pour savoir où vous procurer l'indispensable matériau sans lequel vous ne pourriez obtenir de bons résultats : les autres pailles ne conviennent pas : celle de l'avoine est trop courte et celle de blé trop cassante. Si vous ne trouvez rien du côté rural, demandez aux fabricants régionaux spécialisés dans le meuble rustique, certains ne refuseront pas de vous céder quelques bottes de seigle. Elles auront l'avantage d'être teintées et traitées contre les souris. On compte généralement 250 grammes de paille pour une chaise.

Si vous avez acheté de la paille chez un paysan, vous pourrez l'utiliser en conservant sa couleur naturelle, ou bien lui donner une teinte dorée en procédant de la façon suivante :

Au fond d'une grande bassine pleine d'eau, couchez la paille coupée aux nœuds, dans le même sens. Faites chauffer et amenez à ébullition (toute une journée). Laissez refroidir ensuite pendant toute une nuit. Le lendemain, retirez votre paille, étalez-la et attendez qu'elle soit bien sèche avant de l'employer.

Pour rempailler vos sièges, vous avez eu soin de choisir de la paille de seigle épaisse, mais il faut aussi vous procurer des pailles longues et fines d'herbes diverses séchées. Cela pour en fourrer les brins de paille et effectuer les « cordons » qui donneront à votre paillage cette apparence régulière. Le meilleur conseil que nous pouvons vous donner, c'est de regarder comment sont fabriqués les cordons que vous avez enlevés. Bien qu'usés, ils vous révéleront leur « secret ». C'est à un véritable travail de fileuse que nous vous convions. Toutefois, il existe un matériau très intéressant et facile à trouver qui peut vous rendre les plus grands services pour un paillage rustique : il s'agit de plantes semi-aquatiques que l'on trouve en bord de rivière, de marais, d'étang ; ce sont les « typhas ». Dans la pratique, on les dénomme « massettes » ou « cigares », car leur fruit marron foncé a une forme caractéristique (ils font le meilleur effet dans les bouquets secs). Les feuilles de typhas, étroites et longues, sont souples et minces et font des « tortillons » de paillage excellents, bien que l'aspect en soit assez rustique (les feuilles de typhas doivent être liées en bottes et mises à sécher quelque temps dans un endroit sec et aéré, avant usage).

Récapitulons les fournitures nécessaires : nous l'avons dit, 250 grammes de paille de seigle coupée aux nœuds, auxquels nous ajoutons 500 grammes de pailles longues ; ces proportions s'entendent pour un siège.

L'outillage est très restreint, mais vous serez obligé de le fabriquer vous-même, car il est introuvable dans le commerce.

Vous taillerez dans du houx ou du buis, bois durs et lisses, un poinçon de 20 centimètres environ et une spatule longue de 25 à 30 centimètres. Votre outillage est au complet. Vous pouvez y adjoindre de bons ciseaux ou un couteau bien affûté.

Préparation des pailles et de la chaise

Avant de passer à la réalisation, la veille, vous devez mouiller légèrement la paille de seigle qui a été coupée aux nœuds avec les ciseaux, ainsi que la paille longue. Cette opération a pour but de les assouplir et de faciliter le travail.

Déclouez les bandeaux de bois qui entourent le siège et débarrassez la chaise de sa paille usée. Coupez la paille, puis nettoyez la ceinture de la chaise ainsi mise à nu. Vous allez pouvoir commencer le rempaillage.

Une patiente réalisation

Au début de votre travail, vous ne pourrez prétendre à un tour de main parfait. Mais, au bout d'un certain temps, grâce à l'expérience, une chaise ne vous demandera que quelques heures pour être rempaillée (trois heures environ); il vous faudra peut-être compter bien davantage au départ, car, ne le dissimulons pas, il s'agit d'une réalisation assez laborieuse qui vous imposera de défaire et refaire maintes fois un travail trop éloigné de la perfection requise.

Ne vous «énervez» pas, soyez patient et persévérez ; les petites difficultés seront vaincues tôt ou tard. Pour être à la bonne hauteur du cadre de la chaise, il faut s'asseoir assez bas, les pailles sur le sol, à portée de la main. Souvenez-vous de l'attitude des rempailleurs de coins de rues.

Commencez par prendre une vingtaine de brins de paille longue et faites-les glisser dans une paille de seigle fendue sur toute la longueur à l'aide de l'ongle. Il faut effectuer un genre de tortillon en biais, la paille de seigle entourant le faisceau de pailles longues, de façon à ne laisser apparaître que le seigle. C'est ce qu'on nomme un «cordon».

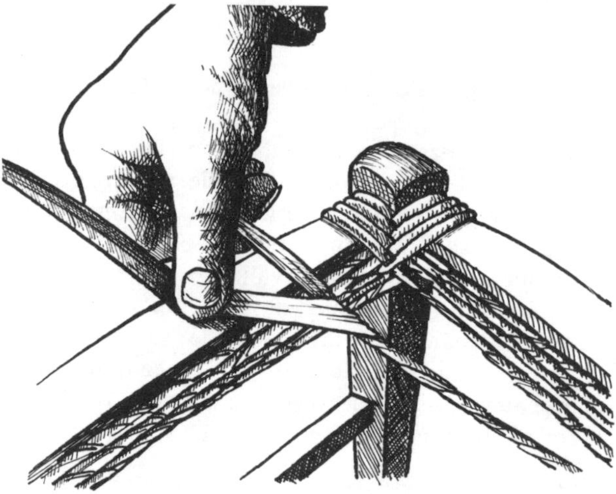

Lorsque le brin de paille longue arrive à sa fin, vous devez le joindre à un autre brin par une «épissure» et le glisser dans une nouvelle paille de seigle ; continuez à ajouter ainsi les brins les uns aux autres, de manière à donner la forme d'un ruban sans fin qui serait enroulé en biais sur lui-même. La difficulté de l'opération réside dans le fait qu'il faut garder à ce ruban une constante épaisseur.

Récapitulons encore pour tenter d'être aussi clair que possible : ces pailles de seigle doivent entourer – sans faille – les pailles longues, dont le seul but est de donner sa consistance au cordon. Lorsque le brin de paille de seigle est terminé, rentrez son extrémité dans le cordon de paille longue et faites de même avec l'extrémité d'un nouveau brin de paille de seigle qui continuera l'enroulement.

Maintenant, nous allons placer le cordon. Il est essentiel de suivre attentivement l'ordre des passages de ce cordon sur la ceinture du siège. Entourez deux fois le «cordon» autour du pied arrière droit (donc, à gauche, face à vous) et tirez-le fortement jusqu'au pied arrière gauche. Vous tournez une fois seulement autour du cadre et tendez de nouveau vers le pied de devant à gauche, ensuite vers le pied de devant droit et, finalement, vous revenez au pied arrière droit. Vous venez de faire le premier « tour ».

Attention ! L'arrière du siège est moins large que son devant, il vous faut donc le ramener au carré ; c'est pour cette raison que les 7 ou 9 tours qui vont suivre devront s'effectuer ainsi : 1 tour sur les côtés et le devant seulement ; 1 tour sur les 4 côtés, puis 1 tour sur les trois côtés ; de nouveau 1 tour sur les 4 côtés ; et encore 1 tour sur les 3 côtés, etc., jusqu'à obtenir un carré parfait. Ensuite, vous reprenez sur les 4 côtés en ayant bien soin de tendre fortement le cordon de façon régulière d'un pied à l'autre de votre chaise.

Normalement, le siège se trouve rempli en 40 ou 50 tours. S'il est bien fait, il doit toujours se terminer par un cordon qui se situe au milieu du devant ou du dos du siège. On glisse alors l'extrémité terminale sous les autres cordons en s'aidant du poinçon. Il doit ressortir sur l'envers du siège où il est coupé. C'est ainsi que l'on « arrête » correctement le travail.

Les finitions

A ce stade, vous allez retourner le siège à l'envers et bourrer avec les déchets de la paille longue les interstices entre les spires des cordons. Servez-vous pour cela de la spatule. Vous devez arriver à une tension assez forte en répartissant bien ce rembourrage.

Retournez à nouveau votre siège sur la face externe et prenez le poinçon par son bout plat. Là intervient, sans doute, la partie la plus délicate de l'ouvrage, dont dépendra son résultat.

Vous glissez le poinçon entre chaque cordon, de façon à repousser celui-ci contre le cordon suivant. Votre geste doit être régulier, ferme et appuyé.

Votre réalisation sera excellente si tous les cordons sont de la même grosseur, étroitement joints les uns aux autres, lissés de manière uniforme et tendus fortement.

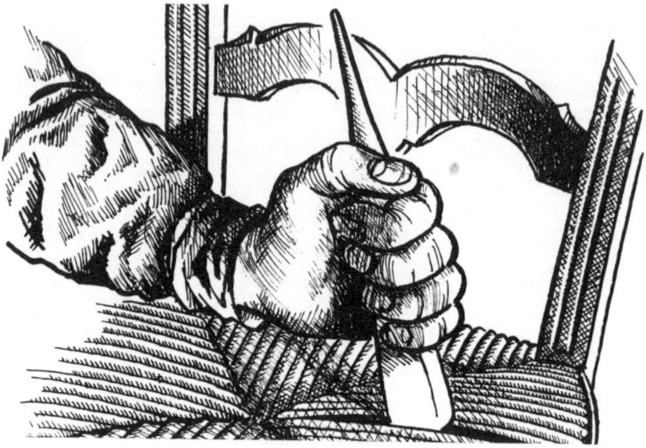

Pour que votre siège soit définitivement terminé, il vous suffit de couper les bouts de paille longue qui s'échappent sur l'envers du rempaillage.

Une dernière possibilité s'offre à vous pour obtenir une «patine» agréable de votre travail : une couche ou deux de vernis légèrement ambré et bien dilué.

RECOUVREZ VOTRE FAUTEUIL A L'ANCIENNE

Vous êtes si bien dans votre bon vieux fauteuil, vous êtes tellement habitué à sa fidèle présence que vous ne le voyez plus ! Peut-être, à l'occasion d'une absence, en le retrouvant au retour des vacances, vous êtes-vous aperçu qu'il avait bien besoin de faire «peau neuve».

Pour cela, le tapissier vous demandait un prix qui vous a semblé excessif. D'autre part, les délais étaient vraiment trop longs ! Alors, vous avez pris la sage décision de le refaire vous-même. Vous allez voir, ce n'est pas si compliqué, et il sera tellement plus beau ! Nous allons vous aider !

Voici le matériel nécessaire :

Une bonne paire de ciseaux de tailleur, un pied-de-biche ou poinçon à crêter (à défaut, un tournevis robuste fera l'affaire), un marteau de tapissier (les raffinés emploient un marteau aimanté... les semences tiennent toutes seules sur leur panne et évitent les ampoules que ne manque pas de provoquer leur manipulation), une aiguille courbe pour certaines coutures difficiles et un maillet de bois destiné à frapper sur le poinçon à crêter.

N'essayez pas d'enlever le tissu en l'arrachant tant bien que mal. Il restera toujours des clous, des épaisseurs qui vous gêneront. Procédez par ordre. Le plus important, c'est de pratiquer un dégarnissage minutieux. Enlevez le vieux tissu en entier, il vous servira de patron.

Avec le «poinçon à crêter» (ou le tournevis), arrachez les clous dorés par un mouvement de torsion. Toutefois, on ne rencontre pas ce genre de clous dans tous les cas. Si vous êtes en présence d'un cloutage par semences, servez-vous du même instrument, mais vous en userez comme d'un ciseau à froid, en frappant des coups secs avec le maillet. Vous irez très vite, les semences s'arracheront sans difficulté à chaque coup. Des tenailles ne vous serviront à rien, sauf peut-être à extirper des clous dont la tête rouillée se sera rompue sous le coup de poinçon.

Le dégarnissage accompli, vous allez vérifier l'état des toiles et du rembourrage. Il est bien évident que refaire complètement le rembourrage, le sanglage, voire les ressorts implique une technique professionnelle. Contentez-vous de «retaper» le tout. Comment ? En reclouant soigneusement les toiles de jute qui contiennent du crin animal et végétal. Au besoin, redonnez de l'élasticité à ce crin en le «défeutrant», car, bien entendu, il s'est tassé après un long usage. Si vous en voyez la nécessité, rajoutez-en une poignée là où vous le jugez utile, notamment sur les sangles ou au centre du rembourrage, avec l'aiguille courbe, cousez-le à l'intérieur de ces toiles à gros points pour qu'il ne se déplace pas.

Si votre fauteuil est une bergère style Louis XV, par exemple, son rembourrage est dit «à l'ancienne»,

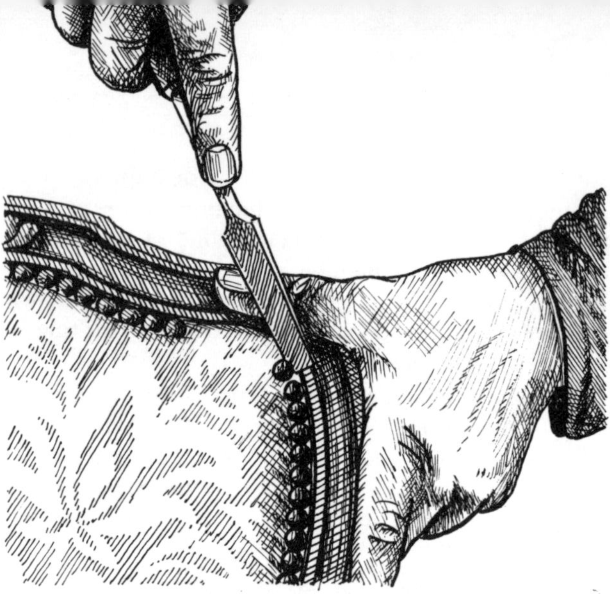

c'est-à-dire exempt de ressorts, mais muni d'un coussin de duvet. Le sanglage a la particularité de venir se clouer *sur le dessus* de la ceinture et *non dessous*, comme sur les *fauteuils à ressorts*. C'est donc directement sous le rembourrage de crin que vous trouverez les sangles. Vous les retendrez une à une, si le besoin s'en fait sentir. Pour les sièges à ressorts, pas de difficulté, le sanglage est apparent (par-dessous, protégé par une simple toile).

Les opérations préliminaires accomplies, vous allez tailler votre tissu. L'ancienne garniture, déclouée avec soin, vous servira de patron. Un conseil, offrez au vieux tissu un léger repassage car, à la longue, il s'est mis en forme et vous rencontrerez une réelle difficulté à le poser vraiment à plat sur votre tissu. Vous pouvez conserver une marge de 1 à 2 centimètres tout autour.

Voici le sens de votre travail : d'abord le dossier, ensuite les côtés et les manchettes. Pour finir, le siège proprement dit. En ayant découpé votre tissu sur les morceaux anciens, vous n'avez aucune difficulté à affronter. Pour plus de sûreté, vous pratiquez un clouage préliminaire avec de grandes semences (dites d'« appoint ») que vous n'enfoncez pas complètement. Si votre mise en place est bonne, vous pratiquez un clouage définitif et enlevez ces quelques semences d'appoint qui ont servi d'« épinglage ».

La manchette.

Comme toutes les pièces galbées, elle présente un léger écueil. L'amateur a tendance à s'attaquer tout d'abord à la partie galbée, donc immédiatement visible et extérieure. C'est un tort. *Commencez par la partie concave, à l'intérieur.* Vous n'aurez aucun mal à répartir l'ampleur qui vous reste sans faire de pince sur la partie convexe. Vous pratiquez simplement une série de très petits plis très rapprochés qui absorberont toute cette ampleur et seront facilement dissimulés ensuite sous le clouage doré ou le galon.

Votre travail terminé, vous pouvez effectuer un cloutage avec des clous dorés. Si votre habileté est médiocre et que votre marteau frappe souvent le bois, protégez ce dernier avec un carton fort que vous tenez de la main gauche. Cependant, beaucoup de fauteuils ne sont pas cloutés, mais terminés par un galon qui « finit » parfaitement le recouvrage et dissimule les imperfections des bordures et les têtes des semences. Le galon ne sera pas coupé, mais plié à chaque angle. La colle à employer sera du type « latex » et étendue par longueurs de 15 à 20 centimètres (elle sèche très rapidement), simplement sur le galon, qui adhérera instantanément. Il existe depuis peu des galons adhésifs de bonne qualité, mais la gamme de teintes est encore un peu restreinte pour s'employer utilement dans la restauration d'ancien.

Conseils, trucs et « astuces »

✶ Vos outils doivent être très propres. Un marteau un peu rouillé, un poinçon qui a servi à déboucher un pot de peinture ou a traîné sur un établi un peu gras peuvent laisser des traces sur votre tissu.

✶. Pour les satins et tissus qui « marquent », un molleton en sous-épaisseur est nécessaire. Il n'est pas nécessaire de le clouer, il peut être cousu à grands points sur la toile, éventuellement collé sur les bords aux colles latex.

✶ Les bords du tissu sont souvent frangés. Il est parfois difficile de dissimuler ou de couper ces irrégularités. Les ciseaux sont inopérants, c'est une lame de rasoir qui doit être utilisée ou un couteau « Stanley » affûté en conséquence. Plus simple encore, un peu de colle spéciale agglomérera tous les fils et permettra de les rabattre sans risque d'effranger le tissu.

✶ La tapisserie est souvent difficile à travailler, à tendre ou à galber. Assouplissez-la en l'humidifiant sur son envers. Etirez-la dans tous les sens pour faire jouer les fibres. Laissez-la sécher à plat sur une planche après l'avoir épinglée pour éviter qu'elle ne rétrécisse.

✶ Pour être bien sûr de votre mise en place lorsque vous présentez le tissu, servez-vous d'une agrafeuse. Les puristes peuvent toujours s'indigner, rien ne les y autorise. En effet, une agrafe n'abîme pas le bois, s'enlève aisément, et l'agrafeuse vous libère une main qui pourra tendre le tissu, tandis qu'avec un marteau et un clou à tenir, vous êtes bien obligé de négliger une opération essentielle ou de vous faire aider.

✶ Il existe depuis peu des « guides clous » en plastique qui simplifient considérablement la pose des clous dorés ; en répartissent leur espacement avec précision.

DIX-SEPTIEME PARTIE

LES STATUES

L'OBSEDANTE PRESENCE DES STATUES

Voici le monde de l'étrange où l'art devient émotion. Est-ce le rayonnement spirituel d'une image qui nous touche, des réminiscences de pratiques religieuses, un sens du sacré ou du surnaturel ? Chacun tentera d'apporter la réponse qui satisfait sa raison, sans forcément approcher la vérité. Il n'y a pas de statues indifférentes : qui n'a ressenti le maléfice d'idoles africaines ou polynésiennes, la sérénité ambiguë d'un Bouddha dont la pose est déjà un langage, la pathétique d'un Christ en croix et la puissance élémentaire, païenne et préhistorique d'une Vierge à l'Enfant auvergnate ou catalane, mythe œdipien de la mère, idéalisation de la fécondité.

On ne vit pas confortablement avec des statues ; seule peut-être la ligne admirable et froide d'un marbre antique ne troublera pas notre confort intellectuel, car l'esthétique livrée à elle-même est vite académisme.

Il est un critère singulier pour juger des statues : on prétend qu'il en est de toniques, d'autres inquiétantes, seule votre sensibilité arbitre. D'ailleurs, c'est en soi que l'on trouve les plus fortes résonances. Une statue n'est jamais *seulement* une œuvre d'art. Sans le contenu culturel d'une forme, que resterait-il ? D'ailleurs, le temps et l'expérience forgent une conviction. Il n'y a pas d'art sans doctrine et, précisons, sans doctrine spiritualiste.

D'ailleurs, pour définir les étapes de l'art religieux occidental, ne dit-on pas que l'on distingue trois époques :

– les *siècles de foi,* avec les sereines et hiératiques statues romanes, l'élégante souplesse gothique ;
– les *siècles de piété,* avec le réalisme triomphant de la Renaissance, puis le puritanisme du XVIIe siècle ;
– enfin, les *siècles de dévotion,* avec les Vierges révulsées, les Christs pantelants et ensanglantés, les Paradis en nuages de bois doré, les « Dieu le Père » barbus et bénisseurs d'un panthéon décadent... décadence qui s'achèvera dans le plâtre moulé en série des « saint-sulpiceries ».

Nous ne pouvons, ici, donner de critères d'authenticité pour les statues. Analyser l'art sacré serait une entreprise que des générations de spécialistes ne pourraient mener à bien.

Il existe des ouvrages considérables, notamment sur les représentations du Christ ou de la Vierge, débordants d'érudition, qui pourtant sont encore bien incomplets.

Les dénominateurs communs des statues qui nous intéressent ici sont la vétusté et l'abandon. Nous allons étudier ensemble la manière d'enrayer ou de réparer les outrages du temps, sans négliger un autre genre d'outrage, celui des restaurateurs abusifs ou incompétents.

Une statue attaquée par les vrillettes

Il ne faut pas s'inquiéter outre mesure ; l'attaque n'est pas récente et on peut même supposer que, faute de trouver encore quelque chose de comestible, les insectes ont renoncé. Cependant, si vous trouvez régulièrement des poussières de bois aux alentours de votre statue, vous devez la traiter. Vous avez à votre disposition de nombreux produits spécifiques, à la fois insecticides et fongicides. Achetez-en une quantité suffisante dans leur qualité incolore. Trouvez un récipient dans lequel rentre votre statue, soit debout, soit couchée. Versez-y votre produit de façon qu'une partie de votre statue puisse être en contact avec le liquide. Laissez ainsi la statue qui s'imprégnera d'elle-même, par capillarité, jusqu'au cœur du bois.

Cette pénétration peut durer quelques jours ; vous pourrez d'ailleurs la contrôler, la progression du liquide se voit à la couleur du bois.

Votre statue devra sécher dans un endroit aéré, avant de retrouver sa place. Elle sera définitivement à l'abri de toute agression.

Une statue qui « tombe en poussière »

Le cas est fréquent, surtout sur les bois tendres comme le tilleul (très employé en statuaire) et même le noyer. Seule, la peinture reste solide, alors que l'« intérieur » de la statue est comparable à une éponge. Généralement, cela se produit sur les statues marouflées, c'est-à-dire dont la polychromie est supportée par une toile fine qui armait l'enduit dont on couvrait le bois. Cette technique n'est pas rare et il semble qu'elle favorisait l'attaque des insectes xylophages. Cela n'est qu'une hypothèse basée sur une longue observation : l'insecte pénétrait par le socle et, faute de pouvoir sortir sans se heurter à un enduit épais composé de plâtre ou de chaux, colonisait tout le volume disponible ; autre hypothèse, on ne marouflait que les bois tendres dont la sculpture était facile, mais le relief vulnérable, et la prédilection des prédateurs pour les essences tendres est indiscutable. Quoi qu'il en soit, voilà un problème irritant qui, la plupart du temps, ne reçoit qu'une réponse fataliste.

Nous avons appliqué deux méthodes dans ce cas précis, avec un succès complet.

1. Nous avons utilisé un vernis au tampon à base de gomme laque incolore. Nous l'avons dilué très largement, 1 litre de vernis étendu avec 2 litres d'alcool, ce qui nous donnait 3 litres d'une solution utilisable. La statue, posée dans une cuvette ou tout

autre récipient, a été littéralement inondée de cette solution versée suffisamment lentement pour qu'elle soit absorbée à mesure (lorsqu'il se produit un « refus », ne laissez pas couler le reste du liquide, au contraire, conservez-le soigneusement et attendez que la statue soit sèche, ce qui généralement intervient en quelques heures, et à ce moment-là seulement, recommencez autant qu'il est nécessaire jusqu'à ce que la statue n'absorbe plus rien).

2. Nous avons acquis, dans un magasin de fournitures pour modistes, de l'« apprêt-paille ». Il s'agit d'un apprêt dont la composition varie selon les fabricants, généralement à base cellulosique, dont l'utilisation initiale et spécifique est de donner de la tenue aux textiles et notamment aux pailles utilisées par les chapeliers et les modistes. D'un prix modique, ce produit a l'avantage sur le vernis d'être tout prêt et d'un séchage quasi immédiat. De plus, son absorption par le bois spongieux est spectaculaire. Là encore, ne lésinez pas, versez-en jusqu'au refus complet du bois. Vous aurez sans grand mal *sauvé* une statue qui était à la merci du moindre choc, d'un contact maladroit ou trop appuyé.

Une statue mutilée

C'est souvent la rançon de l'ancienneté. Etes-vous profondément gêné par une mutilation de votre statue ? Le réflexe de tout spécialiste est de conseiller de s'abstenir de toute restauration. En effet, n'est-ce pas trahir l'harmonie d'une sculpture que de lui « inventer » un membre manquant, ou un drapé de vêtement ? Tout au plus peut-on lui confectionner un socle si elle manque d'assise. Mais nous déconseillons toute addition.

Il est des cas, cependant, où une restauration légère peut se concevoir lorsqu'une solution de continuité dans la sculpture permet un raccord, sur un pli de vêtement, l'extrémité d'un relief écrasé ou « mangé ».

Il existe dans le commerce des « pâtes à bois » qui, bien employées, peuvent donner satisfaction.

Il s'agit de composés ayant la consistance du mastic, qui se modèlent selon le relief à reformer. Le durcissement intervient assez rapidement et vous pouvez alors parfaire votre réparation en ponçant ou retouchant ce matériau comme vous le feriez pour du bois. A l'achat, vous avez le choix entre plusieurs nuances correspondant à des essences de bois différentes.

Voilà pour le principe. Dans les faits, vous pouvez constater deux phénomènes qui contrarieront vos intentions. *En premier*, la pâte à bois, quelle qu'en soit la marque, adhère mal et votre réparation peut vous rester dans la main pendant les opérations de retouchage. *Deuxièmement*, vous constatez un retrait et surtout un fendillement de la pâte sèche lorsque vous l'avez utilisée en trop forte épaisseur. Nous allons tenter de vous éviter ces désagréments.

Faites l'acquisition, en même temps que la pâte à bois, du solvant correspondant : alcool, acétone, cela varie selon les fabricants. Diluez fortement la quantité nécessaire de pâte avec son solvant de façon à obtenir un liquide comparable à du miel fluide. La pénétration dans le bois de la statue sera bien meilleure et l'adhérence sans défaut. N'en mettez pas trop et attendez le séchage. Sur ce fond, vous pourrez ajouter de la pâte à bois de la consistance normale avec l'assurance d'une parfaite tenue. Le fendillement s'évite en procédant par additions successives de pâte en attendant un séchage partiel entre chaque couche. On peut aussi se contenter de rajouter de la pâte fluide dans les fentes pour rattraper l'homogénéité de la pièce que vous réalisez. On peut « armer » la réparation si elle est trop importante, soit avec des petites pointes à tête qui assureront l'accrochage avec la statue, soit avec un rebouchage même grossier de bois, ce qui est préférable et ne compromet en rien l'intégrité de la statue.

Nota.

— On propose depuis peu des « pâtes à bois » à deux composants : résines époxydes + sciure de bois et durcisseur. Ces produits, excellents dans certains cas, ne s'adaptent pas à la réparation des sculptures. Ils sont difficiles à former parce qu'ils «coulent» et leur dureté après polymérisation est bien supérieure à celle du bois environnant, ce qui n'est pas souhaitable lorsqu'on veut affleurer la réparation. Enfin, nous avons constaté une mauvaise tenue des teintures et des polychromies sur leur surface.

Plus satisfaisantes sont les préparations que l'on peut faire soi-même avec de la colle vinylique à laquelle on incorpore de la fine sciure de bois (de l'essence à réparer). La sciure de ponçage est la meilleure de par sa finesse ; vous devez pouvoir vous en procurer facilement dans un atelier de menuiserie ou d'ébénisterie où l'on utilise des ponceuses à disque d'établi. Ce matériel est muni d'un aspirateur qui rassemble les sciures dans un sac de toile.

Le séchage de cette préparation est parfois un peu long, mais son adhérence parfaite et sa consistance idéale pour les éventuelles retouches à l'outil. Le risque de craquelure et de retrait n'est pas exclu, aussi doit-on procéder par couches successives.

Restaurer une polychromie

Si vous avez pratiqué une restauration sur une statue peinte, vous vous trouvez dans l'obligation de procéder à un raccord de teinte. Avec du goût et du doigté, vous y parviendrez à la perfection. Il faut user de gouache et d'aquarelle. Vous aurez ainsi une grande souplesse dans la composition de nuances et la faculté de tout enlever avec une éponge, en cas d'erreur.

Si vous êtes en présence d'une polychromie écaillée par place dont vous devez rattraper la «matière», donc l'épaisseur, la gouache seule peut combler un vide ; en séchant, elle se craquellera un peu si vous l'avez passée très épaisse. Vous comblerez facilement ces défauts avec une couche supplémentaire, à moins que cela ne s'harmonise avec l'état de la polychromie environnante.

Si ce « vide » est trop important, n'hésitez pas à mêler votre gouache ou votre aquarelle bien détrempée d'un peu de plâtre de Paris, de blanc de Meudon ou, mieux encore, d'enduit de rebouchage tel qu'on l'emploie pour la peinture de décoration ; en procédant par couches successives, vous reconstituez la matière manquante. La touche finale sera donnée à votre restauration par un lustrage à la cire vierge qui fixera la peinture à l'eau et lui apportera une patine brillante.

Retrouver une polychromie ancienne

Voilà sans doute la tâche la plus longue et la plus délicate que vous pouvez être appelé à affronter. On le sait, une pratique « pieuse » voulait que, périodiquement, on rajeunisse les statues en leur offrant une bonne couche de peinture en s'octroyant

Sculpteurs dans leur atelier.

le droit de les mettre au goût vestimentaire de l'époque. Il n'est pas rare non plus de voir des statues « retapées » plusieurs fois à la suite d'incidents classiques, comme une brûlure de cierge (fréquent), une mutilation à la suite d'une chute, ou pour lui ajouter un accessoire, notamment une couronne (que de Vierges scalpées pour recevoir cet attribut royal qui ne les embellissait d'ailleurs pas !).

Ces polychromies successives dénaturent souvent le caractère d'une statue et, ce qui est plus grave, provoquent des épaisseurs qui amollissent les reliefs d'une sculpture, empâtant les traits d'un visage.

Seul, un œil très exercé peut vous conseiller utilement sur l'opportunité de rechercher la polychromie initiale d'une œuvre. D'autant que vous pouvez vous trouver en présence de trois, quatre couches et plus de peinture, sans nécessairement découvrir une sous-couche de l'époque de la statue, car elle a pu subir un décapage à un moment ou à un autre. Il est à craindre également que la décision de la repeindre n'ait pas été dictée par un souci de mode, mais par une nécessité imposée par la dégradation de sa polychromie authentique.

Quel choix retenir ? Courir le risque de se retrouver confronté à une statue où ne subsistent que les traces de ses ornements d'époque, ou conserver une polychromie apocryphe ?

Il n'y a que des cas d'espèce. Sans doute est-il préférable de posséder une œuvre dans « son jus », comme disent les antiquaires, même si la polychromie restante est à l'état de trace dont l'intérêt est essentiellement documentaire, qu'une marionnette enluminée. Toutefois; une statue repeinte est tolérable si elle n'est pas trahie. La décision vous appartient.

Deux procédés sont à votre disposition.

Le premier est mécanique et surtout manuel. Le second est chimique.

Voyons le premier. Une lame mince et pointue est nécessaire, l'idéal étant représenté par les scalpels de chirurgien ou les grattoirs à papier. Essayez d'attaquer la peinture à un endroit où elle s'écaille d'elle-même et si possible à un emplacement invisible, dans un pli, dans le dos (rarement peint). Le principe de l'opération réside dans une constatation quasi générale : les couches de peinture adhèrent entre elles. Il faut donc avec doigté, et surtout avec patience, les séparer à l'aide de votre outil. Vous ne progresserez que de quelques millimètres ou dixièmes de millimètre carrés à la fois, mais le résultat est souvent très bon. *Attention*, ce procédé est à exclure sur les statues marouflées, vous décolleriez la sous-couche d'enduit sans pour autant sauver la couche d'origine.

Si vous entreprenez ce travail, ne comptez pas aboutir en quelques heures. Vous y passerez des journées ; aussi, localisez votre action en traitant un motif isolément : une main, un pied, un détail de sculpture.

Le *second procédé* exige moins de patience, mais infiniment plus de doigté et de discernement.

Vous allez user de lessive Saint-Marc en solution de 200 grammes (deux poignées) par litre d'eau. Cette concentration pourra être modifiée en plus ou en moins après un essai que vous effectuerez à un endroit invisible de la statue, le dos, l'envers d'un pli de vêtement, etc.

Vous utiliserez des pinceaux, brosses d'artiste peintre assez forts mais suffisamment souples pour pénétrer partout. Au début, vous allez « reconnaître » le terrain : déterminer avec le maximum de précision le nombre de couches superposées et celle que vous désirez garder. Votre solution de Saint-Marc préparée dans une coupelle, vous allez badigeonner la statue *à plat*. Toute autre méthode aboutirait à des coulures disgracieuses.

Dès que la couche de peinture devient plus mate, et que le liquide que vous passez se charge de pigments de couleur, rincez à l'éponge. Continuez avec la solution de lessive partout où c'est nécessaire, pour obtenir une homogénéité. Il n'est pas douteux que les creux où stagnera l'eau de lessive seront plus vite attaqués que l'arête des plis où le liquide ne séjourne qu'un instant.

Vous continuerez l'opération, interrompue par des rinçages successifs, jusqu'à l'ultime polychromie que vous désirez respecter. Lorsqu'elle commencera à apparaître, vous réduirez notablement le dosage de la solution jusqu'à 15 grammes (trois cuillères à café), qui ravivera alors la couleur ancienne. Il ne vous restera qu'un rinçage soigneux à accomplir, complété après séchage par un traitement à la cire vierge.

Les décapants du commerce ne sont pas à conseiller ; la plupart sont trop puissants pour un travail aussi sélectif. Toutefois, le « Boisaneuf japonais » peut aboutir à un résultat excellent en l'utilisant avec précaution et en rinçant entre chaque application.

DIX-HUITIEME PARTIE

LES TABLEAUX

Fig. 2.

LE NETTOYAGE DES TABLEAUX

Les plus riches harmonies, les couleurs les plus vives s'estompent sur les tableaux anciens au point de leur faire perdre une partie de leur valeur décorative. Ne croyez pas que le temps ennoblit tout. La « crasse » doit se distinguer de la « patine » et c'est respecter à la fois l'art et l'artiste que d'essayer de restituer à une œuvre son caractère original.

Les plus grands ennemis des tableaux sont les alternances de température, les variations de l'humidité ambiante (ah ! ce chauffage central !) et les fumées dont l'atmosphère urbaine est saturée (fumées qui déposent une pellicule souvent acide ou grasse). Par chance, les mouches ont pratiquement disparu de nos logis, mais elles ont laissé leurs traces tenaces sur maintes toiles anciennes. Enfin, l'homme a sa part de responsabilité. Les vernis protecteurs qui recouvrent de très nombreux tableaux se sont craquelés, certains sont devenus presque opaques. Souvent, pour satisfaire au « goût du jour », on a utilisé des vernis teintés qui, avec le temps, ont encore foncé. Vous allez essayer de débarrasser vos tableaux de ces outrages.

Nous voilà confrontés avec des problèmes délicats où, toute technique mise à part, votre doigté et votre intuition seront vos meilleurs guides.

Le « désencadrage »

Operation préliminaire essentielle. N'arrachez pas les clous qui retiennent le tableau au cadre.

Retournez-les simplement. Vous renouvellerez l'opération en sens inverse tout à l'heure...

Petit nettoyage à la portée de tous

Ce n'est pas une recette de « bonne femme », c'est très sérieux. Il s'agit de frotter le tableau avec une rondelle d'oignon. De temps en temps, vous coupez une nouvelle rondelle pour avoir une surface toujours propre à votre disposition. Le *suc* et les *lamelles* de l'oignon combinent leurs vertus chimiques et mécaniques et viennent à bout sans aucun risque des salissures superficielles.

Progressivement, nous allons, si vous le voulez bien, graduer les difficultés.

1. *Avec de l'eau tiède, du savon de ménage et une éponge douce,* vous ne ferez courir aucun danger à votre tableau. L'éponge doit être à peine humide, pour ne pas détremper inutilement la toile. Le savonnage doit être léger et rincé à mesure, très soigneusement. L'efficacité est indiscutable et immédiatement contrôlable, ne serait-ce que par la couleur de l'eau de rinçage !

2. *La lessive.* La lessive (Saint-Marc) est employée par les plus grands restaurateurs et implique des précautions particulières de dosage et d'utilisation. Dans une soucoupe ou une tasse emplie d'eau tiède, faites dissoudre une pincée de lessive, remuez, afin que tous les cristaux soient bien fondus. A l'aide d'un coton, passez cette solution sur un coin du tableau, à titre d'essai. Au bout de quelques instants vous pouvez juger de la force de votre dilution. Si l'effet est nul ou faible, ajoutez une pincée de lessive et recommencez. Votre coton délicatement tenu entre le pouce et l'index, frottez légèrement avec un mouvement circulaire. Avec un autre coton trempé dans l'eau pure, vous rincez abondamment. Ne négligez pas cette dernière opération, la lessive en séchant peut laisser des traces blanches. Respectez ces indications et vous réaliserez des nettoyages

Le nettoyage avec une rondelle d'oignon.

en profondeur sans léser aucunement la peinture, au contraire. Elle retrouvera une jeunesse insoupçonnée.

Nota.

— Ce procédé est tout particulièrement recommandé pour les icônes anciennes qui ont généralement affronté la fumée des cierges et des manipulations intempestives.

Empressons-nous de préciser également les *limites* à ne pas dépasser pour un amateur. Il n'est pas question, sans une longue expérience, de dévernir un tableau avec de la lessive. D'ailleurs, seul un vernis relativement récent y serait sensible. Nous conseillons un autre procédé, très efficace et plus facile à dominer :

Le dévernissage à l'alcool

Munissez-vous du matériel nécessaire à un dévernissage total. Une bouteille d'*alcool ordinaire*, une autre d'*essence de térébenthine*, deux gros tampons de *coton hydrophile* ou, mieux encore, d'*ouate cellulosique* (qui n'accroche pas et n'abandonne pas de filaments sur la toile). Eventuellement, du coton sec à portée de main, c'est tout.

Le principe : le dévernissage est, vous vous en doutez, délicat, mais d'exécution facile (cette rapidité est un des dangers de l'opération). Avant de commencer nos explications, un mot du principe d'exécution.

L'alcool ramollit, puis dilue le vernis, tandis que l'essence de térébenthine stoppe immédiatement ces réactions.

Il convient donc d'avoir toujours à la main un tampon de térébenthine prêt à intervenir pendant que vous ôtez le vernis avec l'alcool. Pourquoi ? Simplement parce que l'alcool a aussi un effet diluant sur la peinture et qu'il est essentiel de limiter son effet à temps.

L'essence de térébenthine a toutefois un effet desséchant qui est toujours néfaste aux tableaux anciens déjà très desséchés par les années. Certains restaurateurs ne manquent pas de tempérer cette propriété de l'essence par une addition d'huile de lin. C'est une excellente initiative que vous devez suivre. Une autre précaution qu'il n'est pas inutile d'indiquer consiste à « nourrir » à l'huile de lin les tableaux anciens préalablement à tout nettoyage ou dévernissage. Pour cela, usez de préférence d'huile à peindre que vous trouverez dans toutes les boutiques de fournitures pour artistes. Elle est raffinée et sa pénétration n'en sera que meilleure. Enduisez au pinceau – de martre – l'ensemble du tableau, assez grassement, et laissez-le ainsi reposer, si possible à plat (pour éviter les coulures) et à l'abri de la poussière, pendant vingt-quatre ou quarante-huit heures.

Vous pouvez, passé ce délai, vous attaquer au dévernissage en règle, avec les meilleures garanties.

Le dévernissage

Comme pour le nettoyage, débutez par un coin. Frottez en rond avec votre tampon d'alcool. Pendant quelques secondes, il ne se passe rien, puis votre tampon « colle » un peu à la toile et le vernis s'en va. Que votre tampon soit bien imprégné d'alcool pour ne pas « accrocher ». Vous voyez alors votre tableau s'éclaircir à chaque passage de tampon. N'insistez pas trop, arrêtez à la térébenthine (si ce « décapage » est insuffisant, vous pourrez recommencer tout de suite après avec un tampon propre, l'alcool fera son effet à nouveau). Vous continuez l'opération de place en place sur toute la toile. N'essayez pas de traiter d'un seul coup toute la surface, vous ne pourriez pas contrôler efficacement la progression de votre travail. Pour les grandes surfaces, ciels, prairies, etc., éloignez-vous de temps en temps pour vérifier votre nettoyage par rapport à l'ensemble et constater ainsi que vous n'allez pas trop loin.

Lorsque vous jugez le décapage satisfaisant, faites un bon rinçage à la térébenthine et contrôlez qu'il ne reste aucun endroit encore « collant » sur le tableau.

N'hésitez pas à bien imprégner toute la toile d'essence et d'huile de lin. Outre que cela arrête totalement les effets de l'alcool, on peut dire que les peintures, les fibres textiles des toiles ou le bois (si le peintre a employé ce fond) s'en trouveront régénérés.

Le revernissage

Après séchage du tableau (quelques heures plus tard maximum), vous allez le revernir.

C'est indispensable à sa conservation, comme à sa présentation. Selon vos goûts, vous choisirez du vernis incolore satiné, mat ou brillant (nous déconseillons les vernis ambrés, qui assombrissent inutilement). Les vernis « Rembrandt » médium sont tout indiqués. Ils se trouvent en petites bouteilles dans tous les magasins de fournitures pour artistes. Le vernis se passe avec un pinceau plat, en commençant par le haut et en « croisant » vos passages. Eclairez-vous correctement pour ne pas laisser de « coulures » ou de « manques ». Essorez bien votre pinceau afin de ne pas mettre trop de vernis sur votre tableau et laissez-le sécher à l'abri de la poussière.

Une vérification d'ensemble

Votre tableau, pour sécher, pourra retrouver sa place, mais pour cela vous devez le réencadrer. Vous en profiterez pour vérifier l'état du cordon et des pitons. Cette précaution n'est pas inutile.

Si votre toile s'est distendue (le nettoyage ne distend pas), il faudra la retendre avant de la réencadrer. Les châssis de tableaux sont parfois munis dans les coins de petites languettes de bois taillées en biseau. Quelques coups de marteau (très mesurés) sur ces languettes rétablissent la tension parfaite de la toile.

Le châssis n'est pas muni du système que nous décrivons.

Il faut alors procéder avec des moyens plus empiriques.

En l'espèce, reclouer la toile avec des semences de tapissier (les plus petites), en assurant une tension raisonnable avec des petites pinces à mâchoires plates.

Le tableau remis en place vous remerciera de vos bons soins par son éclat retrouvé. Il illuminera le panneau et vous serez le premier surpris de voir à quel point un simple nettoyage peut « tout changer ».

Petits conseils complémentaires

✶ Avant de vous attaquer à un nettoyage profond de votre tableau, essayez de vous imprégner de ses valeurs (les « valeurs », en termes picturaux, sont les rapports entre les teintes... rapports d'intensité, bien entendu). Cela vous guidera pour uniformiser votre travail, car, en plus éclatantes, vous devez retrouver les mêmes valeurs à la fin du nettoyage.

✶ Les peintures et vernis modernes sont beaucoup plus sensibles aux effets de l'alcool que les peintures et vernis anciens. Aussi faut-il en tenir compte en redoublant de précaution.

✶ Les craquelures sont un indice précieux d'ancienneté d'un tableau. Petites et rectangulaires (avant le XVIIIe siècle). Irrégulières (juqu'au XIXe siècle). Circulaires et concentriques (au XIXe siècle). A partir de ces notions très schématiques, il existe bien d'autres critères d'expertise...

EN QUELQUES HEURES...
DONNEZ A VOS TABLEAUX LA PATINE DES SIECLES !

Voici quelques procédés (pas du tout malhonnêtes...) pour conférer à des lithographies, des gravures, des reproductions ou des copies les marques d'une longue maturation. Craquelures, patines, jaunissement... tout ce que nous avons cherché jusqu'ici à éviter ou à réparer, nous allons le provoquer artificiellement. C'est à n'en pas douter une curieuse démarche. Mais n'est-ce pas nous rapprocher de la création pure que de pouvoir faire ou défaire à volonté ? On trouve les justifications que l'on peut !

Quelques produits de base sont nécessaires pour mener à bien un vieillissement artificiel. Ils se trouvent couramment dans les commerces spécialisés.

Il s'agit :
- d'encollage pour lithographies ;
- de vernis à vieillir pour tentures ;
- de fiel pour coloris ;
- de vernis craqueleur ;
- ou d'une teinte terre d'ombre ou noir d'ivoire (Lefranc et Bourgeois).

Les noms très particuliers de ces produits viennent d'usages anciens et ils ne définissent pas toujours exactement leur utilisation actuelle, principale ou secondaire. Cela est surtout valable pour le vernis « à tentures ».

Donner au papier l'apparence du parchemin

Cela peut être intéressant pour utiliser la transparence d'une gravure, notamment pour réaliser des abat-jour. Il suffit de passer du « vernis à vieillir » avec une large brosse en croisant bien les couches, de façon qu'il pénètre les fibres du papier. Vous récidivez après un séchage assez prolongé (vingt-quatre heures au moins).

Vieillir une lithographie ou une gravure

Pour éviter l'effet que nous décrivons précédemment et vieillir une gravure ou une litho sans les rendre transparentes ni atténuer ou « graisser » leurs couleurs, il faut encoller avant de passer le vernis à vieillir.

Usez d'encollage pour lithographies : une couche suffit généralement, sauf sur des papiers très poreux ou à grain épais où deux couches seront nécessaires. L'encollage doit être utilisé bien tiédi au bain-marie lorsque le séchage de l'encollage sera parfait. Prévoyez deux ou trois couches (toujours à vingt-quatre heures d'intervalle).

Vieillir un tableau

Utilisez simplement le vernis à vieillir comme précédemment. Cela implique un fond propre, car le vernis fixerait les souillures. Servez-vous d'un pinceau large (queue-de-morue) et croisez bien vos passages. Evitez les coulures ; les traces de pinceau, pour leur part, disparaîtront au bout de quelque temps.

Les craquelures

Merveilleuse signature du temps : les craquelures peuvent s'obtenir artificiellement en quelques heures. La technique est simple, elle impose cependant un respect attentif des conseils que nous vous donnons. Votre tableau a été préalablement traité au vernis à vieillir, c'est indispensable. Ce support devra être

« dégraissé » à l'aide de « fiel pour coloris » étendu deux ou trois fois de son volume d'eau (les différents produits que nous évoquons dans ce chapitre font partie du stock courant des magasins spécialisés dans la fourniture pour artistes).

Frottez le tableau avec un coton imbibé de cette solution de fiel pour coloris et séchez avec un coton sec. Cette opération est nécessaire, car le vernis « craqueleur » que nous allons passer ensuite n'adhérerait pas au vernis « à vieillir » ; il se ramasserait en gouttelettes sans s'étendre.

Continuons à suivre la chronologie des opérations :

Avec une brosse en soie, passez le vernis craqueleur. Attention : nous l'avons précisé, le support doit être déjà recouvert de *vernis à vieillir, mais il est bon de ne pas attendre son séchage complet de vingt-quatre heures.* Quatre à huit heures peuvent suffire. Le moment idéal pour réussir de somptueuses craquelures se situe à l'instant où *le vernis ne colle plus au doigt, mais marque encore à la pression.*

Si vous désirez obtenir des *craquelures fines* et nombreuses, passez le vernis craqueleur en couches minces et séchez-le rapidement à une chaleur modérée (25 à 30 degrés devant un radiateur de chauffage central, par exemple). Au contraire, si l'effet recherché exige des craquelures larges et étendues, appliquez le vernis en couches grasses et laissez sécher lentement (le vernis à vieillir étant également passé préalablement en couches grasses et recouvert à peine sec).

Les craquelures se produisent dans tous les cas assez rapidement — entre dix et trente minutes.

La patine finale

Pour faire ressortir le lacis des craquelures, usez de « terre d'ombre » ou de « noir d'ivoire » dilués à l'essence de térébenthine, que vous étendez sur *tout* le tableau avec un tampon de coton. Frottez en rond pour faire bien pénétrer la teinte dans les craquelures. Essuyez superficiellement. Quelques heures plus tard, vous pourrez achever cet essuyage avec un chiffon doux, bien sec, qui enlèvera l'excès de peinture. Le vernis redevient parfaitement transparent ; seules, les craquelures ont retenu la teinte.

La touche finale est donnée par une ultime couche de vernis à vieillir qui fixera et protégera le tout. La nature du vernis craqueleur appelle impérativement cette protection.

Et si l'on se trompe ?

Si les craquelures ne sont pas exactement du format souhaité, vous pouvez aisément enlever le « vernis craqueleur » avec une éponge imbibée d'eau pure et... recommencer.

Agissez avec précaution sur les reproductions sur papier : l'eau pourrait les abîmer ou les « gaufrer ». Sur les peintures à l'huile, aucune contre-indication.

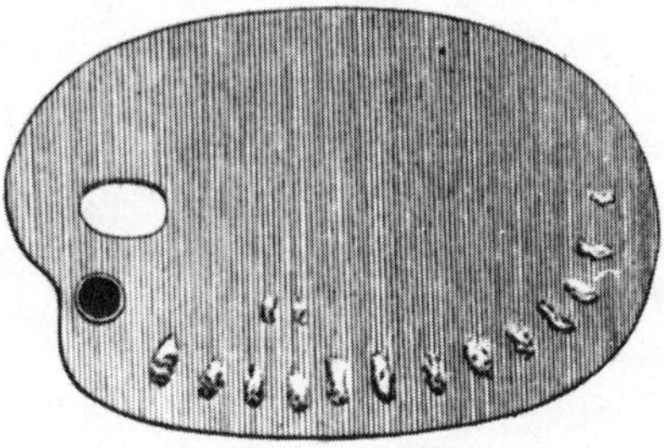

LE REENTOILAGE OPERATION SURVIE DES TABLEAUX

Le support d'un tableau est sans doute plus vulnérable que la peinture elle-même. L'ennui, c'est que le sort de l'une est lié à celui de l'autre. Les œuvres d'art de grande qualité méritent les soins d'un spécialiste. Nous ne saurons jamais assez le répéter, il est exclu que vous puissiez pratiquer un *vrai* réentoilage ou une transposition sans un apprentissage bien conduit.

Pourtant, rien ne vous empêche de vous « faire la main » sur une toile lacérée, pratiquement « insauvable », sur une « croûte » trouvée dans un grenier ou chez un brocanteur.

Après avoir éprouvé les difficultés d'un premier réentoilage, puis de quelques autres, vous pourrez envisager de remettre en état ces tableaux fatigués qui viennent d'un quelconque héritage. Ils éveillent des réminiscences qui retiennent de les abandonner, car ils ont un parfum de famille.

Nous allons essayer de traduire en termes clairs le principe du réentoilage ou de la transposition et de vous guider dans ces délicates opérations, en vous conjurant de ne pas faire de nous des apprentis sorciers.

Commençons par le plus simple : le *réentoilage*.

Le réentoilage consiste à coller une toile neuve sur la toile usée ou fatiguée d'un tableau.

Avant de procéder à ce travail qui exige beaucoup de soin et de délicatesse, vous devez préalablement nettoyer votre tableau (voir chapitre précédent), un bon dépoussiérage est également indispensable sur le verso, afin d'éviter que la colle dont vous allez vous servir ne fixe certaines souillures.

Prenez votre tableau en main et exposez-le à la vapeur d'eau : cela présente un intérêt qu'il convient de préciser : tout à l'heure, vous allez user de colle, il ne faut pas que la trop grande sécheresse d'une vieille toile ou d'une peinture lui fasse absorber en excès l'eau contenue dans cette colle (de pâte), qui risquerait ainsi de « fariner ».

Déclouez la toile du châssis très soigneusement et posez-la parfaitement à plat sur une surface unie, le côté peinture par-dessus. Enduisez alors la peinture proprement dite de colle de pâte composée de farine et d'eau. Munissez-vous de papier très fin (le papier de soie est tout indiqué), collez-le sur la peinture, réencollez par couches successives et rajoutez du papier. Plus l'ensemble sera épais, mieux protégée sera la peinture, un accident étant toujours possible. N'hésitez pas à superposer de nombreuses épaisseurs de papier ordinaire (même de journaux).

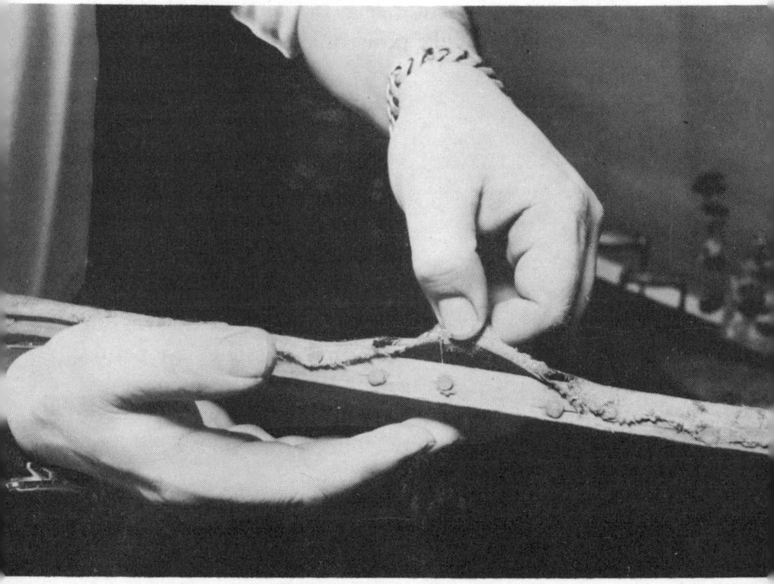

Cela accompli, vous allez encoller la toile neuve, dont le format est légèrement supérieur à la vieille toile, avec de la colle de poisson que vous passerez abondamment sur toute sa surface. Veillez à bien l'étendre uniformément. Encollez également l'envers de la toile usée et rapprochez les deux parties en les appuyant fortement l'une contre l'autre pour qu'elles adhèrent parfaitement entre elles. Prenez alors un fer tiède et passez-le sur la toile en pressant fermement, cela rendra la colle plus liquide encore, ce qui facilitera sa pénétration dans les interstices les plus minuscules des deux toiles, les rendant solidaires.

Laissez bien sécher, puis retendez votre toile sur le châssis et reclouez-la. Ensuite vous procédez au décollage des papiers de soie qui protégeaient votre peinture, en passant une éponge trempée dans une solution d'eau tiède et de bicarbonate. Les couches se soulèvent peu à peu et vous pouvez alors les enlever facilement. Un bon rinçage de la peinture est nécessaire.

Avant de réintégrer la toile dans son cadre, vous pouvez passer sur les bords de celle-ci une peinture très diluée dont la teinte sera la même que la dominante du tableau, cela pour une bonne conservation du textile.

Transposer un tableau ?

Voilà un cas extrême. Il peut advenir qu'un tableau soit encore en plus mauvais état. La toile de ce dernier présente de tels signes d'usure et de fragilité que la peinture a tendance à se détacher en petites écailles. Parfois, la toile tombe littéralement en poussière, elle ne pourra en aucun cas servir de liaison entre la peinture et une toile neuve ; il faut donc « transposer ».

L'opération à laquelle vous allez procéder sera nettement plus délicate que le réentoilage et son exécution demandera une attention qui ne devra se relâcher à aucun moment, car vous allez enlever entièrement la peinture de la toile ancienne pour la transposer ensuite sur une toile neuve.

Si la peinture a tendance à s'écailler, commencez par coller sur celle-ci une gaze d'un format légèrement supérieur à la surface du tableau. Pendant la durée de l'opération, elle va maintenir la peinture, armer en quelque sorte le cartonnage que vous allez constituer avec du papier et de la colle de pâte comme précédemment. Attendez que l'ensemble soit bien sec ; vous décollerez alors très soigneusement la toile de son châssis. Souvenez-vous : celle-ci est très fragile, vous devez donc agir avec précaution.

La première phase de votre réalisation, qui répétons-le — est dénommée « cartonnage » par les professionnels, est terminée. Passons maintenant à la seconde.

Vous retournez la toile et la posez bien à plat. A présent vous allez devoir faire disparaître la vieille toile ; si celle-ci est d'une minceur extrême, frottez-la avec du papier abrasif, type carrosserie n° 300 ; si, par contre, vous vous trouvez en présence d'une toile un peu plus résistante, malgré sa fatigue, servez-vous, dans ce cas, d'un papier abrasif plus gros. Certains spécialistes préfèrent la pierre ponce. Le frottement sur la toile a pour but de l'user jusqu'à élimination, de manière à arriver peu à peu sur l'envers de la peinture. Mesurez bien la dose d'attention qui est nécessaire lorsque votre abrasif atteint la peinture elle-même. Vous essuyez soigneusement la poussière de ponçage. Collez alors votre peinture sur une toile neuve, à l'aide de colle acrylo-vinylique.

Chaque restaurateur a son secret pour ce « collage ». Certains réussissent, à l'aide d'un fer chaud, à ramollir la vieille peinture et obtenir une adhérence naturelle à la toile neuve. Nous doutons de la valeur exemplaire du procédé. La méthode équivalant au réentoilage ordinaire est appliquée, faisant appel à la colle de poisson. Il est impératif, lorsqu'on use de colle de poisson, de penser à passer une couche légère de formol sur la toile et l'envers de la peinture avant d'encoller. Cela mérite une explication : toutes les colles à base de matières organiques (colle d'os, de peau, de caséine, de poisson, etc.) sont attaquées, tôt ou tard, par les moisissures et les micro-organismes. Le formol prévient toutes proliférations qui détruiraient la pellicule adhésive. Au bénéfice de cette méthode : la grande souplesse des colles de poisson. En effet, toutes les autres colles durcissent et raidissent la toile à l'excès, ce qui peut aboutir à la longue à des craquelures qui affectent la conservation de la peinture.

On trouve, parmi les « secrets » des restaurateurs, la possibilité de lier toile et peinture avec du blanc de zinc ou de céruse (la toxicité du carbonate de plomb contenu dans la céruse impose des précautions de manipulation). La peinture retrouverait ainsi un support dont les affinités avec sa propre matière ne font aucun doute. Mais comme la céruse ou le blanc de zinc se présentent généralement en pâte compacte, il est habituel de diluer ces produits avec de l'huile de lin. Ce qu'on ignore parfois, c'est que l'***huile de lin*** est antagoniste de la ***fibre de lin*** composant les toiles à peindre. Ce serait donc reculer pour mieux sauter et aboutir à une dégradation complète de la toile neuve à une échéance plus ou moins rapprochée.

Notre choix et notre expérience nous déterminent en faveur d'une application de colle acrilo-vinylique. Elle doit être passée en couche raisonnable sur l'envers de la peinture et sur la toile. Il convient de doser cette épaisseur et d'éviter à tout prix l'excès. Car il ne faut pas que la colle s'exsude à travers la toile.

Après séchage de quelques jours, vous pouvez enlever votre cartonnage comme nous l'avons indiqué au chapitre « Le réentoilage ».

On peut aussi transposer une peinture sur bois, mais ce travail est généralement réservé aux spécialistes, bien que peu de ceux-ci acceptent d'entreprendre une opération qui présente de nombreuses difficultés.

Le procédé a été imaginé par Picault et Hacquin, deux restaurateurs de tableaux, vers le milieu du XVIIIe siècle.

Il consiste à appliquer également un cartonnage, puis à scier le panneau dans le sens de l'épaisseur par petites portions, en général des carrés de faibles dimensions que l'on retire à l'aide d'un ciseau. Avec un petit rabot, ou au moyen d'une râpe, on amincit leur épaisseur, de telle sorte que l'on puisse enlever tout le bois en l'humectant de temps en temps avec une éponge, pour le faire gonfler et l'enlever plus facilement, jusqu'au moment où l'on se trouve sur l'envers de la peinture. Inutile de souligner la délicatesse de cette technique !

Cependant, une particularité facilite parfois cette tâche. Les bois destinés à recevoir de la peinture subissaient une couche d'enduit relativement épaisse qui, généralement, a moins bien traversé le temps que la peinture elle-même.

Cet enduit sert de « frontière » à votre travail et ne retient pas les fragments de bois que vos outils enlèvent alors aisément.

VOUS NE SAVEZ PEUT-ETRE PAS ACCROCHER UN TABLEAU ?

Les problèmes de fixation sont généralement le cauchemar des décorateurs amateurs. Mur plein, mur creux, cloison friable ou béton impénétrable, chaque cas est particulier. Mais, lorsque ces difficultés se doublent de problèmes de décoration, n'y a-t-il pas lieu de s'inquiéter pour de bon ? Loin d'épuiser les possibilités qui s'offrent à l'imagination, tentons cependant d'offrir quelques idées où chacun puisera ce qui répond à ses besoins et à ses goûts.

Quelques principes décoratifs

Un tableau, qu'il soit peinture, gravure, reproduction ou photo, ne se pose pas n'importe où. Sa forme, sa nature, son importance (et son poids) déterminent son emplacement. Voyons quelques exemples.

Au-dessus d'un meuble : en aucun cas, il ne doit égaler ou dépasser la largeur de ce meuble. Méfiez-vous des cadres trop volumineux, ou « chargés », ou qui « écrasent » leur entourage. Ceux-là seront carrément isolés au centre d'un mur laissé nu. Si le meuble est lourd ou massif, le tableau qui l'accompagne devra être d'un format inverse à sa masse (meuble en largeur, tableau en hauteur, et inversement) et placé assez haut.

Un tableau haut et étroit : ce format, bien que peu usité en peinture, peut se rencontrer pour un cadre de glace, par exemple. Sa place est toute trouvée entre deux fenêtres ou deux portes, dans une entrée, ou toute autre pièce de taille réduite.

Une collection de tableaux : l'accumulation n'est acceptable que lorsqu'il s'agit d'œuvres d'une certaine qualité. La juxtaposition (ou la superposition) de tableaux peut s'admettre dans un couloir. Dans une pièce d'usage courant, il faut prendre certaines précautions pour « accrocher » sans heurter l'harmonie du lieu. Vous devez déterminer une ligne imaginaire qui servira de base à votre accrochage, la partie inférieure des cadres, grands ou petits, devra suivre cette ligne avec rigueur. Cependant, craignez la symétrie. Deux petits tableaux à côté d'un grand seront placés en quinconce. L'un sur la ligne basse coïncidant avec le bas du grand tableau, l'autre au-dessous de la ligne haute correspondant au sommet du cadre du plus grand des trois.
cadre du plus grand des trois.

La hauteur : il n'est jamais recommandé de placer les tableaux trop haut. Ils doivent se trouver au niveau du regard. Surtout les formats réduits. Toutefois, si pour une raison précise vous « accrochez » en hauteur, il est recommandé de régler l'inclinaison des tableaux en conséquence.

Les cadres : grave problème ! Pour les tableaux anciens, le respect du style s'impose, mais le caractère du sujet peut guider votre choix. Les fioritures d'un cadre Louis XV en volutes et arabesques ne seraient pas indiquées avec la stricte ordonnance d'une vue d'architecture ou l'intérieur bourgeois d'un peintre flamand ; par contre, pour des scènes de bataille ou de fêtes galantes, grouillantes de personnages, sous des ciels tourmentés ou des frondaisons touffues, l'accord est parfait.

La difficulté naît avec les œuvres contemporaines

Il y a peu de règles générales : quelques notions, cependant. Le cadre doit porter un rappel de la couleur dominante du tableau. Prenons un exemple : les peintures d'Utrillo, qui représentent fréquemment des paysages de Montmartre avec les murs de maisons blanc crémeux, son Sacré-Cœur blanc pur, sous des ciels faits de nuages blanc-bleu, ou blanc-gris, imposent des cadres clairs, ivoirins, pour respecter les harmonies de l'ensemble.

Les œuvres très modernes sont assimilables aux gravures où, ce qui compte, c'est d'abord le graphisme ou la construction du sujet, qui doivent capter toute l'attention ; donc un cadre ne s'impose pas. Une baguette dorée, noire, de bois naturel ou de couleur très fine, limitera le tableau dans l'espace en se faisant oublier. Ce sera une protection, un support, mais pas un « faire-valoir ».

Quelques conseils de pose

Les crochets « X » présentent un certain nombre d'avantages que l'usage a consacrés. Leur pointe d'acier a une bonne pénétration dans la plupart des matériaux, n'abîme pas trop les murs. Une gamme suffisante, du numéro 0 au numéro 4 (objets légers, normaux, lourds (à deux clous) ou très lourds (trois clous), permet de faire face à la plupart des situations. Une remarque pourtant : dans le béton, il arrive que ces pointes cassent ou se tordent. Il est important de savoir les planter pour éviter cet inconvénient. Il faut frapper de petits coups secs *bien dans l'axe* de pénétration.

Les crochets « suédois » en plastique moulé, nouveaux venus dans notre panoplie de décorateurs ; ils surprennent un peu par la dimension réduite de leurs trois pointes (5 millimètres environ).

Il faut se rendre à l'évidence, leur tenue est excellente dans les murs extra-durs, béton, parpaings, briques pleines, pierres. Dans le plâtre, le résultat n'est pas garanti, c'est pourquoi les fabricants les proposent avec un supplément : une pointe d'acier de 25 millimètres qui complète les trois « mini-pointes » et s'enfonce profondément.

Les vis à expansion : pour les murs creux ou friables, les fabricants de vis à expansion ont créé des modèles à crochets extrêmement résistants auxquels on peut suspendre des poids très lourds.

Les « pattes à glace » sont essentielles dans la pose de motifs décoratifs lourds, pour les gravures dont la vitre provoque un accroissement de poids sérieux (les gravures de grande taille sont souvent prises entre deux vitres pour garder une parfaite planéité).

Les pattes à glace forgées qui se scellent ne nous intéressent pas ici. Nous choisirons dans tous les cas les pattes à glace à visser. Le principe en est simple. Dans une cheville tamponnée dans le mur, on visse une pièce métallique portant une gorge propre à recevoir la glace ou le sous-verre. Un filetage permet de visser à son tour un motif décoratif (pointe de diamant, cabochon, etc., qui masque la tête de vis).

Pour une gravure très lourde, on peut mettre trois pattes à glace comme support en bas, mais une seule en haut, au milieu, dont le rôle consiste à éviter un basculage en avant. La pose doit être très soignée, sinon vous courriez le risque de voir votre tableau ne reposer que sur une ou deux pattes

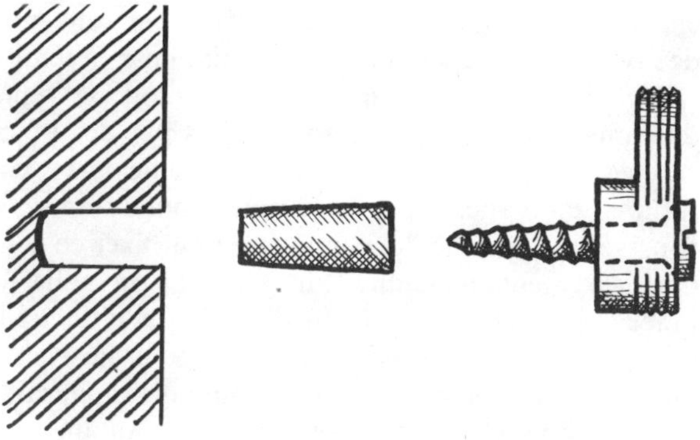

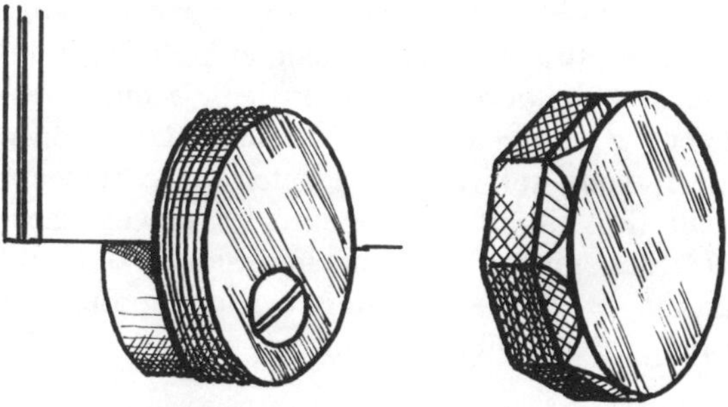

au lieu de porter son poids sur les trois. Pour cela, tracez un trait de niveau au bas de la gravure et percez vos trous bien dans l'axe de cette ligne. Ne vissez pas à fond vos pattes. Posez d'abord le tableau, qui prendra ainsi sa place avant le blocage définitif.

Quelques idées pour cas particuliers

Motifs cache-crochets : lorsque le cordon d'un tableau doit dépasser du bord supérieur du cadre (pour la verticalité de celui-ci), le crochet de soutien se voit nécessairement. On peut le cacher par un motif décoratif en bronze. Rosaces, fleurs de lis, étoiles... on trouve également des motifs décoratifs portant un crochet. Une gravure non encadrée peut être tenue en place par un motif de bronze représentant une main, par exemple.

Les pinces : beaucoup de gravures ou de reproductions mises sous verre sont tenues par des pinces d'acier. Le procédé convient à merveille aux décorations modernes et assure une bonne tenue au sous-verre. La difficulté commence pour fixer ce genre d'encadrement au mur. En général, on relie les pinces entre elles par un fil d'acier. Ce n'est qu'un pis-aller, car les pinces se déplacent sous la traction du fil et, de toute manière, le support apparaît à l'accrochage. Un procédé plus astucieux donne toute satisfaction, il ne requiert qu'un peu de soin et de précision dans son installation. Il s'agit de planter dans le mur des pitons droits dont la tête ne sera pas placée en position normale, c'est-à-dire verticalement, mais au contraire horizontalement et tous dans le même sens. Vous devez les placer dans le mur, très exactement à l'emplacement des pinces sur votre tableau. Il vous suffira de présenter votre tableau à hauteur des pitons et d'engager les pinces dans les têtes des pitons, par un mouvement latéral.

Attention, le choix des pitons a son importance, ils doivent être du calibre des pinces.

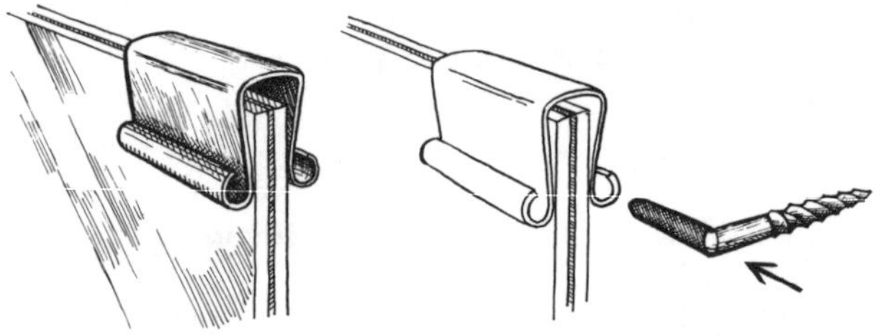

DIX-NEUVIEME PARTIE

LES TAPIS
ET LA TAPISSERIE

LES TAPIS ET LA TAPISSERIE...
ARTS NOMADES POUR MAISONS ASSISES

En mêlant dans ce chapitre tapis et tapisseries, nous ne commettons pas de confusion de genre, malgré leur différence technique. On peut rappeler brièvement qu'un tapis est composé de points noués sur une trame, alors qu'une tapisserie est un tissage.

Ce que nous voulons retenir ici, c'est le rapport évident entre les deux productions. Les hypothèses les mieux fondées admettent une origine commune aux tapis et tapisseries. Les grands créateurs n'étaient-ils pas ces peuples nomades qui transhumaient de l'Orient méditerranéen aux steppes extrême-orientales ? On ne peut le contester sérieusement.

Quant à la différence entre tapis et tapisseries, elle ne réside en aucun cas dans la fonction. Sous la tente nomade, un tapis n'est pas seulement un couvre-sol, c'est aussi un ornement mural, une cloison, un dessus de couche. Nos célèbres «tapis» de la Savonnerie sont-ils autre chose que des tissages ?

Ce qui a «lancé» tapis et tapisserie en Occident après les Croisades, n'est-ce pas un art de vivre proche de celui des hommes des steppes ? Jusqu'au «Grand Siècle» de Louis XIV, les souverains et leurs cours sont essentiellement itinérants. L'architecture, jusqu'au XVIe siècle, est principalement militaire et le confort manque. Les 90 tapisseries du château de Fontainebleau accompagnent François Ier partout ; ce n'est pas seulement un luxe inouï, ou un raffinement maniaque, mais une nécessité. Elles servent à délimiter des pièces dans les salles humides des châteaux forts, à masquer des murs d'un appareillage grossier et froid. Les «collections» de Charles Quint ne le quittaient jamais. D'Aix-la-Chapelle à Gand ou à Madrid, et cela pour la même raison ; les tapisseries de Charles le Téméraire restèrent sur le champ de bataille où on le trouva mort. Elles ornent aujourd'hui la cathédrale de Berne. Bien avant, il en avait « semé » sur les lieux de ses défaites, à Granson, à Morat, à Nancy... preuve évidente qu'il s'en séparait rarement.

L'architecture de la Renaissance, sans doute plus aimable que celle des âges féodaux, n'en est pas davantage à l'échelle humaine, et Chambord est peut-être plus froid que Château-Gaillard ; tapis et tapisseries sont des ornements bien nécessaires.

Ce qui démontre l'aspect immédiatement utilitaire de la tapisserie au Moyen Age et même après la Renaissance, c'est son évolution technique presque inexistante. On emploie 50 couleurs environ depuis les origines au XIIIe siècle ou au XIVe siècle.

A part l'introduction de fils d'or et d'argent, rien ne changera avant la fin du XVIIe siècle, où l'on arrivera à 10 000 notations différentes.

Les tapis sont, pour leur part, curieusement considérés, alors. On n'en fabrique pas en Occident ; ils viennent de loin, ils sont chers, donc précieux. Ils sont rarement posés sur le sol, où l'on se contente de nattes plus grossières. Des historiens sérieux affirment que les dallages des châteaux étaient couverts de paille... Sans doute, se réserve-t-on quelques retraites dans les donjons où l'environnement est moins rustique et les tapis à leur place.

Pourtant, jusqu'au XVIIe siècle, où voit-on les tapis lorsque les artistes peintres représentent des scènes d'intérieur ? Principalement sur les tables, où les tapis servent de nappe, parfois sur des estrades d'apparat. Les œuvres abondent, elles sont signées Holbein, Le Nain, Veermer, Pieter de Hoocke, Gabriel Metzu ou Abraham Bosse.

Henri IV tenta de rendre accessibles les tapis « façon de Turquie et du Levant » en créant des manufactures. Certes, depuis, elles ont prospéré et se sont mécanisées ; le tapis « machine » est à la portée de tous, mais il n'est qu'un substitut sans charme. Les tapis « point noué » comme les tapisseries « fait main » ne peuvent s'imiter vraiment pour ceux qui savent les aimer...

C'est en 1844 que George Sand, en visite au château de Boussac dans la Creuse, découvrit la somptueuse série de six pièces de *La Dame à la Licorne.*

Enthousiasmée, elle imposa à son époque le goût des tapisseries médiévales qui sauva tant de chefs-d'œuvre de l'oubli.

ACHETER UN TAPIS

Vous l'avez choisi selon votre goût, l'usage auquel vous le destinez, vos moyens. Vous avez vérifié sa qualité de «point noué» (voir chapitre «Les points»). A quels examens est-il essentiel de se livrer pour contrôler le bon aloi de votre acquisition ?

Regardez le tapis à l'envers, par transparence devant une source de lumière, une fenêtre, la vitrine du commerçant. Les zones de faiblesse, les trous, les reprises apparaîtront sans fard.

Un tapis de qualité doit être très souple, on peut même dire moelleux. Cette particularité se vérifie tout d'abord à la main, puis en laissant choir le tapis sur lui-même, en tas. Il ne doit présenter aucune raideur.

Attention également à une insidieuse dégradation, la pourriture. Vous ne la constaterez pas forcément *de visu.* Bien qu'une décoloration, une altération de la couleur puissent la signaler à votre perspicacité. Ce défaut très grave a pour origine une humidité prolongée, soit dans un entrepôt, soit dans une cale de bateau, ou une maison inhabitée. Vous allez simplement vérifier la solidité de la trame en exerçant de fermes tractions à plusieurs emplacements. Froissez le tapis entre les deux mains en imitant le geste des blanchisseuses, puis tendez-le sans hésitation. Un craquement léger, mais caractéristique, vous renseignera sur l'état du tapis.

Les points, les abrachs, les dates...

Les points.

Pour un amateur, il est assez difficile de retenir un type ou un autre de «point» en se contentant d'un examen superficiel. Pourtant, les croquis ci-contre peuvent donner de précieuses indications et éviter des erreurs graves. Le plus important étant de définir d'un simple regard s'il s'agit d'un tapis «fait main» ou «machine», ce qui change la valeur de façon considérable.

On distingue couramment deux types de nœuds. Le « ghiordes » (nœud turc) et le senneh (nœud perse).

Le *nœud ghiordes* entoure deux fils de la trame et ses extrémités ressortent entre ces deux fils et constituent ainsi le velours du tapis.

Le *nœud senneh* entoure un seul fil de la trame ; une extrémité sort entre le fil qu'il entoure et l'autre extrémité contourne le fil de trame suivant et ressort après lui sans l'avoir entouré.

Lorsque ces nœuds entourent à la fois les deux fils, il s'agit d'une fabrication défectueuse, voire frauduleuse, bien que manuelle.

Le *nœud « tête d'alouette » ou « double »* dénote une fabrication artisanale occidentale, généralement dite de « haute laine », où la trame est en réalité un canevas.

La fabrication industrielle est facile à identifier : le nœud est inexistant. Le « poil » du tapis est en réalité un « velours » dont les brins sont maintenus seulement par la tension du tissage. Il suffit de se livrer à une petite expérience pour ne plus avoir de doute : isolez un brin du velours et tirez dessus. Il se détachera sans difficulté avec le brin correspondant.

Nœud ghiordes.

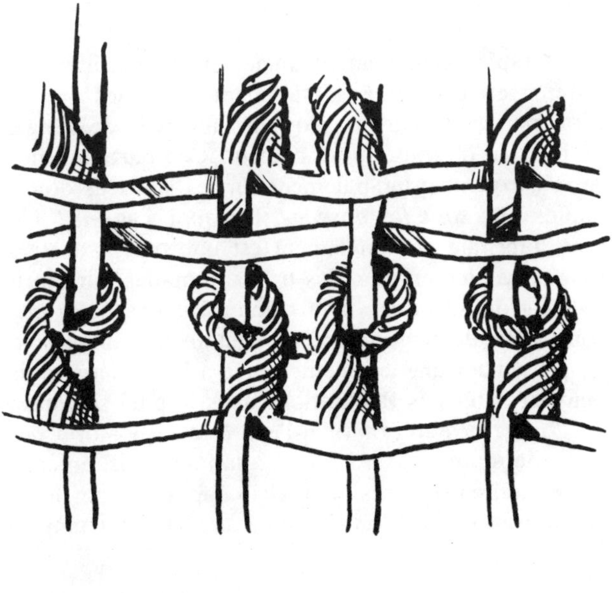

Nœud senneh.

Les « abrachs », défaut ou qualité ?

Un tapis véritablement ancien peut présenter des différences de teinte, notamment dans les fonds. L'on remarque parfois plusieurs nuances de rouge, de bleu ou de toute autre couleur. Ces particularités se remarquent principalement sur les surfaces dominantes : *ce sont les abrachs*. De quoi s'agit-il ? Un tapis fabriqué artisanalement est une œuvre de très longue haleine et, dans les tribus nomades, on fabrique parfois la laine « à la demande ». Les colorants sont généralement naturels, végétaux ou minéraux. Ils présentent une excellente tenue à la lumière, mais peuvent subir des fluctuations dues le plus souvent : au dosage des colorants, à l'eau à la disposition des teinturiers, au hasard de migrations saisonnières. Quoi qu'il en soit, ces « abrachs » apportent, par leurs zébrures, toujours ton sur ton, une « vie » irremplaçable aux motifs d'un tapis. Certes, il est hors de doute que des fabrications soignées, dans des manufactures royales, ne présentent pas ou peu d'abrachs qui, somme toute, sont des défauts ; mais empressons-nous d'ajouter que les « abrachs » n'ont jamais rien changé à la valeur d'une pièce de qualité. Bien au contraire, ils peuvent contribuer à son charme.

Les dates.

Identifier la date de fabrication d'un tapis est affaire de spécialistes. A part quelques pièces exceptionnelles que l'on peut faire remonter à plusieurs siècles, la majeure partie des tapis anciens a tout au plus une centaine d'années. Rappelons qu'il s'agit en grande partie d'un « art populaire », donc les *critères d'ancienneté* sont remplacés par des *critères de spontanéité*. Il est donc d'une importance très relative de « dater » un tapis, sauf à titre documentaire. A cette réserve près, il est bon de connaître les bases du calendrier islamique. Il débute au jour de l'hégire (la fuite de Mahomet de La Mecque, pour nous le 16 juillet 622).

Ajoutons que, l'année islamique étant plus courte que la nôtre de quelques jours, 32 de nos années correspondent à 33 années mahométanes. Un calcul simple permet de rapprocher les dates islamiques de notre chronologie. La date portée sur le tapis doit être divisée par 33, puis le résultat soustrait de cette date à laquelle on ajoute ensuite les 622 années du début de l'hégire.

Un exemple :

date islamique : 1221
divisée par 33 : 37

1221 − 37 = 1184
1184 + 622 = 1806, date du calendrier grégorien.

Le millésime de fabrication figure parfois sur le tapis, dans un coin en bordure ou même près du

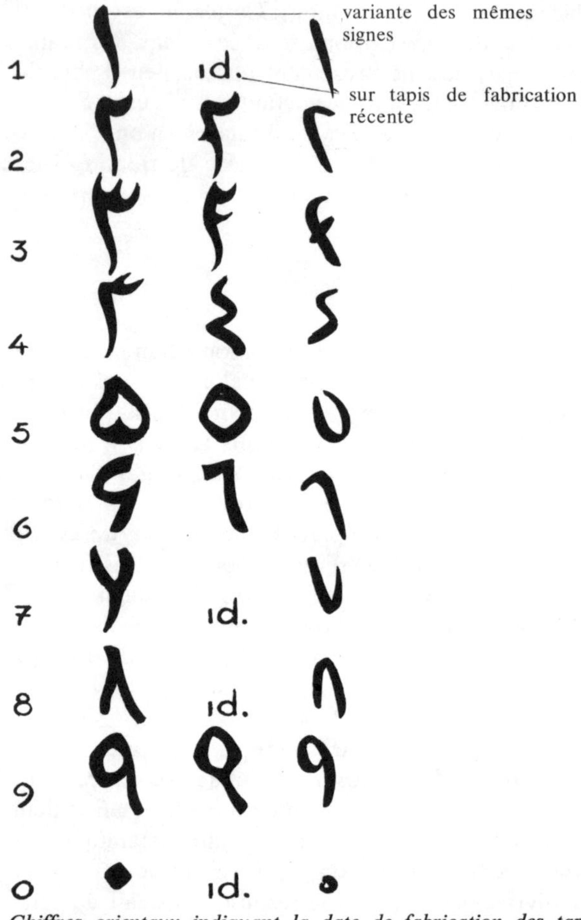

Chiffres orientaux indiquant la date de fabrication des tapis. Les deux premières colonnes sont les chiffres anciens, la troisième les chiffres sur tapis de fabrication récente.

motif central. Dans des productions plus récentes, il est inscrit sur une pièce de toile cousue à l'envers du tapis, avec le lieu de production.

Nos chiffres, qui sont considérés comme « arabes », n'ont pratiquement aucune identité avec leurs lointains ancêtres. Ajoutons que des variantes se manifestent selon les usages locaux. Voici à titre indicatif un essai comparatif entre nos chiffres et les chiffres orientaux.

Les déformations

Le travail manuel, le tissage de la trame sur des métiers plus ou moins rudimentaires, les retraits de certaines fibres textiles aboutissent à des déformations plus ou moins importantes du tapis. Comme les « abrachs, », ce sont souvent des gages de sincérité, pourtant ces défauts peuvent provoquer une usure anormale et inharmonieuse du tapis. Il faudra en tenir compte et donner à un tapis très déformé une assise souple qui évitera un « travail » trop considérable des fibres de la trame. Pour cela, vous ferez appel au principe de la thibaude en doublant votre tapis d'un molleton épais, d'un feutre, d'une mousse élastique.

Les bordures : l'état des bordures d'un tapis doit être surveillé attentivement; bien des dégradations débutent par une négligence : les bordures latérales d'un tapis sont constituées par un renfort obtenu tout simplement par un « surjet » serré. Sans être expert en travaux d'aiguille, vous pourrez réparer et entretenir les bordures d'un tapis sans peine (voir le croquis du point de surjet).

Les franges : les franges d'un tapis peuvent s'user et même disparaître. C'est d'une gravité extrême; en effet, les franges sont réalisées avec les fils de la trame et leur usure peut signifier le début d'un véritable démantèlement. Il est urgent d'intervenir. En règle générale, il est préférable de s'adresser à un professionnel, qui reconstituera la partie atteinte. Si vous pensez que votre tapis ne vaut pas l'investissement d'une réparation de cette importance, vous pouvez essayer de réussir le « sauvetage » vous-même.

Il faut rattraper *tous* les fils de la trame et les « arrêter » avec une ou plusieurs coutures parallèles au *point de chaînette.* Attention, il faut éviter absolument aussi bien de trop serrer cette couture, ce qui déformerait le tapis en le gondolant, comme de la laisser trop lâche, ce qui ne servirait alors à rien, en maintenant insuffisamment la trame.

Par la suite, vous pouvez acquérir dans les commerces spécialisés de la frange de laine ou de coton vendue au mètre, qu'il vous suffira de coudre à l'emplacement de la précédente.

Point de chaînette

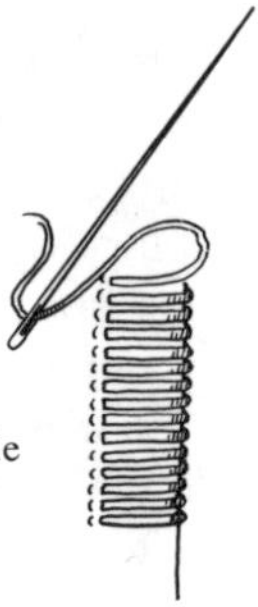

Point de surjet

L'importance de cette frange « artificielle » n'est pas seulement esthétique. Elle a un rôle anti-usure évident.

Dépoussiérage et nettoyage

Aucun objet mobilier n'est plus exposé aux poussières et aux salissures que les tapis. Leurs poils ont un autre redoutable privilège, celui d'attirer, puis d'abriter ses plus mortels ennemis : les mites, leurs œufs, leurs larves. Un entretien sérieux et attentif peut contribuer directement à la bonne conservation d'un tapis, mais il ne faut pas se dissimuler qu'un dépoussiérage brutal, ou mal fait, peut devenir aussi nocif que les pires prédations.

L'aspirateur est parfait pour l'emploi quotidien ; n'usez surtout pas des brosses dures qui complètent la tête du balai ! Elles provoqueraient une usure excessive. Pas de séance de secouage par la fenêtre ! leur novicité n'est pas à démontrer. En effet, tout le poids du tapis repose sur les quelques fils de la trame que vous tenez entre vos mains, les secousses plus ou moins violentes « fatiguent » également les fils.

Le « battage » sur un fil est également à éviter ou, plus exactement, à doser. Pas de grands chocs vigoureux, mais plutôt des secousses rapides et pas plus de deux fois par an. Les « batteurs » mécaniques munis de brosses cylindriques ne sont pas davantage recommandés.

Bien entendu, l'aspirateur ne servira qu'à maintenir propre la surface du tapis : les poussières s'incrusteront très avant dans le «velours» et dans la trame. Seules, les grandes maisons spécialisées peuvent en débarrasser votre tapis, grâce à un appareillage spécial.

A la longue, et malgré tous vos soins, votre tapis perdra de son éclat, les couches claires seront comme brouillées, les foncées seront poussiéreuses : un lavage s'impose.

Si vous pensez qu'une intervention superficielle suffit, vous pouvez faire appel à des «mousses» spéciales, vendues dans le commerce. Elles sont efficaces et ne nécessitent pas forcément une «dépose» du tapis, car on peut les utiliser pratiquement à sec. Une éponge humide suffit au rinçage. Le résultat sera correct, mais purement esthétique ; la saleté profonde ne sera pas atteinte. Vous pourrez obtenir un effet similaire avec une brosse douce humectée d'une solution d'ammoniaque et d'eau dans la proportion de deux tiers d'eau pour un tiers d'ammoniaque. Vous rincez toujours à la brosse avec une eau propre légèrement vinaigrée.

Ces «recettes» ne sont que pis-aller. Tous les deux ou trois ans, vous devez confier votre tapis à un vrai professionnel, dont les moyens ne peuvent avoir les équivalents chez les amateurs.

Les petits et grands malheurs

Il en est de toutes sortes! Les pires sont dus aux cigarettes qui brûlent le velours. Par bonheur, la laine n'est pas vraiment combustible et le dégât n'est jamais très étendu. Il convient de circonscrire le trou par des coutures concentriques sur l'envers du tapis, cela afin de tenir les fils de la trame puis, si nécessaire, de reconstituer cette trame avec des passages de fils croisés comme vous effectueriez une reprise ordinaire. Ensuite, ce sera à votre habileté manuelle de s'exprimer en essayant de reconstituer le décor en nouant des brins de laine autour de la trame de votre reprise, brins que vous couperez très exactement à la hauteur requise avec des ciseaux à broder.

Les gommes à mâcher qui s'étalent, agglomérant le poil du tapis, se desséchant en plaques hideuses, ne sont – par chance – pas aussi tenaces qu'il y paraît. N'essayez pas d'enlever une plaque de chewing-gum en grattant avec un couteau ou tout autre moyen mécanique. Humectez un linge propre d'acétone et frottez doucement. La gomme se dissoudra facilement.

Les taches de graisse : la terre de Sommières, le talc peuvent vous aider à éliminer une tache de graisse sur un tapis. Saupoudrez-en le velours à l'emplacement souillé, laissez agir vingt-quatre heures et brossez soigneusement. Si la tache persistait, frottez-la avec de la benzine après avoir disposé sous le tapis un linge absorbant. Sur un tapis très clair (chinois notamment), remplacez la benzine par de l'éther officinal ; il dissout la graisse sans laisser d'auréole. Nous vous conseillons toutefois de procéder avec précaution, en touches légères, sans laisser couler le détachant.

L'encre : c'est un drame ! Si vous survenez à temps, n'hésitez pas : épongez la tache au maximum avec une éponge humide en prenant soin de ne pas étaler le désastre, puis mettez la tache sous le robinet d'eau courante froide pour tenter de diluer au maximum la teinte ; au besoin, laissez tremper en changeant l'eau de temps en temps. Vous pourrez ainsi éviter le pire.

Si la tache est sèche, consultez un spécialiste. Aucun traitement capable de venir à bout d'une tache d'encre n'est inoffensif pour un tapis et impose des moyens et des précautions dont, seuls, les spécialistes sont capables.

L'urine : les petits animaux, les enfants en bas âge exposent les tapis à recevoir de l'urine, plus ou moins corrosive. Ce n'est jamais à considérer légèrement. Un rinçage immédiat s'impose sous peine de décoloration ou d'un « brûlage » de la trame ou des nœuds. Procédez comme pour l'encre. Veillez ensuite à un parfait séchage de la partie mouillée avant de remettre votre tapis à sa place.

Et les insectes? Les maisons les mieux tenues ne sont pas exemptes de prédateurs parfois minuscules,

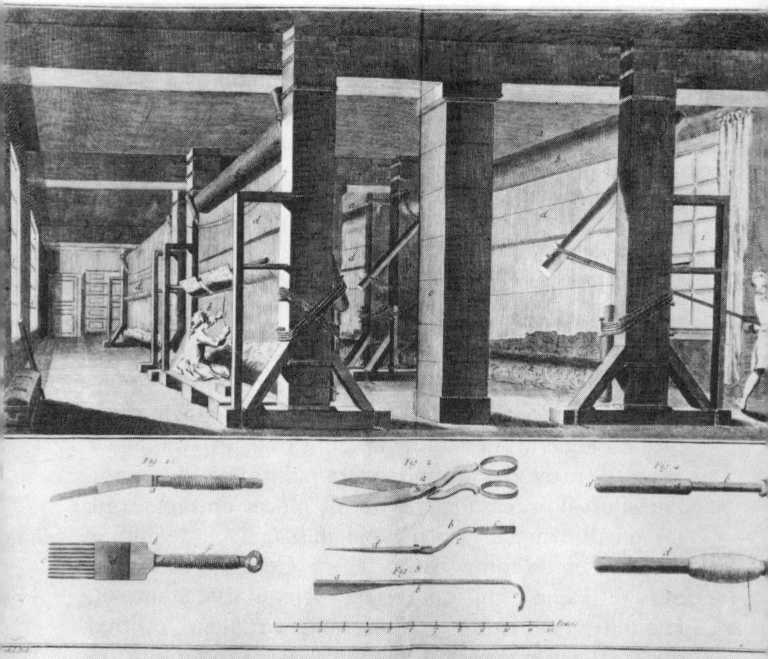

Tapis de Turquie, Attelier, Metiers montés et Outils

souvent invisibles. Parmi les ennemis spécifiques des tapis, on rencontre les teignes, les cafards des tapis (heureusement exceptionnels sous nos climats) et les mites. On connaît depuis longtemps des insecticides efficaces contre ces insectes, notamment l'inévitable naphtaline, et autres composés de benzène et de chlore ; pourtant, leur odeur risque d'être gênante dans un salon, une pièce à vivre ou une chambre. Les bombes aérosols, les poudres D.D.T. sont efficaces, mais tous ces produits sont pratiquement sans effet sur les œufs de mites. On peut soutenir qu'à l'éclosion la jeune larve sera tuée par l'insecticide, mais rien ne prouve qu'elle n'aura pas eu le temps de s'attaquer à quelques fibres essentielles avant d'ingurgiter le poison. Pour être absolument certain qu'il ne subsiste pas d'œuf vivant dans un tapis, une méthode très simple est à votre disposition : la réfrigération. Si vous possédez un réfrigérateur assez grand, offrez à votre tapis un séjour aussi prolongé que possible près du freezer (quarante-huit heures au moins). Si non, confiez-le à une maison spécialisée qui possède de vastes chambres froides.

Une exposition au gel à l'extérieur, en hiver, ne sera pas nocive (à condition d'éviter toute humidité), mais sera peu efficace — les mites sont en activité surtout au printemps et en été.

Où et comment «placer» un tapis

Est-ce bien utile de rappeler quelques précautions élémentaires ? En effet, personne n'ignore que le poinçonnement des pieds de chaises ou des pieds de meubles en général, des talons aiguilles ou un «passage» excessif provoquent une usure anormale du tapis. Aussi est-il nécessaire d'éviter de placer un tapis sous un meuble ni sur un lieu de passage, et de munir les chaises de tampons de feutre. Ce que redoute le plus la trame d'un tapis, c'est l'irrégularité d'un sol. Les parquets disjoints, les carrelages rugueux ou mal posés. Il est impératif, dans tous les cas, de munir un tapis d'une thibaude de feutre, de mousse élastique ou de molleton.

Rendez-le de bon poil !

Vous remarquerez sans doute par vous-même que votre tapis a un sens. Dans certains cas, le motif central est là pour vous le rappeler, mais, généralement, c'est la chatoyance des couleurs qui vous renseigne. En effet, le poil du «velours» est toujours incliné dans le sens du tissage et, selon son orientation par rapport à une source lumineuse, reflète ou absorbe la lumière. Vous veillerez donc à placer votre tapis dans le sens qui lui sera le plus favorable. De même, lors de l'achat, vous devez «regarder» un tapis sous plusieurs angles pour véritablement en saisir l'aspect réel.

PENDRE UNE TAPISSERIE

La façon de pendre une tapisserie conditionne sa conservation et son intégrité. Deux écoles s'opposent.

L'une prétend qu'une tapisserie doit rester souple, qu'elle a été conçue pour bouger (on dit « vivre »); l'autre soutient qu'une tapisserie doit se retrouver au mur comme sur le métier à tisser, c'est-à-dire tendue de sorte que les motifs soient parfaitement lisibles.

Il est une manière élégante et logique de concilier les deux tendances. Elle consiste à tendre une tapisserie dans sa partie haute et la laisser libre sur les côtés, en bas et sur toute sa surface.

Un point important à préciser : ne jamais laisser une tapisserie en contact avec un mur, même très sain. On remarque sur des pièces anciennes des traces regrettables laissées par l'humidité. Un des exemples les plus frappants est celui de la fameuse *Dame à la licorne* aujourd'hui au musée de Cluny. On distingue nettement sur la partie inférieure des panneaux une bande régulière où la teinte générale est dénaturée. Au château de Boussac où on les a découvertes, elles touchaient le soubassement d'un mur salpêtreux et ont partagé son sort. Depuis, les soins les plus éclairés des spécialistes de l'administration des Beaux-Arts n'ont réussi qu'à estomper un peu ce dommage.

L'orientation

Les couleurs, les textiles en général redoutent la lumière solaire. On prétend que les teintures an-

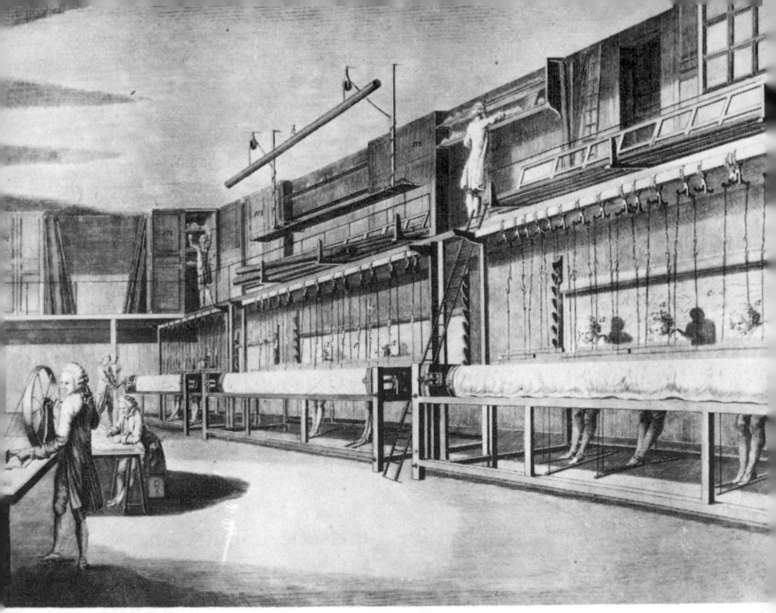

Tapisserie de Basse-Lisse des Gobelins. Atelier et différentes opérations des ouvriers employés à la basse-lisse.

ciennes, toutes naturelles, végétales ou minérales, résistent parfaitement à la lumière. C'est exact, mais pas absolu. Sinon, comment expliquer cette douceur de ton, ces fondus qui ajoutent un grand charme aux pièces anciennes ? On peut constater en revanche que certaines tonalités ont résisté aux siècles et aux mauvais traitements. La série de tapisseries de l'Apocalypse, aujourd'hui enfant chéri des Beaux-Arts, qui leur ont consacré un remarquable musée dans le château du Roi René à Angers, ont servi à couvrir les chevaux dans une écurie et les serres des jardins de l'évêché ! Elles n'ont certainement pas aujourd'hui la fraîcheur de leur premier âge... voici cinq siècles, mais restent admirables.

Donc, évitons de disposer une tapisserie en face de fenêtres ensoleillées. Evitons dans le même cas les lumières frisantes. Placez vos tapisseries entre deux baies vitrées, sur un mur où elles ne redoutent pas les reflets solaires. Veillez à leur offrir un éclairage convenable, fût-il artificiel, mais n'approchez pas trop les lampes, leur rayonnement calorifique aboutirait à dessécher anormalement les fibres textiles et à les « brûler ».

Pour un bon accrochage

Nous l'avons dit, une tapisserie devra être écartée du mur. Prévoyez donc un tasseau de bois de 3 à 5 centimètres d'épaisseur, scellé dans le mur, qui assurera à la fois un isolement raisonnable et une bonne surface d'accrochage. On n' «épingle» pas une tapisserie comme un poster. Il n'est que d'examiner avec un peu d'attention une tapisserie ancienne pour constater les dégâts causés par ce genre de fixation : étirement, taches indélébiles d'oxydation, trous, etc. D'autres méthodes plus respectueuses sont à votre disposition, qui présentent toutes un avantage supplémentaire sur le clouage : la tapisserie reste amovible.

Les anneaux

Voilà une solution simple qui consiste à coudre des anneaux pour pendre la tapisserie. Le système sera complété par une tringle à rideau ou des pitons ouverts. Pour dissimuler ces accessoires de pose, vous pourrez coudre ces anneaux derrière la tapisserie à quelques centimètres de la bordure. Dans tous les cas, il est essentiel de doubler les bords de la tapisserie par un galon de bonne tenue et aussi large que possible.

Les agrafes «flamandes»

Ce sont des agrafes conçues pour les doubles rideaux. Elles se coudront dans le galon à 15 centimètres environ les unes des autres. La particularité des agrafes «flamandes» est d'être invisibles et de concourir ainsi à dissimuler la tringle.

La meilleure solution...

... est résolument moderne. Vous munissez votre tapisserie d'une bande «velcro» sur toute sa bordure supérieure et éventuellement sur les côtés. La bande correspondante sera collée ou agrafée sur le tasseau. Voilà la solution que nous trouvons la meilleure à tous égards. A l'expérience, nous avons constaté la parfaite tenue des bandes velcro avec, comme qualité annexe, la possibilité d'offrir une tension régulière à la tapisserie.

Entretenir une tapisserie

Au chapitre «Tapis» nous étudions en détail les possibilités de nettoyage qu'offrent un certain nombre de produits et leurs adaptations à des cas particuliers. La plupart sont parfaitement applicables aux tapisseries.

Des problèmes spécifiques sont posés par les tapisseries; ils trouvent des réponses tout aussi précises.

Attention aux insectes! Les mites, les «poissons d'argent» (les lépismes) sont des ennemis implacables et plus dangereux encore pour les tapisseries que pour les tapis. Il est facile de traiter une tapisserie, accrochée au mur, par pulvérisation d'insecticide. Ou, sur l'envers de celle-ci, cousez de petits sachets de toile que vous emplissez de cristaux de paradichlorobenzène.

Si vous constatez la présence de «poissons d'argent», votre tapisserie court un danger plus sournois que l'attaque de ces insectes, détruits instantanément par un bon insecticide. En effet, les lépismes ont besoin d'une forte humidité pour subsister. Il y a donc de grandes chances pour que votre tapisserie souffre de cet état hygrométrique. Changez-la de place ou traitez votre mur contre l'humidité.

Le *nettoyage* fera appel essentiellement à des produits à base de fiel de bœuf, substance naturelle qui avive en même temps les couleurs. On trouve facilement des «mousses sèches» pour tapis et tapisseries qui en contiennent. Dilué à l'eau, le produit donne une mousse abondante. C'est elle que vous allez utiliser. Frottez la tapisserie avec cette mousse recueillie sur une brosse très douce. Etendez-la sans excès sur toute la surface. Aidez son action par un brossage, si possible dans le sens du tissage. Vous allez essuyer cette mousse avec un linge blanc et propre (qui ne peluche pas) que vous disposerez en tampon. A mesure que le chiffon s'imbibe des souillures de la tapisserie, vous le retournez pour toujours travailler avec une surface propre. Vous interromprez cet essorage lorsque le chiffon que vous employez reste propre.

Vous pouvez terminer par un « rinçage » très superficiel à l'eau pure additionnée d'un peu de vinaigre, que vous passerez rapidement sur la tapisserie avec un chiffon très essoré.

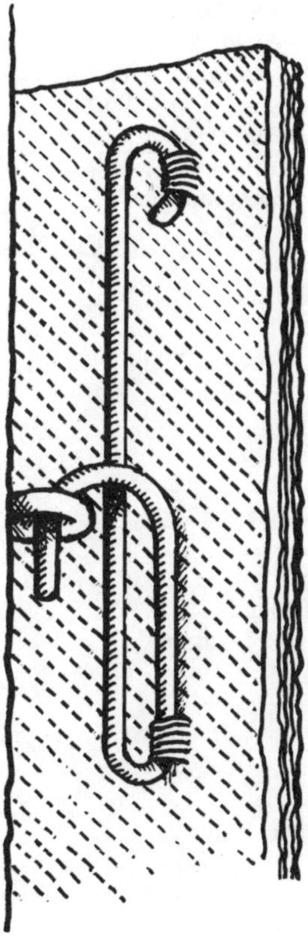

TABLE DES MATIERES

LES STATUES

LES TABLEAUX

LES TAPIS ET LA TAPISSERIE

Achevé d'imprimer le 10 mars 1975. - Berger-Levrault, Nancy
N° d'impression : 779120-3-75 - N° d'édition : 2995 - Dépôt légal : 1er trimestre 1975
ISBN 2-234-00150-1
H/54-1261-4